Andreas Kohlsche
Wählerverhalten und Sozialstruktur in
Schleswig-Holstein und Hamburg von 1947 bis 1983

Forschungstexte Wirtschafts- und
Sozialwissenschaften 14

Andreas Kohlsche

Wählerverhalten und Sozialstruktur in Schleswig-Holstein und Hamburg von 1947 bis 1983

Eine methodisch und methodologisch orientierte Aggregatdatenanalyse

Springer Fachmedien Wiesbaden GmbH 1985

CIP-Kurztitelaufnahme der Deutschen Bibliothek

Kohlsche, Andreas:
Wählerverhalten und Sozialstruktur in
Schleswig-Holstein und Hamburg von 1947 - 1983;
e. method. u. methodolg. orientierte Aggregat-
datenanalyse / Andreas Kohlsche.
(Forschungstexte Wirtschafts- und Sozialwissenschaften ; 14)
ISBN 978-3-663-11800-8   ISBN 978-3-663-11799-5 (eBook)
DOI 10.1007/978-3-663-11799-5

NE: GT

(c) 1985 by Springer Fachmedien Wiesbaden
Ursprünglich erschienen bei Leske Verlag + Budrich GmbH, Leverkusen 1985

Vorwort

Die vorliegende Arbeit stellt einen Versuch dar, die relative Stagnation in der empirischen Wahlforschung gezielt zu überwinden. Sie geht dazu insbesondere methodisch neue Wege. Überraschenderweise sind damit auch neue inhaltliche Perspektiven verbunden. Als ich 1975 die Untersuchung begann, waren mir wesentliche Dimensionen der jetzt vorliegenden Ergebnisse natürlich noch unbekannt. Zum damaligen Zeitpunkt konnte ich lediglich auf einer siebenjährigen selbständigen Beschäftigung mit Wählerverhalten aufbauen. Die kontinuierliche Ausweitung meiner Kenntnisse und Erfahrungen seitdem rechtfertigt nunmehr eine vorläufige Gesamtschau.

Der Umfang der in der Untersuchung benutzten Daten sprengt herkömmliche Dimensionen bei weitem. So wurden die Wahlbezirksergebnisse aller Wahlen von 1947 bis 1983 in Schleswig-Holstein und Hamburg - rund 165 000 an der Zahl - fast vollständig einbezogen, desgleichen die Wahlbezirkseinteilungen von 1965 bis 1983. Dazu kommt eine Vielzahl weiterer Daten. Die Aufbereitung aller Daten erfolgte generell auf der Grundlage der Originalquellen, so daß für einzelne Zahlenwerte bis zu vier Quellen verglichen werden konnten. Obwohl Fehlerursachen im wesentlichen als geklärt angesehen werden können, war eine Fehlerbeseitigung nur begrenzt möglich. Für die Datenbeschaffung ergab sich die Notwendigkeit einer äußerst umfangreichen Feldarbeit von selbst. Die Zahl aller Kontakte mit Institutionen und Einzelpersonen seit 1975 beläuft sich auf einige Tausend. In maschinenlesbare Form konnte nur ein Teil aller Daten gebracht werden. Darunter fallen hauptsächlich 40 705 Wahlbezirksergebnisse aus Schleswig-Holstein - noch ohne Berücksichtigung der beiden Wahlen 1983 -, aber auch einzelne Wahlbezirkseinteilungen, Einwohnerzahlen, Gebietseinteilungen und Gebietsdigitalisierung. Sämtliche numerischen Berechnungen erfolgten im Rechenzentrum der Universität Hamburg auf den Anlagen Telefunken TR440 und Siemens 7.882 BS3000. Bis auf unwesentliche Ausnahmen wurden alle Haupt- und Unterprogramme selbst geschrieben (in Fortran).

Im Textteil der Arbeit werden methodische und inhaltliche Aspekte stets in getrennten Kapiteln bzw. Abschnitten behandelt. Kenntnisse clusteranalytischer und multivariater Verfahren sind für die Lektüre nützlich, aber nicht zwingend erforderlich. Anmerkungen bzw. Fußnoten wurden grundsätzlich in den Text integriert. Auf Literatur wird in inhaltlicher Hinsicht ausschließlich in der Literaturdiskussion Bezug genommen. Auf den Textteil folgen Tabellen, Grafiken und Karten, und zwar entsprechend der Reihenfolge der Verweise im Text. Für die Karten im 2. und 7. Kapitel (ohne 2.2. und 7.2.) wurden Kartengrundlagen der Statistischen Landesämter verwendet. Die Grafiken und Karten im 3. Kapitel wurden mit dem Benson-Plotter des Rechenzentrums der Universität Hamburg gezeichnet. Abschließend noch eine Anmerkung zum Literaturverzeichnis: Für die Untersuchung wurde die Literatur der Themenbereiche Clusteranalyse, multivariate Verfahren sowie Wählerverhalten, Sozialstruktur, Wählerverhalten und Sozialstruktur einer weitgehenden kritischen Durchsicht unterzogen. Trotz der Unmöglichkeit einer vollständigen Bearbeitung der Literatur läßt sich feststellen, daß die Zahl der für die eigene Arbeit direkt verwertbaren Einzelnachweise eng begrenzt ist. Aus diesem Grunde erübrigte sich auch die Aufführung von Zeitschriftenaufsätzen.

Zum Schluß möchte ich allen, die direkt oder indirekt zum Gelingen meiner Arbeit beigetragen haben, danken. Dies gilt insbesondere für viele Angehörige der Verwaltungen der 235 kreisangehörigen Städte, amtsfreien Gemeinden und Ämter sowie kreisfreien Städte und Kreise Schleswig-Holsteins, zu denen ich im Laufe der Jahre ein besonderes Vertrauensverhältnis aufbauen konnte, aber auch der beiden Statistischen Landesämter. Herr Dr. Hruschka zeigte sich als Direktor des Statistischen Landesamtes Hamburg meinen Wünschen gegenüber immer aufgeschlossen. Herr Prof. Dr. Kristof hat als Betreuer das Wachsen meiner Arbeit mit Geduld verfolgt. Ihm danke ich für sein besonderes Interesse an methodischen Fragestellungen.

Hamburg, im Juli 1983   Andreas Kohlsche

Inhaltsverzeichnis

1. Einführung ... 1

1.1. Methodologie der Sozialwissenschaften: Zentrale Aspekte ... 1
1.2. Methodologie der Aggregatdatenanalyse: Ein Versuch ... 3

2. Datengrundlage ... 7

2.1. Untersuchungsgebiet ... 7
2.2. Untersuchungszeitraum ... 10
2.3. Untersuchungsvariablen mit Attributen ... 12
2.4. Endgültige Teilgebiete, Zeitpunkte und Variablen mit Attributen ... 13

3. Raumtypisierung 1: Clusteranalyse ... 16

3.1. Mathematisches Modell ... 16
3.2. Numerische Behandlung ... 20
3.3. Empirische Ergebnisse ... 23

4. Raumtypisierung 2: Clusteranalysekombination ... 34

4.1. Mathematisches Modell ... 34
4.2. Numerische Behandlung ... 36
4.3. Empirische Ergebnisse ... 37

5. Raumtypisierung 3: Faktorenclusteranalyse ... 38

5.1. Mathematisches Modell ... 38
5.2. Numerische Behandlung ... 40
5.3. Empirische Ergebnisse ... 41

6. Raumtypisierung 4: Kanonische Clusteranalyse ... 42

6.1. Mathematisches Modell ... 42
6.2. Numerische Behandlung ... 43
6.3. Empirische Ergebnisse ... 44

7. Regionalisierung: Wahlkreiseinteilung ... 46

7.1. Mathematisches Modell ... 46
7.2. Numerische Behandlung ... 49
7.3. Empirische Ergebnisse ... 50

8. Zusammenfassung und Literaturdiskussion ... 55

8.1. Zusammenfassung ... 55
8.2. Literaturdiskussion ... 57

Tabellen, Grafiken und Karten ... 61

Literaturverzeichnis ... 137

Quellenverzeichnis ... 138

Tabellenverzeichnis

2.1.	Parteinamen	61
2.2.	Wahljahre, Wahlkreise, Parteien und Bewerber der Europa- und Bundestagswahlen in Schleswig-Holstein	62
2.3.	Wahljahre, Wahlkreise, Parteien und Bewerber der Landtagswahlen in Schleswig-Holstein	63
2.4.	Wahljahre, Wahlkreise, Parteien und Bewerber der Europa- und Bundestagswahlen in Hamburg	64
2.5.	Wahljahre, Wahlkreise, Parteien und Bewerber der Bürgerschafts- und Bezirksversammlungswahlen in Hamburg	65
2.6.	Ergebnisse der Europa-, Bundestags- und Landtagswahlen von 1965 bis 1980 und der Volkszählung 1970 im Landesteil Schleswig	66
2.7.	Ergebnisse der Europa-, Bundestags- und Landtagswahlen von 1965 bis 1980 und der Volkszählung 1970 im Landesteil Holstein	67
2.8.	Ergebnisse der Europa-, Bundestags- und Landtagswahlen von 1965 bis 1980 und der Volkszählung 1970 in Schleswig-Holstein	68
2.9.	Ergebnisse der Europa-, Bundestags-, Bürgerschafts- und Bezirksversammlungswahlen von 1965 bis 1980 und der Volkszählung 1970 in Hamburg	69
3.1.	Gütekriterien für die Partitionen mit 2-10 Clustern	74
3.2.	Clusterschwerpunkte Wählerverhalten für die Partition mit 8 Clustern und Wählerverhalten statisch	75
3.3.	Clusterschwerpunkte Wählerverhalten für die Partition mit 8 Clustern und Wählerverhalten dynamisch	76
3.4.	Clusterschwerpunkte Wählerverhalten für die Partition mit 8 Clustern und Sozialstruktur Erwerbstätigkeit	77
3.5.	Clusterschwerpunkte Sozialstruktur Erwerbstätigkeit für die Partition mit 8 Clustern und Wählerverhalten statisch	78
3.6.	Clusterschwerpunkte Sozialstruktur Erwerbstätigkeit für die Partition mit 8 Clustern und Wählerverhalten dynamisch	79
3.7.	Clusterschwerpunkte Sozialstruktur Erwerbstätigkeit für die Partition mit 8 Clustern und Sozialstruktur Erwerbstätigkeit	80
4.1.	Gütekriterien für die Partitionskombinationen mit 2-10 Clustern	111
4.2.	Clusterbesetzungszahlen für die Partitionskombinationen mit 8 Clustern	112
5.1.	Gütekriterien für die Faktorenpartitionen mit 1-10 Clustern	113
5.2.	Faktorenladungen der Attribute der Variable für die Faktorenpartition mit 8 Clustern und Wählerverhalten statisch	114
5.3.	Faktorenladungen der Attribute der Variable für die Faktorenpartition mit 8 Clustern und Wählerverhalten dynamisch	115
5.4.	Faktorenladungen der Attribute der Variable für die Faktorenpartition mit 8 Clustern und Sozialstruktur Erwerbstätigkeit	116
6.1.	Gütekriterien für die kanonischen Partitionen mit 1-10 Clustern	117
6.2.	Kanonische Ladungen der Attribute der abhängigen Variable für die kanonische Partition mit 8 Clustern und Wählerverhalten dynamisch -> Wählerverhalten statisch	118
6.3.	Kanonische Ladungen der Attribute der abhängigen Variable für die kanonische Partition mit 8 Clustern und Sozialstruktur Erwerbstätigkeit -> Wählerverhalten statisch	119
6.4.	Kanonische Ladungen der Attribute der unabhängigen Variable für die kanonische Partition mit 8 Clustern und Wählerverhalten statisch -> Wählerverhalten dynamisch	120

6.5. Kanonische Ladungen der Attribute der unabhängigen Variable für die kanonische Partition mit 8 Clustern und Wählerverhalten statisch -> Sozialstruktur Erwerbstätigkeit   121
6.6. Kanonische Ladungen der Attribute der abhängigen Variable für die kanonische Partition mit 8 Clustern und Wählerverhalten statisch -> Wählerverhalten dynamisch   122
6.7. Kanonische Ladungen der Attribute der abhängigen Variable für die kanonische Partition mit 8 Clustern und Sozialstruktur Erwerbstätigkeit -> Wählerverhalten dynamisch   123
6.8. Kanonische Ladungen der Attribute der unabhängigen Variable für die kanonische Partition mit 8 Clustern und Wählerverhalten dynamisch -> Wählerverhalten statisch   124
6.9. Kanonische Ladungen der Attribute der unabhängigen Variable für die kanonische Partition mit 8 Clustern und Wählerverhalten dynamisch -> Sozialstruktur Erwerbstätigkeit   125
6.10. Kanonische Ladungen der Attribute der abhängigen Variable für die kanonische Partition mit 8 Clustern und Wählerverhalten statisch -> Sozialstruktur Erwerbstätigkeit   126
6.11. Kanonische Ladungen der Attribute der abhängigen Variable für die kanonische Partition mit 8 Clustern und Wählerverhalten dynamisch -> Sozialstruktur Erwerbstätigkeit   127
6.12. Kanonische Ladungen der Attribute der unabhängigen Variable für die kanonische Partition mit 8 Clustern und Sozialstruktur Erwerbstätigkeit -> Wählerverhalten statisch   128
6.13. Kanonische Ladungen der Attribute der unabhängigen Variable für die kanonische Partition mit 8 Clustern und Sozialstruktur Erwerbstätigkeit -> Wählerverhalten dynamisch   129

7.1. Landtagswahlkreise und Landtagswahlkreiseinteilungen in den politischen Kreisen Schleswig-Holsteins   130
7.2. Index (CDU-SPD)/(CDU+SPD) der Europa-, Bundestags- und Landtagswahlen von 1965 bis 1980 in den Landtagswahlkreisen Schleswig-Holsteins   131
7.3. Wohnbevölkerung von 1970 bis 1982 in den Landtagswahlkreisen Schleswig-Holsteins   132

Grafikenverzeichnis

3.1. Clusterschwerpunkte Wählerverhalten für die Partition mit 8 Clustern und Wählerverhalten statisch — 81
3.2. Clusterschwerpunkte Wählerverhalten für die Partition mit 8 Clustern und Wählerverhalten dynamisch — 89
3.3. Clusterschwerpunkte Wählerverhalten für die Partition mit 8 Clustern und Sozialstruktur Erwerbstätigkeit — 97
3.4. Teilgebiete und Cluster im Faktorenraum für die Partition mit 8 Clustern und Wählerverhalten statisch — 105
3.5. Teilgebiete und Cluster im Faktorenraum für die Partition mit 8 Clustern und Wählerverhalten dynamisch — 106
3.6. Teilgebiete und Cluster im Faktorenraum für die Partition mit 8 Clustern und Sozialstruktur Erwerbstätigkeit — 107

Kartenverzeichnis

2.1. Schleswig-Holstein: kreisfreie Städte, Kreise, kreisangehörige Städte, amtsfreie Gemeinden, Ämter, Landesteile — 70
2.2. Schleswig-Holstein kreisfreie Städte: Stadtteile, Stadtbezirke, Landesteile — 71
2.3. Hamburg: Bezirke, Stadtteile — 72
2.4. Hamburg: Bezirke, Ortsteile — 73

3.1. Teilgebiete und Cluster im geografischen Raum für die Partition mit 8 Clustern und Wählerverhalten statisch — 108
3.2. Teilgebiete und Cluster im geografischen Raum für die Partition mit 8 Clustern und Wählerverhalten dynamisch — 109
3.3. Teilgebiete und Cluster im geografischen Raum für die Partition mit 8 Clustern und Sozialstruktur Erwerbstätigkeit — 110

7.1. Schleswig-Holstein: Landtagswahlkreise — 133
7.2. Schleswig-Holstein kreisfreie Städte: Landtagswahlkreise — 134
7.3. Schleswig-Holstein: Bundestagswahlkreise — 135
7.4. Hamburg: Bundestagswahlkreise — 136

Einführung

Ich möchte im folgenden einige Hinweise zur Lektüre der vorliegenden Untersuchung geben. Diese Hinweise sind insbesondere für diejenigen Leser gedacht, welche hauptsächlich an inhaltlichen Fragestellungen und Ergebnissen interessiert sind. Im Anschluß daran gehe ich noch auf weitere Forschungsschwerpunkte im Bereich der empirischen Wahlforschung ein sowie deren zukünftige Entwicklung.

Bis auf die Ergänzung dieser Einführung habe ich den ursprünglichen Dissertationstext für die Buchveröffentlichung vollkommen unverändert übernommen. Eine wie auch immer geartete Umarbeitung hätte den in der Zwischenzeit erfolgten wissenschaftlichen Fortschritt bei der Entwicklung neuer Methoden berücksichtigen müssen, der - eigene Forschungsergebnisse eingeschlossen - erheblich ist. Damit wäre aber vom Wert der vorliegenden Arbeit als " Dokument des Zeitgeistes " nur wenig übrig geblieben. Aufgrund der von mir gewählten verdichteten Formulierungsweise umfaßt der Textteil mit 60 Seiten deutlich weniger als sonst üblich. Ich meine aber, daß diverse Aussagen dadurch an Präzision gewonnen haben. Alle diejenigen Leser, die größere sprachliche Redundanz gewöhnt sind, bitte ich deshalb um etwas Nachsicht und Verständnis.

Nach diesen Vorbemerkungen komme ich zum Inhalt im einzelnen: 1. enthält grundsätzliche methodologische und methodische Ausführungen. Besonderes Interesse für den Praktiker dürften die Bemerkungen zu Hypothesenstrukturen in 1.2. (S. 6) beanspruchen. Die skizzierte Methodologie der Aggregatdatenanalyse erweist sich aber auch bei anderen Problemen als nützliches Instrument zur Strukturierung. 2. behandelt die mehr technischen Aspekte der Datengrundlage. Obwohl es sich dabei um diverse Kleinigkeiten handelt, die - einzeln betrachtet - unwesentlich erscheinen mögen, sind gerade diese Kleinigkeiten in ihrer Summe von entscheidender Bedeutung für alle empirischen Ergebnisse. Als Beispiel sei die Berechnung von Anteilswerten für Parteistimmen genannt.

Der ausschließlich an inhaltlichen Ergebnissen interessierte Leser findet das Wichtigste in 3. auf den Seiten 30 bis 33 sowie 75 bis 110 im Anhang. Im übrigen habe ich 3.3. so angelegt, daß auch ein Rückwärtsdurcharbeiten möglich ist, und zwar von den Ergebnissen über das Hauptrichtungskonzept zur optimalen Clusterzahl. Klassische Hypothesen - z.B. die " Sozialstrukturhypothese " Sozialstruktur -> Wählerverhalten - werden mit einem nichtfunktionalen Modell in 4. überprüft. 5. und 6. behandeln clusteranalytische Verallgemeinerungen von Faktoren- und kanonischer Analyse. Die Ergebnisse in 5.3. und 6.3. sind jedoch - im Lichte neuer Forschung - mit Vorbehalt zu sehen, weil es bessere entscheidungstheoretische Gütekriterien gibt. 7. ist im wesentlichen so angelegt, daß auch 7.1. und 7.2. neben 7.3. ohne größere mathematisch-statistische Vorkenntnisse verständlich sind. Ich hoffe, daß ich damit auch vielen Mitgliedern politischer Gremien einen brauchbaren Zugang zum Thema Wahlkreiseinteilung anbieten kann. 8. enthält neben der Zusammenfassung in 8.1. die Literaturdiskussion in 8.2. am Ende des Textteiles. Ich habe diese Anordnung mit Bedacht gewählt, ohne daß ich den Leser daran hindern möchte, die Literaturdiskussion an den Anfang der Lektüre zu setzen. Allerdings möchte ich mir in diesem Fall den Hinweis erlauben, die Literaturdiskussion noch ein zweites Mal zu lesen, weil die von mir geübte Kritik an der Anwendung bestimmter Verfahren erst nach der Lektüre des übrigen Textteiles richtig anschaulich wird.

In der vorliegenden Untersuchung kommen Themen wie Aggregationseffekte, Stichprobenziehung und Hochrechnung nicht vor. Ebenfalls ausgespart blieben Aussagen über individuelles Wählerverhalten, welche mit ökologischen Modellen aus Aggregatdaten gewonnen werden. Alle genannten Bereiche gehören in den nächsten Jahren verstärkt zu meinen Forschungsschwerpunkten. Eine zusammenfassende Veröffentlichung ist geplant, was die eher inhaltlichen Aspekte betrifft. Aktuelle Forschungsergebnisse zu Methodenfragen - insbesondere zur brauchbaren Lösung des Problems der ökologischen Wählerwanderungsbilanz - sollen schon jeweils von Zeit zu Zeit veröffentlicht werden.

1. Einführung

1.1. Methodologie der Sozialwissenschaften: Zentrale Aspekte

Inhalt dieses Abschnittes ist eine Zusammenfassung zentraler Aspekte der sozialwissenschaftlichen Methodologie auf der Grundlage der Darstellung bei OPP (OPP 1970, 19-44). Dabei wollen wir uns mit der Struktur von Aussagen und mit der Erklärung und Prognose singulärer Ereignisse befassen.

In sozialwissenschaftlichen Aussagen werden in der Regel Objekten Merkmale zugeschrieben. Symbole für Objekte und Merkmale heißen Argumentausdrücke und Prädikate. Prädikate können in zweierlei Weise klassifiziert werden: Wir unterscheiden zwischen klassifikatorischen / abstufbaren und einstelligen / mehrstelligen Prädikaten. Einstellige Prädikate wollen wir im folgenden auch Attribute, mehrstellige Prädikate auch Relationen nennen. Damit haben wir nun verschiedene Möglichkeiten zur Formulierung von Aussagen. Darüberhinaus können wir Aussagen auch danach klassifizieren, in welchem Umfang sie in den Dimensionen Raum und Zeit invariant sind. Raum- / zeitabhängige Aussagen heißen singuläre Aussagen. Wir unterscheiden außerdem noch zwischen Allaussagen und Existenzaussagen. Auf eine ausführliche Darstellung von Beispielen wollen wir hier verzichten und verweisen stattdessen auf OPP (OPP 1970, 19-28).

Wir kommen nun zur Erklärung und Prognose singulärer Ereignisse bzw. Aussagen. Hierzu müssen wir noch den Begriff der Gesetzesaussage einführen: Eine Gesetzesaussage ist eine wenn / dann- oder je / desto-Aussage. Zwei singuläre Aussagen und eine Gesetzesaussage werden nun durch das deduktive Erklärungsmodell folgendermaßen miteinander verknüpft: Aus dem Explanans - deterministische Gesetzesaussage und Randbedingungen (singuläre Aussage) - wird das Explanandum (singuläre Aussage) deduktiv abgeleitet. Dabei müssen die Randbedingungen in der Wenn-Komponente der Gesetzesaussage und die Dann-Komponente der Gesetzesaussage im Explanandum enthalten sein. Beim induktiven Erklärungsmodell dagegen wird das Explanandum aus dem Explanans - statistische Gesetzesaussage und Randbedingungen - nur induktiv abgeleitet. An die Stelle der logischen Ableitbarkeitsbeziehung beim deduktiven Erklärungsmodell tritt beim induktiven Erklärungsmodell also die Bestätigungsrelation. Erklärung und Prognose singulärer Ereignisse bzw. Aussagen lassen sich nun mit den beiden Erklärungsmodellen folgendermaßen definieren: Bei der Erklärung wird zum gegebenen Explanandum ein Explanans, bei der Prognose zum gegebenen Explanans ein Explanandum gesucht. Für eine ausführliche Darstellung von Beispielen siehe wiederum OPP (OPP 1970, 29-44).

Bei der Erklärung singulärer Ereignisse sind in vielen Fällen schon Randbedingungen gegeben, womit nur noch eine Gesetzesaussage gesucht ist. Ob diese Gesetzesaussage im einzelnen raum- / zeitinvariant und deterministisch oder statistisch ist, hängt im wesentlichen von den beteiligten singulären Aussagen ab. In der Forschungspraxis sind raum- / zeitabhängige statistische Gesetzesaussagen die Regel. Empirisch zu überprüfende Gesetzesaussagen wollen wir im folgenden auch als Hypothesen bezeichnen. Dabei ist zunächst noch nicht angestrebt, durch Zusammenfassung von Gesetzesaussagen zu einer Theorie zu kommen, z.B. zu einer Theorie des Wählerverhaltens. Wir wollen für eine empirische Überprüfung von Hypothesen die Aussagen dieses Abschnittes erst einmal so explizieren, daß wir mit ihnen praktisch umgehen können. Dies geschieht im folgenden Abschnitt.

1.2. Methodologie der Aggregatdatenanalyse: Ein Versuch

In diesem Abschnitt soll keine umfassende Methodologie der Aggregatdatenanalyse vorgestellt werden. Ein solches Unterfangen würde den Rahmen der vorliegenden Untersuchung bei weitem sprengen. Ziel ist lediglich eine Systematik existierender mathematisch-statistischer Modelle, wobei die Beziehungen zwischen Hypothesen und den Methoden zu ihrer empirischen Überprüfung im Vordergrund stehen.

Wir wollen mit verschiedenen Folgerungen beginnen, die sich aus der Aggregation von Objekten ergeben. Dabei wird aus dem Objekt auf der Objektebene das Aggregat auf der Aggregatebene. Sind die Objekte in einem geografischen Raum lokalisierbar, dann bezeichnen wir bei Aggregation der Objekte nach räumlicher Nähe die Aggregate auch als Gebiete. Werte von Attributen werden bei der Aggregation zu Verteilungen von Attributen, Werte von Relationen zu Verteilungen von Relationen (über dem kartesischen Produkt der Objektmenge bzw. der Aggregatmenge mit sich selbst bei zweistelligen Relationen). Bei qualitativen Attributen oder Relationen entstehen diskrete, bei quantitativen stetige Verteilungen. Da jedoch in der Regel nur endlich viele Objekte aggregiert werden, handelt es sich bei den stetigen Verteilungen um ebenfalls diskrete Verteilungen, die mit möglichst wenig Informationsverlust diskretisiert werden müssen. Eine Diskretisierung ist aus Gründen der numerischen Behandlung sinnvoll. Dagegen ist die Verwendung von Parametern wie Mittelwert und Varianz wegen des erheblichen Informationsverlustes in der Regel nicht zu empfehlen. Jede diskrete Verteilung wollen wir durch ihre Dichte beschreiben. Eine solche Dichte ist ein Vektor mit soviel Komponenten wie Attributwertmöglichkeiten. Der Wert jeder Komponente ist gleich der relativen Häufigkeit des zugehörigen Attributwertes, die Summe aller Komponenten somit gleich 1. Zur Vermeidung von Begriffsproblemen heißen Attribute auf der Objektebene fortan Variable, ebenso die entsprechenden Verteilungen auf der Aggregatebene, während die Attributwertmöglichkeiten auf der Objektebene in Zukunft Attribute genannt werden, gleichfalls die Komponenten der Dichtevektoren auf der Aggregatebene. Jede Variable auf der Aggregatebene ist also mehrdimensional und wird durch ihre Attribute definiert. Die Strukturelemente von Aussagen sind demnach Aggregate und mehrdimensionale Variablen.

Als nächstes betrachten wir singuläre Aussagen auf der Aggregatebene. Dazu beziehen wir die Messung von Variablenwerten zu verschiedenen Zeitpunkten mit ein. Die Menge der singulären Aussagen für eine Variable können wir entsprechend den drei Dimensionen Attribute, Zeitpunkte und Aggregate durch den Inhalt einer dreidimensionalen Matrix darstellen. Die Gesamtmatrix zerlegen wir additiv wie folgt in eine statische und eine dynamische Komponente:

$$x_{i_1 j_1 k_1} = \frac{1}{m} \sum_{j=1}^{m} x_{i_1 j k_1} + (x_{i_1 j_1 k_1} - \frac{1}{m} \sum_{j=1}^{m} x_{i_1 j k_1}) , i_1, j_1 \text{ und } k_1 \text{ fest mit}$$

$1 \leq i \leq l$, $1 \leq j \leq m$ und $1 \leq k \leq n$ sowie i Attributindex, j Zeitpunktindex und k Aggregatindex. Die Zerlegung ist orthogonal. Den dynamischen Teil können wir auch durch zweidimensionale Teilmatrixdifferenzen erzeugen:

$x_{ij_1 k} - x_{ij_2 k}$, j_1 und j_2 fest mit $1 \leq j_1 < j_2 \leq m$. Die Anzahl der Teilmatrixdifferenzen beträgt $m \cdot (m-1)/2$. Die n Aggregate können wir uns als Punkte im Attribut- / Zeitpunktraum vorstellen. Da die Summe der Matrixelemente für festes j und k über alle i aber gleich 1 ist, hat der Attribut- / Zeitpunktraum wegen dieser linearen Abhängigkeiten nur die Dimension $m \cdot (l-1)$. Entsprechend beträgt die Dimension des statischen Teilraumes $l-1$ und die Dimension des dynamischen Teilraumes $(m-1) \cdot (l-1)$. Die auf die vorstehende Weise durchgeführte Aufspaltung der Menge der singulären Aussagen in einen statischen und einen dynamischen Teil ergibt sich daraus, daß viele Variablenwerte nur für wenige und / oder nicht äquidistante Zeitpunkte vorliegen und sich damit die Anwendung von Modellen der Zeitreihenanalyse erübrigt. Da sich der dynamische Teilraum auch durch Teilmatrixdifferenzen erzeugen läßt, ist die durchgeführte Zerlegung anschaulich motivierbar. Sie entspricht der Zusammenfassung aller möglichen Anteilsdifferenzen für Zeitpunktpaare.

Wir kommen nun zum eigentlichen Inhalt dieses Abschnittes, einer Methodologie der Aggregatdatenanalyse. Es handelt sich dabei um eine Systematik clusteranalytischer Probleme. Diese Systematik strukturiert sowohl Hypothesen als auch Methoden zu deren empirischer Überprüfung. Grundlage sind sechs dichotome Kriterien, die zu 2^6 = 64 Einzelproblemen kombiniert werden können. Für die Formulierung der Kriterien ist es formal unerheblich, ob Aggregate oder Merkmale klassifiziert werden sollen. Wir gehen von ersterem aus und betrachten nur exhaustive disjunkte Klassifikationen (Partitionen). Die Beschränkung auf Partitionen erscheint praktisch angemessen. Die Kriterien lauten:

1. Zahl der Merkmale: 1 / > 1
2. Art der Merkmale: Variable / Relationen
3. Art der Partition bei Gebieten: Raumtypisierung / Regionalisierung
4. Art der Partition: nicht hierarchisch / hierarchisch
5. Repräsentation der Cluster: durch Teilräume der Dimension 0 / > 0
6. Art des Modells: stochastisch / deterministisch

Die Ziehung von Stichproben ist in der Systematik mit enthalten: Für Cluster wird nämlich möglichst große, für Stichproben dagegen möglichst geringe interne Homogenität und externe Separation gefordert. Bei der Stichprobenziehung maximieren (minimieren) wir also dasselbe Gütekriterium, welches wir bei der Clusteranalyse minimieren (maximieren). Faktorenanalyse und kanonische Analyse sind Spezialfälle von Modellen, bei denen die Cluster durch Hyperebenen der Dimension > 0 repräsentiert werden. Die Verwendung einer speziellen Form von Faktorenanalyse oder kanonischer Analyse hängt von der Metrik im Attributeraum ab bzw. von den Transformationen oder Projektionen, bezüglich derer die Metrik invariant oder approximativ invariant ist. So ist die euklidische Metrik invariant bzw. approximativ invariant bezüglich orthogonaler linearer Transformationen bzw. Projektionen, die Mahalanobismetrik bezüglich nichtsingulärer linearer Transformationen bzw. Projektionen (wobei für beide Metriken noch Translationen hinzukommen). Zusätzlich impliziert die euklidische Metrik das Varianzkriterium, die Mahalanobismetrik das Determinantenkriterium als Minimaldistanzgütekriterium. Als numerische Verfahren zur Findung suboptimaler nicht hierarchischer Partitionen kommen in erster Linie Minimaldistanz- und Austauschverfahren in Frage, welche beide eine vorgegebene Anfangspartition iterativ verbessern. Hierarchische Partitionen werden mit agglomerativen oder divisiven numerischen Verfahren bestimmt, wobei letztere Spezialfälle von Minimaldistanz- und Austauschverfahren wiederholt anwenden. Bei der Benutzung numerischer Verfahren muß gegebenenfalls die Größe und / oder die interne Homogenität der Aggregate berücksichtigt werden.

Im Rahmen der dargestellten Systematik spezifizieren Hypothesen Aussagen zu drei Bereichen jedes Einzelproblems: der Clusterzahl bei nicht hierarchischen Partitionen, der Clusterrepräsentation (Attributestruktur) bei Repräsentation der Cluster durch Teilräume der Dimension > 0 und der Modellannahmen (z.B. ungerichtete Beziehungen (Zusammenhänge) oder gerichtete Beziehungen (Abhängigkeiten) zwischen Attributestrukturen bei > 1 Variablen). Die empirische Überprüfung einer Hypothese setzt zunächst die Schätzung der Modellparameter voraus. Bei einem stochastischen Modell kann der darauf folgende Partitionsvergleich in Form eines Signifikanztests zur Ermittlung der optimalen Clusterzahl durchgeführt werden. Die dazu benötigten Verteilungen sind jedoch in der Regel unbekannt, so daß der Partitionsvergleich üblicherweise heuristisch erfolgen muß.

Wir wollen abschließend noch darauf hinweisen, daß die vorliegende Systematik eine wesentliche Verallgemeinerung einer Methodologie der Regionaltaxonomie im Sinne von FISCHER ist (FISCHER 1982, 38). Nach der Darstellung der benutzten Datengrundlage wollen wir im folgenden von den 64 Einzelproblemen vier Raumtypisierungen (Kombinationen von 1 / 2 Variablen mit Clusterrepräsentation durch Punkte / Geraden) und eine Regionalisierung (unter besonderen Nebenbedingungen) ausführlich behandeln. Die Auswahl der fünf Probleme erfolgte dabei nach ihrer inhaltlichen Relevanz und Bedeutung.

2. Datengrundlage

2.1. Untersuchungsgebiet

Das Untersuchungsgebiet besteht aus den Bundesländern Schleswig-Holstein und Hamburg (ohne Neuwerk). Die historisch gewachsenen Verflechtungen zwischen dem nördlichen Hamburg und Schleswig-Holstein sowie die deutliche Trennung von Niedersachsen und Schleswig-Holstein durch die Elbe lassen eine getrennte Behandlung von Schleswig-Holstein und dem nördlichen Hamburg nicht sinnvoll erscheinen. Dasselbe gilt für Niedersachsen und das südliche Hamburg. Für die Aufteilung Hamburgs gibt es vier mögliche Teilungslinien: Norderelbe, neue Süderelbe (Köhlbrand), alte Süderelbe und frühere Stadtgrenze. Gehen wir von der nördlichsten der vier Teilungslinien, der Norderelbe, aus, dann beträgt der Bevölkerungsanteil des so definierten Südteils an der Bevölkerung des Untersuchungsgebietes nur rund 5 %. Die durch die getroffene Entscheidung bei der Abgrenzung des Untersuchungsgebietes mögliche Überrepräsentation bestimmter Strukturen dürfte sich somit in engen Grenzen halten. Neuwerk kam erst nach der Bundestagswahl 1969 von Niedersachsen zu Hamburg und ist deshalb im Untersuchungsgebiet nicht enthalten. Im folgenden sollen verschiedene Arten von Teilgebieten des Untersuchungsgebietes behandelt werden.

Wir beginnen mit politischen und statistischen Teilgebieten. Beide Bundesländer sind in politische Teilgebiete und diese wiederum in statistische Teilgebiete gegliedert. Für politische Teilgebiete werden Vertretungen gewählt, für statistische dagegen nicht. Schleswig-Holstein ist in die folgenden politischen Teilgebiete aufgeteilt: Kreisfreie Städte und Kreise, die Kreise in kreisangehörige Städte, amtsfreie Gemeinden und Ämter, die Ämter in amtsangehörige Gemeinden. Vorhandene statistische Teilgebiete von Städten und Gemeinden haben die Form einer Hierarchie mit (von oben nach unten) Stadt- oder Gemeindeteilen, Stadt- oder Gemeindebezirken, statistischen Bezirken, Baublöcken, Blockseiten. Im einzelnen: Flensburg: Stadtteile (seit 1956), statistische Bezirke, Baublöcke, Blockseiten (alle seit 1976); Kiel: Stadttei-

le (alt), statistische Bezirke, Baublöcke, Blockseiten (alle seit 1968);
Lübeck: Stadtteile, Stadtbezirke, statistische Bezirke (alle alt / 1973 neu
abgegrenzt), Baublöcke, Blockseiten (alle seit 1983); Neumünster: Stadtteile (seit 1956), statistische Bezirke, Baublöcke, Blockseiten (alle seit
1983); von den übrigen Städten und Gemeinden erwähnen wir Norderstedt:
Stadtteile (alt), statistische Bezirke, Baublöcke, Blockseiten (alle seit
1981). Hamburg ist politisch in Bezirke aufgeteilt. Die Bezirke gliedern
sich hierarchisch in (von oben nach unten) folgende statistische Teilgebiete: Kern- und Ortsamtsgebiete, Stadtteile, Ortsteile (alle seit 1951), Baublöcke, Blockseiten (alle seit 1968).

Als nächstes behandeln wir wahlrechtliche und wahltechnische Teilgebiete.
Wahlgebiete sind nach Bedarf in wahlrechtliche Teilgebiete und diese nach Bedarf in wahltechnische Teilgebiete unterteilt. Wahlrechtliche Teilgebiete
dienen zur Direktwahl von Kandidaten, wahltechnische Teilgebiete zur Organi-
sation der Stimmabgabe. Wir wollen im folgenden wahlrechtliche Teilgebiete
stets als Wahlkreise und wahltechnische Teilgebiete stets als Wahlbezirke bezeichnen, um zu vermeiden, daß - wie es bei den verschiedenen Wahlgesetzen
der Fall ist - derselbe Begriff unterschiedliche Sachverhalte bezeichnet bzw.
derselbe Sachverhalt mit unterschiedlichen Begriffen bezeichnet wird. Wahlkreise gibt es bei den nachstehend aufgeführten Wahlen: Bundestagswahl, Landtagswahl, Kreiswahl, Gemeindewahl und Bürgerschaftswahl (bis 1953). Wir
wollen jetzt die Beziehungen zwischen Wahlbezirken und statistischen Teilgebieten untersuchen und betrachten dazu für die politischen Teilgebiete die
beiden statistischen Teilgebietseinteilungen, die der Wahlbezirkseinteilung
jeweils als feinste Hierarchie übergeordnet und als gröbste Hierarchie unter-
geordnet sind. Für Schleswig-Holstein ergibt sich im einzelnen: Flensburg:
Stadtgebiet, Straßenabschnitte (seit 1979) / Stadtgebiet, Straßen (teile)
(bis 1978); Kiel: Stadtteile, Baublöcke (seit 1969) / Stadtteile, Straßen (teile) (bis 1967); Lübeck: Stadtbezirke, Straßen (teile) (seit

1974) / Wahlbezirke identisch mit statistischen Bezirken (bis 1972); Neumünster: Stadtgebiet, Straßen (teile); übrige Städte und Gemeinden: Stadt- oder Gemeindegebiet, Straßen (teile) bis auf Norderstedt: Stadtteile, Baublöcke (seit 1982) / Stadtgebiet, Straßen (teile) (bis 1980). In Hamburg gilt für die Bezirke: Ortsteile, Baublöcke oder Straßen (teile).

Die Volkszählungsergebnisse sind für politische oder statistische Teilgebiete nachgewiesen. Die Betrachtung der jeweils kleinsten Teilgebiete ergibt die folgende Aufstellung. Zunächst Schleswig-Holstein: Flensburg: Stadtteile (seit 1961); Kiel: statistische Bezirke (1970), Stadtteile (1961); Lübeck: Stadtteile (seit 1961); Neumünster: Stadtteile (seit 1961); in allen anderen Fällen liegen nur Ergebnisse für Städte und Gemeinden vor. Abschließend Hamburg: Alle Ergebnisse sind nach Ortsteilen aufgegliedert.

2.2. Untersuchungszeitraum

Der Untersuchungszeitraum umfaßt die Jahre von 1947 bis 1983 mit 1 Europawahl
(1979), 10 Bundestagswahlen (1949, 1953, 1957, 1961, 1965, 1969, 1972,
1976, 1980, 1983), 10 Landtagswahlen in Schleswig-Holstein (1947, 1950,
1954, 1958, 1962, 1967, 1971, 1975, 1979, 1983), 10 Kreis- und Gemeindewahlen in Schleswig-Holstein (1948, 1951, 1955, 1959, 1962, 1966, 1970, 1974,
1978, 1982), 10 Bürgerschafts- und Bezirksversammlungswahlen in Hamburg
(1949, 1953, 1957, 1961, 1966, 1970, 1974, 1978, Juni 1982, Dezember 1982)
sowie 3 Volkszählungen (1950, 1961, 1970). Nicht einbezogen in den Untersuchungszeitraum wurde das Jahr 1946, und zwar aus zwei Gründen: Zum einen fanden die Wahlen von 1946 aufgrund eines von den späteren Wahlgesetzen fundamental abweichenden Wahlgesetzes statt, zum anderen war bei der Volkszählung
1946 im Gegensatz zur Wohnbevölkerung später die ortsanwesende Bevölkerung
Aufbereitungsgrundlage. Wir wollen uns nun mit wahlrechtlichen und wahltechnischen Unterschieden zwischen den einzelnen Wahlen befassen.

Bei den Wahlberechtigten ist zu berücksichtigen, daß das aktive Wahlalter für
die Wahlen bis 1969 bei 21 Jahren lag, für die Wahlen seit 1970 dagegen bei
18 Jahren. Kreiswahlen finden nicht in den kreisfreien Städten statt, Gemeindewahlen nicht in bestimmten Gemeinden. Wahlkreise gibt es nicht bei Europawahlen, Bürgerschaftswahlen (seit 1957) und Bezirksversammlungswahlen. Mehr
als eine Stimme haben die Wähler bei Gemeindewahlen in bestimmten Gemeinden.
Nachwahlen fanden statt bei Landtagswahlen (1971 im Wahlkreis 5 und 1947 im
Wahlkreis 4) sowie mehrfach - ebenso wie Wiederholungswahlen - bei Kreis-
und Gemeindewahlen. Die Briefwahl gibt es bei Europawahlen, Bundestagswahlen
(seit 1957), Landtagswahlen (seit 1962), Kreis- und Gemeindewahlen (seit
1959) sowie Bürgerschafts- und Bezirksversammlungswahlen (seit 1957). Die
Gültigkeitsbereiche der Wahlscheine haben sich - teilweise wegen der Einführung der Briefwahl - wie folgt verändert: Europawahlen: Kreisfreie Städte /
Kreise / Bezirke; Bundestagswahlen: Wahlkreise (seit 1957), Wahlgebiet

(1953), Bundesländer (1949); Landtagswahlen: Wahlkreise (seit 1962), Wahlgebiet (bis 1958); Kreis- und Gemeindewahlen: Wahlkreise (seit 1959), Wahlgebiet (bis 1955); Bürgerschafts- und Bezirksversammlungswahlen: Bezirke (seit 1961), Wahlgebiet (bis 1957 / nur Bürgerschaftswahlen). Bei den Kreis- und Gemeindewahlen werden in jedem Wahlkreis die Briefwähler einem oder mehreren Wahlbezirken zugeteilt und mit den Urnenwählern zusammen ausgezählt. Bei allen anderen Wahlen erfolgt die Auszählung der Briefwähler dagegen in eigenen Briefwahlbezirken getrennt nach den Gültigkeitsbereichen der Wahlscheine, bei einem oder mehreren Briefwahlbezirken je Gültigkeitsbereich.

2.3. Untersuchungsvariablen mit Attributen

Die Untersuchungsvariablen sind Wählerverhalten - mit allen Wahlalternativen bei den Wahlen von 1947 bis 1983 in Schleswig-Holstein und Hamburg (ohne Neuwerk) als Attributen - und Sozialstruktur Erwerbstätigkeit - mit den Kombinationen der Dimensionen von Stellung im Beruf mit den Dimensionen von Wirtschaftsbereich als Attributen. Im einzelnen lauten die Dimensionen von Stellung im Beruf: Selbständige / Mithelfende Familienangehörige / Beamte / Angestellte / Kaufmännische, technische, Verwaltungs-Lehrlinge / Arbeiter / Gewerbliche Lehrlinge und die Dimensionen von Wirtschaftsbereich: Land-, Forstwirtschaft / Produzierendes Gewerbe / Handel, Verkehr / Dienstleistungen. Die Variable Sozialstruktur Erwerbstätigkeit - welche die Sozialstruktur der Erwerbstätigen bei einer Volkszählung wiedergibt - ist eine Approximation der Variablen Wählersozialstruktur - welche die Sozialstruktur der Wahlberechtigten bei einer Wahl wiedergibt. Die bestmögliche Approximation der Variablen Wählersozialstruktur - mit den Kombinationen aller Volkszählungsfragedimensionen als Attributen - läßt sich nur durch Auswertung von Volkszählungsindividualdaten gewinnen. Die Verwendung der Variablen Sozialstruktur Erwerbstätigkeit als Approximation der Variablen Wählersozialstruktur ist dadurch motiviert, daß andere Volkszählungsfragedimensionen jeweils nur als eindimensionale Randverteilungen für die Wohnbevölkerung oder die Erwerbstätigen vorliegen. Die Approximation durch eine Variable erscheint auch deshalb angemessen, weil die Religionszugehörigkeit im evangelischen Norddeutschland vernachlässigbar ist.

2.4. Endgültige Teilgebiete, Zeitpunkte und Variablen mit Attributen

In diesem Abschnitt wird die endgültige Auswahl von Teilgebieten, Zeitpunkten und Variablen mit Attributen vorgenommen und begründet. Beides erfolgt mit vorher festgelegten Kriterien, um die Auswahl eindeutig zu motivieren.

Endgültige Teilgebiete sind 477 politische und statistische Teilgebiete, und zwar in Schleswig-Holstein 13 Stadtteile (Flensburg), 29 Stadtteile (Kiel), 26 Stadtbezirke (Lübeck), 16 Stadtteile (Neumünster), 221 kreisangehörige Städte / amtsfreie Gemeinden / Ämter sowie in Hamburg 172 Ortsteile. Wegen zu geringer Größe sind in Kiel 1 Stadtteil, in Lübeck 9 Stadtbezirke und in Hamburg 7 Ortsteile in anderen Teilgebieten mit erfaßt. Das Amt Hohn wurde entsprechend seiner Zugehörigkeit zu den beiden Landesteilen Schleswig und Holstein auf 2 Teilgebiete aufgeteilt. Die drei Kriterien lauten wie folgt: möglichst unverändert abgegrenzte Teilgebiete; möglichst kleine und intern homogene Teilgebiete (Minimierung des aggregationsbedingten Informationsverlustes); möglichst gleich große und gleich intern homogene Teilgebiete (Eignung für bestimmte Modelle). Die Auswahl erfüllt das erste Kriterium weitgehend, das zweite und dritte nur bedingt. So konnten viele Wahlbezirke den Stadtteilen in Flensburg und Neumünster nur schwerpunktmäßig zugeordnet werden, und die Lübecker Stadtbezirksergebnisse der Volkszählung 1970 mußten größtenteils geschätzt werden. Gebietsstand für die endgültigen Teilgebiete ist 1980 (Bundestagswahl).

Endgültige Zeitpunkte werden definiert durch 1 Europawahl, 5 Bundestagswahlen, 4 Landtagswahlen, 4 Bürgerschafts- und Bezirksversammlungswahlen sowie 1 Volkszählung im Zeitraum von 1965 bis 1980. Die zwei Kriterien fordern von jedem Urnenwahlbezirk: möglichst wenige Wahlscheinwähler aus anderen Wahlbezirken; möglichst viele identische Wahlalternativen für alle Wahlen. Aufgrund des ersten Kriteriums fallen weg: Alle Kreis- und Gemeindewahlen (weswegen sie beim zweiten Kriterium nicht mehr behandelt werden), Bundestagswahlen

(bis 1953), Landtagswahlen (bis 1958) sowie Bürgerschafts- und Bezirksversammlungswahlen (bis 1957). Fordern wir beim zweiten Kriterium als Minimum die Gültigkeit für CDU, SPD und F.D.P. - allein diese Parteien haben bei allen Wahlen kandidiert -, so fallen weg: Bundestagswahlen (1953 / Erststimmen, 1949), Landtagswahlen (bis 1954) sowie Bürgerschafts- und Bezirksversammlungswahlen (bis 1953). Die Entwicklung des Parteiensystems spricht jedoch gegen diese Vorgehensweise: Während CDU, SPD, F.D.P., NPD und DKP (die beiden letzten mit ihren Vorgängern) (fast) immer kandidiert haben, trifft dies für BHE, DP (SHB) und GDP (BHE, DP) nur bis 1962 zu, und auch der SSW kandidierte bei den Bundestagswahlen nur bis 1961. Damit fallen also alle Wahlen bis 1962 weg. Wir halten insgesamt fest, daß die zweite Wahlausschlußmenge in der ersten und diese in der dritten enthalten ist (Numerierung nach der obigen Reihenfolge). Die Zeitpunkteauswahl erfüllt das erste Kriterium vollständig, das zweite weitgehend. Das Auftreten der Grünen, vereinzelte Nichtkandidatur von NPD, DKP (DFU) sowie Splitterparteien und die Tatsache, daß der SSW seit 1965 nur bei den Landtagswahlen und nur im Landesteil Schleswig kandidiert hat, führen - neben der Nichteinbeziehung der Briefwähler - insgesamt zu noch vertretbaren Einschränkungen bei der Vergleichbarkeit der Wahlergebnisse. Nach der Europawahl 1984 kann die Zeitpunkteauswahl um die Folge der zusammengehörenden Wahlen von 1982 bis 1984 ergänzt werden.

Endgültige Variablen sind Wählerverhalten - mit Nichtwahl, CDU, SPD, F.D.P., SSW und Rest als Attributen - und Sozialstruktur Erwerbstätigkeit - mit den Attributen des vorigen Abschnittes. Das Kriterium zur Auswahl der Attribute von Wählerverhalten fordert von jeder Wahlalternative: möglichst große Wahlberechtigtenanteile bei allen Wahlen. Die Auswahl erfüllt das Kriterium vollständig. So entfallen auf den Rest bei den Bundestagswahlen von 1972 und 1976 weder in Schleswig-Holstein noch in Hamburg deutlich mehr als 1 % der Wahlberechtigten. Für den SSW dürfen auf der anderen Seite nur die Wahlberechtigtenanteile bei den Landtagswahlen im Landesteil Schleswig gewertet werden.

Zur Verdeutlichung der Aussagen dieses Abschnittes dienen 9 Tabellen und 4 Karten. Tabelle 2.1. enthält die Bezeichnungen aller Parteien, die von 1947 bis 1983 bei Europawahlen, Bundestagswahlen, Landtagswahlen sowie Bürgerschafts- und Bezirksversammlungswahlen in Schleswig-Holstein und Hamburg kandidiert haben. Die Tabellen 2.2. bis 2.5. weisen alle Wahlvorschläge im einzelnen nach. Dargestellt sind für jede Wahl (in dieser Reihenfolge): Wahljahr / Zahl der Wahlkreise (wenn vorhanden) und fortlaufend Partei / Zahl der Direktkandidaten (wenn die Partei nicht in allen Wahlkreisen Direktkandidaten aufgestellt hatte). Ein "*" steht für Wahlabsprachen, die kurz erläutert werden sollen. Zunächst Schleswig-Holstein: Bei der Bundestagswahl 1949 verzichteten CDU, FDP, DKP, DP und Z im Wahlkreis 2 zugunsten eines parteilosen Einzelbewerbers auf eigene Direktkandidaten. Bei der Landtagswahl 1950 stellten sich CDU, FDP und DP (einschließlich eines parteilosen Einzelbewerbers im Wahlkreis 2) nur in jeweils einem Wahlkreis mit eigenen Direktkandidaten zur Wahl. Und nun Hamburg: 1949 bildeten CDU und FDP im VBH, 1953 CDU, FDP und DP im Block ein Wahlbündnis. Während die beteiligten Parteien bei den Bundestagswahlen nur in jeweils einem Wahlkreis mit eigenen Direktkandidaten vertreten waren, kandidierten sie bei den Bürgerschafts- und Bezirksversammlungswahlen gemeinsam als eine Partei. Für die Bezirksversammlungswahlen in Hamburg sind die Begriffe Wahlkreise und Direktkandidaten in der obigen Erläuterung durch die Begriffe Bezirke und Listen zu ersetzen. In den Tabellen 2.6. bis 2.9. sind Wahl- und Volkszählungsergebnisse dargestellt. Die Wahlergebnisse enthalten keine Briefwähler. Anteilswerte sind in % ausgedrückt. Bei den Volkszählungsergebnissen beziehen sich alle Anteilswerte auf die Erwerbstätigen insgesamt. Wahlnamen sind mit zwei, Erst- und Zweitstimmen mit einem Anfangsbuchstaben abgekürzt worden. Anordnung und Zusammenfassung der Parteien können vollständig aus den Tabellen 2.2. bis 2.5. entnommen werden. In den Karten 2.1. bis 2.4. sind die endgültigen Teilgebiete und übergeordnete politische oder statistische Teilgebiete sowie die Landesteile Schleswig und Holstein mit ihren Grenzen enthalten.

3. Raumtypisierung 1: Clusteranalyse

3.1. Mathematisches Modell

In diesem Kapitel wird eine exhaustive, disjunkte, nicht hierarchische Clusteranalyse (Raumtypisierung) mit einer Variablen und Repräsentation der Cluster durch Punkte im Rahmen eines stochastischen Modells behandelt. Die Hypothesen spezifizieren die optimale Clusterzahl und die Modellannahmen.

Wir wollen zuerst die allgemeinen Modellannahmen darstellen, wie sie bei BOCK (BOCK, 1974, 113) formuliert werden: Es wird vorausgesetzt, daß für die Objekte $O_1, \ldots, O_n$ p quantitative Merkmale untersucht sind; $x_1, \ldots, x_n \in R^p$ seien die zugehörigen, p-dimensionalen Beobachtungsvektoren (Zeilen der Datenmatrix (x_{ki})). Wir betrachten diese Vektoren als Realisierung von n unabhängigen, p-dimensionalen Zufallsvektoren $X_1, \ldots, X_n$ und nehmen generell an, daß jeder dieser n Vektoren eine p-dimensionale Normalverteilung besitzt. Weiterhin wird unterstellt, daß die Objekte $O_1, \ldots, O_n$ und damit die Zufallsvektoren $X_1, \ldots, X_n$ tatsächlich eine Gruppierung aufweisen, und zwar in folgendem Sinn: Die Objekte $O_1, \ldots, O_n$ bzw. die Vektoren $X_1, \ldots, X_n$ seien in eine bekannte Anzahl m nichtleerer, disjunkter Klassen $A_1, \ldots, A_m$ aufgeteilt derart, daß alle Zufallsvektoren X_k, die zur gleichen Klasse A_i gehören, dieselbe Normalverteilung $N(a_i, \Sigma_i)$ besitzen; deren Erwartungswert $a_i \in R^p$ und deren Kovarianzmatrix Σ_i sind somit typisch für die Klasse A_i. Insbesondere ist dann $E[X_k] = a_i$ für alle $k \in A_i$, und $A = (A_1, \ldots, A_m)$ stellt eine Partition der Objektmenge ($O_1, \ldots, O_n$) (äquivalent: der Indexmenge (1, ..., n)) dar. Ein Gruppierungsproblem ergibt sich nun dadurch, daß die Klassenmittelpunkte $a_1, \ldots, a_m \in R^p$ sowie die Kovarianzmatrizen $\Sigma_1, \ldots, \Sigma_m$, vor allem aber die Partition $A = (A_1, \ldots, A_m)$ der Objekte unbekannt sind. Wir nehmen lediglich an, daß A zu einer bekannten, im folgenden als fest angesehenen Menge P erlaubter oder zulässiger Partitionen gehört, die alle die gleiche, bekannte Klassenanzahl m > 1 besitzen. Das Problem der disjunkten Gruppierung läßt sich dann dahingehend präzisieren, daß die unbekannte Partition $A = (A_1, \ldots, A_m)$ der Objekte aufgrund der zugehörigen Beobachtungen $x_1, \ldots, x_n$ geschätzt werden soll.

Die besonderen Modellannahmen spezifizieren die Kovarianzmatrizen. Wir unterscheiden diesbezüglich vier Modelle wachsenden Schwierigkeitsgrades. Aus der gemeinsamen Verteilung der Zufallsvektoren lassen sich mit der Maximum-Likelihood-Methode Schätzwerte für die Klassenmittelpunkte und die Kovarianzmatrizen sowie das zugehörige Gütekriterium herleiten. Wir geben im folgenden die bei BOCK (BOCK, 1974, 115, 129, 138, 143) formulierten Verteilungsannahmen mit den implizierten Gütekriterien wieder:

$$X_k \sim N(a_i, \sigma^2 \cdot I_p) : \quad [\sum_{i=1}^{m} \sum_{k \in A_i} (x_k - \bar{x}_{A_i})' \cdot (x_k - \bar{x}_{A_i})] \quad \to \underset{A}{\text{Min}} \quad (3.1)$$

$$X_k \sim N(a_i, \sigma_i^2 \cdot I_p) : \quad \prod_{i=1}^{m} [\frac{1}{n_i} \sum_{k \in A_i} (x_k - \bar{x}_{A_i})' \cdot (x_k - \bar{x}_{A_i})]^{n_i} \quad \to \underset{A}{\text{Min}} \quad (3.2)$$

$$X_k \sim N(a_i, \Sigma) : \quad \det[\sum_{i=1}^{m} \sum_{k \in A_i} (x_k - \bar{x}_{A_i}) \cdot (x_k - \bar{x}_{A_i})'] \quad \to \underset{A}{\text{Min}} \quad (3.3)$$

$$X_k \sim N(a_i, \Sigma_i) : \quad \prod_{i=1}^{m} \det[\frac{1}{n_i} \sum_{k \in A_i} (x_k - \bar{x}_{A_i}) \cdot (x_k - \bar{x}_{A_i})']^{n_i} \to \underset{A}{\text{Min}} \quad (3.4)$$

Wir bezeichnen (3.1) als Varianzkriterium und (3.3) als Determinantenkriterium. Varianzkriterium und Determinantenkriterium lassen sich auch als Grenzfälle von Bayesverfahren herleiten. Die dabei notwendigen Voraussetzungen erlauben eine anschauliche Interpretation für die sinnvolle Anwendbarkeit der beiden Kriterien und lassen sich nach BOCK (BOCK, 1974, 162, 186) wie folgt zusammenfassen:

Sinnvolle Voraussetzungen für die Anwendung des Varianzkriteriums:

1. Die p Merkmale sind unabhängig.
2. Die m Klassen A_i erscheinen im R^p als Kugeln mit gleichem Radius.
3. a) Eine gleichmäßige Aufteilung der n Objekte auf die m Klassen ($n_i \approx \frac{n}{m}$) ist besonders plausibel, oder
    b) Keine der Partitionen $A \in P$ ist a priori plausibler als jede andere

Partition aus P, und es existiert ein Punkt a $\in R^p$ derart, daß die Mittelpunkte der einzelnen Klassen A_i umso weiter von a entfernt sind, je weniger Objekte die betreffende Klasse besitzt.

Sinnvolle Voraussetzungen für die Anwendung des Determinantenkriteriums:

1. Die p untersuchten Merkmale (Komponenten der x_k) sind voneinander (stochastisch) abhängig, und diese Abhängigkeit (bzw. die entsprechende Kovarianzmatrix) ist in allen Klassen die gleiche.

2. Die zu den Klassen gehörigen Punkte x_k bilden im R^p gleichartige Ellipsoide mit parallel ausgerichteten Achsen.

3. a) Eine gleichmäßige Aufteilung der n Punkte auf die m Klassen (d.h. $n_i \approx \frac{n}{m}$) ist besonders plausibel, oder

   b) Keine der Partitionen A $\in$ P ist a priori vor anderen Partitionen ausgezeichnet. Es existiert ein Punkt a $\in R^p$, in dessen Nähe die großen Klassen liegen, während die kleinen weiter von a entfernt sind.

Für einen Vergleich zwischen Varianz- und Determinantenkriterium führen wir für die p Merkmale eine vollständige Hauptkomponententransformation durch. Die Anwendung des Varianzkriteriums auf die Merkmale ist dabei identisch mit der Anwendung auf die unstandardisierten Hauptkomponenten, die Anwendung des Determinantenkriteriums auf die Merkmale dagegen (annähernd) identisch mit der Anwendung auf die standardisierten Hauptkomponenten. Die bezüglich der beiden Kriterien optimalen Partitionen unterscheiden sich also umsomehr, je größer die Unterschiede zwischen den Eigenwerten (Varianzen der unstandardisierten Hauptkomponenten) der Kovarianzmatrix sind. Handelt es sich bei den Merkmalen z.B. um die Messung eines Merkmals zu verschiedenen Zeitpunkten - wobei wir annehmen wollen, daß die dynamische Komponente deutlich weniger Varianz besitzt als die statische -, so vergrößern sich die Unterschiede zwischen der Partition aufgrund eines Merkmales und der Partition aufgrund aller Merkmale bei Anwendung des Determinantenkriteriums sehr schnell mit zunehmender Anzahl der Zeitpunkte. Das Determinantenkriterium ist also in diesem Fall offensichtlich inhaltlich nicht angemessen. Dasselbe gilt für den Fall, daß ein Merkmal mehrfach gemessen wird und die Messungen durch Meßfehler beeinflußt sind. Die Anwendung des Determinantenkriteriums ist natürlich automatisch dann nicht sinnvoll, wenn die Varianzanteile der den Merkmalen äquivalenten Hauptkomponenten an der Gesamtvarianz erhebliche Unterschiede aufweisen, deren Einebnung durch eine Standardisierung der Hauptkomponenten unangemessen ist hinsichtlich der empirischen Konsequenzen. Haben wir also - wie es für die Datengrundlage der vorliegenden Untersuchung der Fall ist - die obigen empirischen Voraussetzungen gegeben, bei denen eine Anwendung des Determinantenkriteriums nicht sinnvoll erscheint, so kommt als Alternative nur das Varianzkriterium in Betracht. Bei dieser Entscheidung ist zu berücksichtigen: Das Kriterium (3.4) scheidet, da es sich bei ihm lediglich um eine Verallgemeinerung des Determinantenkriteriums handelt, aus. Eine Verwendung des Kriteriums (3.2) - eine Verallgemeinerung des Varianzkriteriums - als Alternative zu diesem erbringt vermutlich keine wesentlich anderen Ergebnisse. Eine exakte Überprüfung dieser Vermutung steht noch aus und bleibt damit vorläufig weiterer Forschung überlassen. Wir benutzen in diesem Kapitel damit ausschließlich das Varianzkriterium und haben deshalb zu überprüfen, in welchem Umfang die Voraussetzungen für die Anwendung des Varianzkriteriums - die weiter oben zitiert worden sind - erfüllt werden. Dazu können wir feststellen: Für die Attribute der Variablen Wählerverhalten und Sozialstruktur Erwerbstätigkeit gelten weder Unabhängigkeit (Punkt 1.) noch die spezielleren Verteilungsannahmen (siehe bei (3.1)). Zu den Punkten 2. und 3. kann vorläufig noch nichts gesagt werden. Die Robustheit des Varianzkriteriums gegenüber Verletzungen der Verteilungsannahmen wird bei der Diskussion von empirischen Ergebnissen mit zu diskutieren sein. Allerdings muß schon jetzt darauf hingewiesen werden, daß die Argumentation sich hier auf ein heuristisches Niveau beschränken wird, weil die statistischen Voraussetzungen für eine Behandlung in der sonst üblichen Weise fehlen. Die Vorgehensweise bei der Bestimmung der optimalen Clusterzahl ist ähnlich zu beurteilen.

3.2. Numerische Behandlung

Wir beschäftigen uns in diesem Abschnitt mit numerischen Verfahren zur Bestimmung einer bezüglich des Varianzkriteriums optimalen Partition. Hierbei geht es um die iterative Verbesserung einer vorgegebenen Anfangspartition mit dem Minimaldistanz- und dem Austauschverfahren. Im Anschluß daran wird das Problem der optimalen Clusterzahl diskutiert.

Zuerst sollen die beiden Optimierungsverfahren dargestellt werden. Gemeinsam ist ihnen, daß durch jedes Verfahren eine Folge von Partitionen definiert wird. Bei jedem Iterationsschritt wird genau ein Objekt betrachtet und gegebenenfalls einem anderen Cluster zugeordnet. Beim Minimaldistanzverfahren geschieht eine Neuzuordnung auf der Grundlage der Distanzen des Objektes zu den Clusterschwerpunkten. Das Objekt wird gerade dem Cluster zugeordnet, zu dessen Clusterschwerpunkt es die geringste Distanz hat, so daß sich nicht immer eine Änderung der Clusterzugehörigkeit ergibt. Beim Austauschverfahren erfolgt eine Neuzuordnung gerade dann, wenn sich dadurch das Varianzkriterium verkleinern läßt. Das Objekt wird demjenigen Cluster neu zugeordnet, welches für die Neuzuordnung die größte Abnahme des Varianzkriteriums bewirkt. Wir unterscheiden beim Minimaldistanz- bzw. beim Austauschverfahren jeweils zwei Varianten, und zwar danach, ob nach jedem oder erst nach n Iterationsschritten die Clusterschwerpunkte bzw. das Varianzkriterium neu berechnet werden. Die erste Variante ist von der Reihenfolge der Objekte abhängig, die zweite dagegen nicht, da die Neuberechnung immer dann erfolgt, wenn alle Objekte wieder einmal durchlaufen worden sind. Alle vier Varianten führen nach endlich vielen Iterationsschritten zu einer suboptimalen Partition. Da das Minimaldistanzverfahren das Varianzkriterium jedoch lediglich indirekt minimiert, kann eine diesbezügliche Partition oft noch mit dem Austauschverfahren weiter verbessert werden. Wir wollen im folgenden nur jeweils eine Variante jedes Optimierungsverfahrens benutzen (Minimaldistanzverfahren Variante 2, Austauschverfahren Variante 1) und verzichten deshalb in Zukunft auf den unterscheidenden verbalen Zusatz. Die Entscheidung, mit nur noch jeweils einer Variante weiterzuarbeiten, beschränkt die Möglichkeiten von sinnvollen Kombinationen beider Optimierungsverfahren auf ein vertretbares Maß. Die Auswahl der Variante 2 beim Minimaldistanz- und der Variante 1 beim Austauschverfahren im besonderen ist durch die Vorgehensweise bei der Erzeugung von Anfangspartitionen motiviert.

Für die Gewinnung der Anfangspartitionen gehen wir von der vollständigen Hauptkomponententransformation der p Merkmale aus. Jede Hauptkomponente definiert eine Anfangspartition in der folgenden Weise: Sei dazu r der Rang des Hauptkomponentenwertes eines beliebigen Objektes. Dann gehören alle Objekte mit $n \cdot (i-1)/m < r < n \cdot i/m+1$ zum Cluster A_i der Anfangspartition A mit m Clustern (o.B.d.A. gelte n/m ganz sowie Verschiedenheit aller Ränge). Alle Cluster einer Anfangspartition haben also dieselbe Objektzahl und sind bezüglich der zugrundeliegenden Hauptkomponente als paarweise disjunkte zusammenhängende Intervalle definiert. Die Menge aller Anfangspartitionen ist vermutlich eine einigermaßen repräsentative Stichprobe der Menge aller möglichen Partitionen (für festes m) und ist einer Menge zufällig erzeugter Anfangspartitionen aufgrund der Intervallstrukturen vorzuziehen, da letztere empirische Forderungen an die Clusterform einbeziehen. Die Verbesserung jeder Anfangspartition führen wir einmal mit dem Austauschverfahren allein durch, zum anderen auch mit dem Minimaldistanz- und daran anschließend dem Austauschverfahren. Bei der zweiten Strategie wird das Austauschverfahren ausschließlich auf (durch das Minimaldistanzverfahren erzeugte) sehr gute Partitionen angewendet. Damit haben wir aber die Möglichkeit eines Vergleiches der beiden Strategien. Die oben vorgenommene Variantenauswahl wird dadurch bestimmt, daß für jedes Optimierungsverfahren die zweite Variante leicht schlechtere Ergebnisse bei kürzeren Rechenzeiten erwarten läßt und das Minimaldistanzverfahren nur für die Vorstufe (der zweiten Strategie), das Austauschverfahren jedoch für die Hauptstufe (beider Strategien) benutzt wird.

Wir kommen nun noch zur Entwicklung eines heuristischen Kriteriums für die
Bestimmung der optimalen Clusterzahl und gehen dazu von der vollständigen
Hauptkomponententransformation der p Merkmale aus. Für jede Clusterzahl betrachten wir nur die jeweils bezüglich des Varianzkriteriums beste Partition
von allen numerisch bestimmten suboptimalen Partitionen. Die Gesamtvarianz
aller Hauptkomponenten läßt sich in die Varianz zwischen den Clustern und innerhalb der Cluster zerlegen, ebenso die Varianz jeder einzelnen Hauptkomponente. Insgesamt und für jede Hauptkomponente bezeichnen wir (für festes m)
den Anteil der Varianz zwischen den Clustern an der jeweiligen Gesamtvarianz
auch als die (durch die Partition) erklärte Varianz. Hauptkomponenten heißen im folgenden relevant, wenn ihre erklärte Varianz aufgrund der Partition
mit maximal erlaubter Clusterzahl gegenüber der erklärten Varianz aller übrigen Hauptkomponenten deutlich höher liegt (wobei die Hauptkomponenten einzeln betrachtet werden). Das Clusteranzahlkriterium fordert für eine optimale Partition zwei Eigenschaften: möglichst deutliche Zunahme der erklärten
Varianz für möglichst viele relevante Hauptkomponenten gegenüber der Partition mit um 1 geringerer Clusterzahl (Sprungbedingung); möglichst gleichzeitig mit deren Varianzen fallende erklärte Varianzen der relevanten Hauptkomponenten (Monotoniebedingung). Bei vorgegebener maximaler Clusterzahl wählen wir unter allen Partitionen, die das Clusteranzahlkriterium erfüllen, als
optimale Partition diejenige mit minimaler Clusterzahl aus. Die beiden Bedingungen sollen jetzt begründet werden: Die Sprungbedingung wird in der Regel
für die insgesamt erklärte Varianz gefordert, erweist sich aber dabei sehr
oft als unbrauchbar, da die stetige Zunahme der insgesamt erklärten Varianz
bei Erhöhung der Clusterzahl nur selten sprunghaft unterbrochen ist. Bei den
Hauptkomponenten sind Sprünge jedoch in ausreichender Zahl anzutreffen und
lassen sich sehr gut zur Illustration der Tatsache verwenden, daß sich die
Unterschiede zwischen zwei Partitionen mit um 1 differierender Clusterzahl
oft nur bei einer Hauptkomponente deutlich zeigen. Durch die Monotoniebedingung gehen die Varianzunterschiede der Hauptkomponenten sinnvoll mit ein.

3.3. Empirische Ergebnisse

Wir wollen uns in diesem Abschnitt nach der Darstellung sämtlicher gerechneter Clusteranalysen mit einigen wichtigen Ergebnissen ausführlich, mit den übrigen Ergebnissen dagegen lediglich in zusammengefaßter Form befassen. Eine ausführliche Diskussion aller Ergebnisse hätte den Rahmen der vorliegenden Untersuchung gesprengt.

Aufgrund der endgültigen Auswahl im vorigen Kapitel liegen für 82 Teilgebiete im Landesteil Schleswig, 223 Teilgebiete im Landesteil Holstein und 172 Teilgebiete in Hamburg Ergebnisse von 1 Europawahl, 5 Bundestagswahlen, 4 Landtags- oder Bürgerschafts- und Bezirksversammlungswahlen (zu jeweils verschiedenen Zeitpunkten) sowie von 1 Volkszählung vor. Erst- und Zweitstimmen bei den Bundestagswahlen sowie Bürgerschafts- und Bezirksversammlungswahlen werden jeweils als 2 Wahlen aufgefaßt (zum selben Zeitpunkt, wobei Nichtwahl doppelt gezählt wird). Attribute sind bei den Wahlen Nichtwahl, CDU, SPD, F.D.P. und Rest (bei den Landtagswahlen im Landesteil Schleswig noch SSW), bei der Volkszählung die im vorigen Kapitel definierten. Nachgewiesen werden für die Attribute bei den Wahlen auf die Wahlberechtigten (ohne Briefwähler), bei der Volkszählung auf die Erwerbstätigen bezogene Anteile. Wir fassen zum einen die Bundestagswahlen, zum anderen die Landtags- oder Bürgerschafts- und Bezirksversammlungswahlen (diese getrennt nach Landesteil Schleswig, Landesteil Holstein und Hamburg) zu jeweils einer Variable Wählerverhalten insgesamt zusammen, welche wir außerdem noch in die Variablen Wählerverhalten statisch und Wählerverhalten dynamisch zerlegen (entsprechend der Vorgehensweise im 1. Kapitel). Für Landesteil Schleswig, Landesteil Holstein und Hamburg stehen also jeweils 6 Variablen zu Wählerverhalten und die Variable Sozialstruktur Erwerbstätigkeit zur Verfügung, für Schleswig-Holstein / Hamburg insgesamt dagegen nur 3 Variablen zu Wählerverhalten (Bundestagswahlen) und die Variable Sozialstruktur Erwerbstätigkeit. Die Europawahl ist als nicht zerlegbare einzelne Wahl zunächst nicht berücksichtigt worden. Wir können also 3·7+4 = 25 verschiedene Datensätze aufgrund der vorangegangenen Übersicht definieren. Zusätzlich betrachten wir für Landesteil Schleswig, Landesteil Holstein und Hamburg jeweils 10 Variablen zu Wählerverhalten (1 Europawahl, 5 Bundestagswahlen sowie 4 Landtags- oder Bürgerschafts- und Bezirksversammlungswahlen getrennt für sich), für Schleswig-Holstein / Hamburg insgesamt dagegen nur 6 Variablen zu Wählerverhalten (1 Europawahl, 5 Bundestagswahlen getrennt für sich). Somit kommen noch weitere 3·10+6 = 36 Datensätze hinzu. Haben wir bisher Wahlergebnisse für Teilgebiete verwendet, so können wir die 36 Datensätze außerdem auch auf der Grundlage von Wahlbezirken (in der Einteilung zum Zeitpunkt der betreffenden Wahl) definieren. Die Zahl der Wahlbezirke schwankt je nach Wahl im Landesteil Schleswig zwischen 612 und 714, im Landesteil Holstein zwischen 2 028 und 2 078, in Hamburg zwischen 1 222 und 1 581 und in Schleswig-Holstein / Hamburg insgesamt zwischen 3 961 und 4 272. Die Zusammenfassung der einzelnen Datensatzmengen ergibt also 25+2·36 = 97 verschiedene Datensätze.

In den 97 Datensätzen sind insgesamt 1 324 Attribute bzw. 956 Hauptkomponenten (nach jeweils vollständiger Hauptkomponententransformation der Attribute und unter Berücksichtigung linearer Abhängigkeiten) erfaßt. Für jeden Datensatz wurden bezüglich des Varianzkriteriums suboptimale Partitionen mit 1 bis 10 Clustern bestimmt. Höhere Clusterzahlen sind inhaltlich bedeutungslos, weil wir die Cluster angemessen unterscheiden und dokumentieren wollen. Die numerische Behandlung erfolgte gemäß der Darstellung im vorigen Abschnitt: Alle 10·956 = 9 560 Anfangspartitionen wurden sowohl allein mit dem Austauschverfahren als auch zuerst mit dem Minimaldistanzverfahren und dann weiter mit dem Austauschverfahren verbessert, und zwar zu 2·9 560 = 19 120 suboptimalen Partitionen. Es wurden also 3·9 560 = 28 680 einzelne Clusteranalysen gerechnet. Die Reihenfolge der Teilgebiete bzw. Wahlbezirke wurde bei Benutzung des Austauschverfahrens nicht variiert, d.h. ihre Reihenfolge ergab sich stets aus der Gliederungssystematik für Teilgebiete und Wahlbezirke.

Diese Entscheidung ist in Anbetracht der Tatsache, daß die jeweils besten
10·97 = 970 suboptimalen Partitionen aus einer Vielzahl von suboptimalen Partitionen ausgewählt wurden, vertretbar. Bei der numerischen Behandlung wurden
für alle Teilgebiete bzw. Wahlbezirke gleiche Größe und totale interne Homogenität (was einer internen Varianz von 0 entspricht) vorausgesetzt. Die
formale Rechtfertigung dafür soll ebenso wie die inhaltliche erst im Rahmen
der Ergebnisdiskussion erfolgen. Statt der ursprünglichen Attribute wurden
bei jeder Clusteranalyse die äquivalenten Hauptkomponenten benutzt, um die
Rechenzeit zu minimieren.

Wir kommen zunächst zu allgemein gültigen Ergebnissen für die besten suboptimalen Partitionen bezüglich der Voraussetzungen für die sinnvolle Anwendung
des Varianzkriteriums (Punkte 2. und 3. aus dem 1. Abschnitt). Dabei trifft
die Aussage von Punkt 2. (Cluster erscheinen im Attributeraum als Kugeln mit
gleichem Radius) im wesentlichen zu. Bei Punkt 3. muß der Alternative b) der
Vorzug gegeben werden (Clusterbesetzungszahlen nehmen mit zunehmender Entfernung des Clusterschwerpunktes von einem bestimmten festen Punkt ab), wenn
für den bestimmten festen Punkt der Schwerpunkt der Gesamtpunktekonfiguration
als Approximation gewählt wird. Eine Diskussion der Güte aller suboptimalen
Partitionen in Abhängigkeit von Anfangspartition und Methoden zu deren Verbesserung ist nicht das Hauptziel der vorliegenden Untersuchung, weshalb wir
darauf verzichten wollen. Aufgrund der Vielzahl von suboptimalen Partitionen,
die jeweils zur Auswahl der besten suboptimalen Partitionen herangezogen werden konnten, bedeutet der Verzicht auf eine Diskussion aber auch keine wesentliche Einschränkung in formaler Hinsicht.

Ausführlich werden im folgenden die Ergebnisse aufgrund von 3 Datensätzen behandelt, und zwar Schleswig-Holstein / Hamburg mit den Variablen Wählerverhalten insgesamt und dynamisch (beides Bundestagswahlen) sowie Sozialstruktur Erwerbstätigkeit. Da der Varianzanteil der statischen Komponente an der
Gesamtvarianz 91,6 % beträgt, wollen wir - da die eigentliche Variable Wäh-

lerverhalten statisch nicht benutzt wird - die Variable Wählerverhalten insgesamt hier und in den drei folgenden Kapiteln mit Wählerverhalten statisch bezeichnen. Alle 3 Datensätze enthalten die Ergebnisse für die 477 Teilgebiete insgesamt. Bei Wählerverhalten statisch beträgt die Zahl der Attribute 50 und die Zahl der Hauptkomponenten 35, bei Wählerverhalten dynamisch 50 und 31 sowie bei Sozialstruktur Erwerbstätigkeit 28 und 27. Dabei ergibt sich die Zahl der Attribute aus der vorherigen Definition der Datensätze und die Zahl der Hauptkomponenten - identisch mit der Zahl linear unabhängiger Dimensionen des Attributeraumes - aus den diesbezüglichen Bemerkungen im 1. Kapitel (unter Berücksichtigung doppelter Erfassung von Nichtwahl bei Wählerverhalten, so daß jeweils 5 Dimensionen wegfallen).

Aus den Partitionen mit 2 bis 10 Clustern bezüglich der drei Variablen wollen wir nun mit dem Clusteranzahlkriterium die jeweils optimale Partition auswählen. Dazu betrachten wir für die relevanten Hauptkomponenten (bei 10 Clustern mit erklärter Varianz deutlich größer als 10 %) die in Tabelle 3.1. enthaltenen erklärten Varianzen (Anteile in %). Zunächst zur Sprungbedingung: Deutliche Sprünge der erklärten Varianzen ergeben sich bei Wählerverhalten statisch für die 1. Hauptkomponente von 2 auf 3 Cluster (17,6 %), für die 2. Hauptkomponente von 4 auf 5 Cluster (35,6 %) und für die 3. Hauptkomponente von 7 auf 8 Cluster (37,6 %); bei Wählerverhalten dynamisch für die 2. Hauptkomponente von 2 auf 3 Cluster (39,7 %); bei Sozialstruktur Erwerbstätigkeit für die 2. Hauptkomponente von 2 auf 3 Cluster (60,5 %) und für die 3. Hauptkomponente von 3 auf 4 Cluster (58,3 %). Alle übrigen Sprünge liegen ziemlich dicht im Intervall bis 15,1 %. Jetzt die Monotoniebedingung: Sie gilt bei Wählerverhalten statisch und bei Wählerverhalten dynamisch jeweils für die Partitionen mit 8 oder mehr Clustern, bei Wählerverhalten dynamisch auch für die Partition mit 5 Clustern (bei nur sehr geringem Unterschied der erklärten Varianzen für die 4. und 5. Hauptkomponente). Da die Monotoniebedingung bei Sozialstruktur Erwerbstätigkeit für keine Partition strikt gilt, untersuchen wir für alle Partitionen die Minimalzahl von Vertauschungen je zweier erklärter Varianzen, die für eine Erfüllung der Monotoniebedingung notwendig sind: Für die Partitionen mit 8 und 10 Clustern sind es 1, für die Partitionen mit 5 und 9 Clustern 2 und für die übrigen Partitionen 3 oder mehr Vertauschungen (wobei eine der beiden Vertauschungen für die Partition mit 9 Clustern durch einen nur sehr geringen Unterschied der erklärten Varianzen für die 4. und 5. Hauptkomponente bedingt ist). Die beiden Sonderfälle (Partition mit 5 Clustern bei Wählerverhalten dynamisch und Partition mit 9 Clustern bei Sozialstruktur Erwerbstätigkeit) unterscheiden sich von den Partitionen mit um 1 größerer bzw. um 1 geringerer Clusterzahl also bezüglich der Gültigkeit der Monotoniebedingung lediglich in einem Ausmaß, welches z.B. nur dadurch entstanden sein könnte, daß wir suboptimale statt tatsächlich optimaler Partitionen benutzen. Eine jeweils umgekehrte Reihenfolge der abweichenden erklärten Varianzen und damit hinsichtlich der Erfüllung der Monotoniebedingung kein Unterschied zu den benachbarten Partitionen ist demnach nicht auszuschließen. Beide Bedingungen des Clusteranzahlkriteriums zusammengefaßt - wobei die Monotoniebedingung allein schon ausreicht - ergeben somit: Optimal ist für jede Variable die Partition mit 8 Clustern, wenn die maximal erlaubte Clusterzahl 10 beträgt.

Wir wollen jetzt versuchen, auch mit der Sprungbedingung allein die optimalen Clusterzahlen herzuleiten. Dazu betrachten wir die weiter oben aufgeführten 6 Sprünge der erklärten Varianzen im einzelnen. Bei allen 3 Variablen taucht der erste Sprung beim Übergang von der Partition mit 2 Clustern zur Partition mit 3 Clustern auf. Die Partitionen mit 2 Clustern lassen sich generell so beschreiben: Die 2 Cluster jeder Partition werden durch eine approximativ durch den Schwerpunkt der Punktekonfiguration gehende Hyperebene getrennt, welche zu allen Hauptkomponenten - die 1. Hauptkomponente ist dabei ausgenommen - parallel ist. Offensichtliche Unterschiede zwischen den Variablen, die in unterschiedlichen Strukturen der betreffenden Punktekonfigurationen zum

Ausdruck kommen, werden durch die Partitionen mit 2 Clustern nicht angemessen wiedergegeben. Bei den Partitionen mit 3 Clustern ändert sich das Bild jedoch erheblich. Dazu approximieren wir jedes Cluster durch die durch den Clusterschwerpunkt gehende 1. Hauptkomponente. Diese Approximation minimiert die Summe der quadrierten Distanzen zwischen allen Punkten des Clusters und der 1. Hauptkomponente und ist damit die beste eindimensionale Approximation. Die so definierten Approximationen wollen wir im folgenden auch als Hauptrichtungen bezeichnen. Für jede Variable gibt es also aufgrund der Partition mit 3 Clustern auch drei Hauptrichtungen, die die Struktur der Punktekonfiguration im obigen Sinne optimal wiedergeben. Wir interessieren uns nun für die Lage der jeweils drei Hauptrichtungen zueinander: Bei Wählerverhalten statisch stimmen alle drei Hauptrichtungen approximativ überein und bilden eine l-förmige Struktur, die im wesentlichen mit der 1. Hauptkomponente der Punktekonfiguration identisch ist. Bei Sozialstruktur Erwerbstätigkeit stimmen zwei Hauptrichtungen approximativ überein und bilden mit der dritten Hauptrichtung eine v-förmige Struktur, die im wesentlichen in der Ebene der ersten beiden Hauptkomponenten der Punktekonfiguration liegt. Bei Wählerverhalten dynamisch bilden die drei Hauptrichtungen eine y-förmige Struktur, die im wesentlichen in der Ebene der ersten beiden Hauptkomponenten der Punktekonfiguration liegt und deren Mittelpunkt approximativ mit dem Schwerpunkt der Punktekonfiguration übereinstimmt. Bei dieser Darstellung werden die außerhalb des zugehörigen Clusters liegenden Teile einer Hauptrichtung nur in dem Umfang herangezogen, wie dies für die Beschreibung einer Struktur notwendig ist. Approximativ übereinstimmende Hauptrichtungen werden im folgenden stets als eine Hauptrichtung angesehen. Je nach Variable lassen sich die Punkte (Teilgebiete) also einer von 1, 2 oder 3 Hauptrichtungen zuordnen.

Beim Übergang zu Partitionen mit 4 und mehr Clustern werden entweder die Hauptrichtungen durch zusätzliche Cluster weiter in sich differenziert, oder es erfolgt die Bildung zusätzlicher Cluster, die aber keine neuen Hauptrichtungen erzeugen. Cluster der ersten Entstehungsart nennen wir Hauptrichtungscluster, da ihre Schwerpunkte approximativ auf den Hauptrichtungen liegen. Cluster der zweiten Entstehungsart lassen sich zwei Gruppen zuordnen: Zum einen gibt es Hauptebenencluster, deren Schwerpunkte approximativ in der von 2 Hauptrichtungen aufgespannten Ebene liegen und die den Raum zwischen den in einem bestimmten Winkel auseinanderstrebenden Hauptrichtungen strukturieren, zum anderen gibt es Hauptkomponentencluster, deren Schwerpunkte in Richtung einer bestimmten Hauptkomponente liegen und die vom Schwerpunkt der Punktekonfiguration weiter entfernt sind. Das erstmalige Auftreten von Hauptkomponentenclustern bei einer bestimmten Partition ist stets mit einem deutlichen Sprung der erklärten Varianz für die betroffene Hauptkomponente im Vergleich zu der Partition mit um 1 geringerer Clusterzahl verbunden. Derartige Sprünge wurden weiter oben in 3 Fällen nachgewiesen, so daß also für Wählerverhalten statisch 2 und für Sozialstruktur Erwerbstätigkeit 1 Hauptkomponentencluster existieren. Für die Herleitung der optimalen Clusterzahlen gehen wir bei jeder Variablen von der Partition mit 3 Clustern sowie den durch die Partition implizierten Hauptrichtungen aus. Zunächst ist anzumerken, daß eine Aufteilung der 3 Cluster deswegen notwendig ist, weil die Hauptkomponentencluster erst bei größeren Clusterzahlen identifiziert werden und die Aufteilung alle 3 Variablen gleich behandeln sollte. Wir wählen als einfachste die Aufteilung der 3 Cluster in jeweils 2 Hauptrichtungscluster. Die Punktekonfigurationen legen weiterhin auch die Bildung von Hauptebenenclustern nahe: Bei Sozialstruktur Erwerbstätigkeit für den Raum zwischen den 2 Hauptrichtungen, bei Wählerverhalten dynamisch für 2 der 3 Räume zwischen den 3 Hauptrichtungen (da der Raum zwischen den beiden Hauptrichtungen, welche den kleinsten Winkel einschließen - und die auch mit den beiden symmetrischen Schenkeln der Y-Form identisch sind -, fast keine Punkte enthält). Wir summieren zum Schluß für jede Variable die Zahlen von Hauptrichtungs-, Hauptebenen- und Hauptkomponentenclustern und erhalten als optimale Clusterzahl jeweils 8, womit diese Herleitung die gleichen Ergebnisse wie vorher liefert.

In den Tabellen 3.2. bis 3.4. sind Wahlergebnisse, in den Tabellen 3.5. bis 3.7. sind Volkszählungsergebnisse für die Clusterschwerpunkte der optimalen Partitionen dargestellt. Die Grafiken 3.1. bis 3.3. illustrieren den Inhalt der Tabellen 3.2. bis 3.4. in anschaulicher Weise. Alle Ergebnisse für Clusterschwerpunkte und auch für Schleswig-Holstein / Hamburg insgesamt berechnen sich derart, daß alle Teilgebiete mit ihren Wahlberechtigten- bzw. Erwerbstätigenzahlen gewichtet eingehen, d.h. also durch einfache Addition von Stimmenzahlen usw. . Aufgrund dieser Vorgehensweise erhalten wir auch für Schleswig-Holstein / Hamburg insgesamt vernünftige Vergleichsergebnisse. Die Wahlergebnisse enthalten keine Briefwähler. Anteilswerte sind in % ausgedrückt. Bei den Volkszählungsergebnissen beziehen sich alle Anteilswerte auf die Erwerbstätigen insgesamt. In den Tabellen ist unmittelbar hinter jedem Anteilswert auch dessen Abweichung von dem entsprechenden Anteilswert für Schleswig-Holstein / Hamburg insgesamt aufgeführt. Bundestagswahlen, Erst- und Zweitstimmen sind mit einem Anfangsbuchstaben, Nichtwahl mit N.w. abgekürzt worden. Ein "-" oder Durchschnitt steht für Ergebnisse für Schleswig-Holstein / Hamburg insgesamt. Die in den Grafiken nachgewiesenen Anteilswerte sind durch Polygonzüge verbunden worden. Erst- bzw. Zweitstimmen entsprechen jeweils verschiedene Polygonzüge, wobei die Erststimmenpolygonzüge gegenüber den Zweitstimmenpolygonzügen etwas nach links versetzt angeordnet sind. Aus den Grafiken 3.4. bis 3.6. sind für alle Teilgebiete deren Lage in der Ebene der ersten beiden Hauptkomponenten (Faktoren) und Clusterzugehörigkeit für je eine Variable zu entnehmen. Die Karten 3.1. bis 3.3. zeigen für alle Teilgebiete deren Lage im geografischen Raum und Clusterzugehörigkeit für je eine Variable.

Wir wollen nun für jede Variable Hauptrichtungen sowie Hauptrichtungs-, Hauptebenen- und Hauptkomponentencluster im einzelnen identifizieren, d.h. also, daß wir unter Zuhilfenahme der in den Tabellen, Grafiken und Karten dargestellten Ergebnisse inhaltliche Charakterisierungen vornehmen. Dazu beginnen wir mit Wählerverhalten statisch. Die Hauptrichtung stellt das politische Rechts-Links-Kontinuum dar mit den Clustern 2 (CDU-Hochburgen) bis 7 (SPD-Hochburgen). Das Hauptkomponentencluster der 2. Hauptkomponente ist identisch mit Cluster 8 (Nichtwahl-Hochburgen), das der 3. Hauptkomponente mit Cluster 1 (F.D.P.-Hochburgen). Die Clusternumerierung verbindet die Cluster 1 und 8 mit den jeweils nächsten Anfangs- oder Endclustern der Hauptrichtung. Als nächstes behandeln wir Sozialstruktur Erwerbstätigkeit. Die 2 Hauptrichtungen stellen das Stadt-Land-Kontinuum mit den Clustern 1 (extrem ländlich) und 2 (ländlich) und das Sozialer-Status-Kontinuum (für städtische Teilgebiete) mit den Clustern 3 (extrem niedrig) bis 6 (extrem hoch) dar. Das Hauptebenencluster ist identisch mit Cluster 7, das Hauptkomponentencluster der 3. Hauptkomponente mit Cluster 8 (Hochburgen der Beamten im Dienstleistungsgewerbe). Da sich die 1. Hauptrichtung mit der 2. Hauptrichtung ziemlich genau im Schwerpunkt von Cluster 3 schneidet, können wir das Stadt-Land-Kontinuum bis dahin verlängern und haben damit den noch fehlenden Gegenpol in Cluster 3 gefunden. Die Clusternumerierung berücksichtigt dies und verbindet die Cluster 6, 7 und 8 gemäß den Distanzen ihrer Clusterschwerpunkte. Abschließend befassen wir uns mit Wählerverhalten dynamisch. Die 3 Hauptrichtungen gehen alle ziemlich genau vom Schwerpunkt der Punktekonfiguration aus und stellen lokale Wählerwanderungstypen dar: CDU -> SPD von 1969 bis 1972 mit Cluster 2 (normal) und Cluster 3 (extrem); SPD -> Nichtwahl von 1972 bis 1980 mit Cluster 5 (normal) und Cluster 6 (extrem); SPD -> CDU von 1969 bis 1972 mit Cluster 7 (normal) und Cluster 8 (extrem). Die Namensgebung der Hauptrichtungen erfolgte aufgrund der am deutlichsten ausgeprägten gegenläufigen Entwicklungstendenzen zweier Wahlalternativen zwischen zwei Wahlen. Das Hauptebenencluster zwischen 1. und 3. Hauptrichtung ist identisch mit Cluster 1, das zwischen 1. und 2. Hauptrichtung mit Cluster 4. Die Clusternumerierung verbindet die Cluster gegen den Uhrzeigersinn, wobei innerhalb jeder Hauptrichtung die normalen vor den extremen Clustern kommen.

Die regionale Verteilung der Cluster nach je einer Variablen läßt unterschiedlich große homogene Regionen hervortreten, deren Ausprägung für Wählerverhalten dynamisch, Sozialstruktur Erwerbstätigkeit und Wählerverhalten statisch - in dieser Reihenfolge - an Stärke abnimmt. Diese Regionen lassen sich in der Regel weder mit den Teilgebieten übergeordneten politischen und statistischen Teilgebieten noch mit den 3 Naturlandschaften Marsch, Geest und Hügelland (auf ländliche Teilgebiete beschränkt) zur Deckung bringen. Politische und statistische Teilgebiete größeren Umfangs sind also ebenso wie die 3 Naturlandschaften bezüglich jeder Variablen verhältnismäßig inhomogen.

Das Cluster 8 (Hochburgen der Beamten im Dienstleistungsgewerbe) bei Sozialstruktur Erwerbstätigkeit sollte mit Vorsicht behandelt werden: So sind Erwerbstätige eine Teilmenge der Wohnbevölkerung, Wahlberechtigte dagegen eine Teilmenge der Hauptwohnsitzbevölkerung. Bei den im Cluster 8 erfaßten Beamten im Dienstleistungsgewerbe handelt es sich zum weit überwiegenden Teil um Berufs- und Zeitsoldaten, die an ihrem Stationierungsort zur Wohnbevölkerung zählen, ihren Hauptwohnsitz jedoch meist nicht dort haben. Bei einem Vergleich von Wahl- und Volkszählungsergebnissen sind diese Verzerrungen natürlich generell für Garnisonsorte zu beachten, obwohl sie sich nur bei Cluster 8 deutlich bemerkbar machen.

Eine Diskussion von Unterschieden und Gemeinsamkeiten zwischen den ausführlich dargestellten Ergebnissen aufgrund von 3 Datensätzen und den Ergebnissen aufgrund der übrigen 94 Datensätze ergibt folgende Resultate: Zunächst ist es unerheblich, ob wir bei Vorliegen einer Reihe von Wahlen gleicher Wahlart die Variable Wählerverhalten insgesamt, die Variable Wählerverhalten statisch oder nur eine beliebige einzelne Wahl verwenden, weil sich die Partitionen nicht wesentlich unterscheiden. Dynamische Komponente sowie Erst- und Zweitstimmenunterschiede bei Bundestagswahlen bzw. Bürgerschafts- und Bezirksversammlungswahlenunterschiede können wir deshalb gewissermaßen als Meßfehler auffassen. Da die beiden letztgenannten Unterschiede per definitionem in Wählerverhalten dynamisch enthalten sind, aber kein großes Gewicht besitzen, gilt für sie die Charakterisierung als Meßfehler in entsprechender Weise. Die teilweise andere Verwendung des Begriffes statisch als ursprünglich definiert und die mit dynamisch nicht ganz umfassende Bezeichnung der Unterschiedskomponente sind also empirisch gerechtfertigt. Unterschiede zwischen den Partitionen gibt es für Hauptrichtungen und Hauptkomponentencluster in zweierlei Weise: Von den weiter oben genannten sind nicht alle immer in der jeweils optimalen Partition vertreten, während bei Wählerverhalten dynamisch für Landtags- sowie Bürgerschafts- und Bezirksversammlungswahlen das Hauptrichtungsmuster im wesentlichen durch stärkere lokale Wanderungen zwischen Nichtwahl und CDU bzw. SPD geprägt ist und der SSW stets eigene Hauptkomponentencluster erzeugt (Wählerverhalten dynamisch ausgenommen). Unterschiede bezüglich der Hauptrichtungs- und Hauptebenencluster sind fast ausschließlich auf Hauptrichtungsunterschiede zurückzuführen.

Bei Würdigung der ausführlich dargestellten Ergebnisse - wobei sowohl die optimalen Clusterzahlen als auch die gesamte inhaltliche Interpretation ohne irgendwelche Probleme als absolut eindeutig bezeichnet werden müssen - erscheint die Behauptung angemessen, daß alle formalen und inhaltlichen Entscheidungen dieses und des vorigen Kapitels von den empirischen Ergebnissen her betrachtet höchstens in geringfügigen Einzelfällen falsch gewesen sein können, da wir für die Daten keine Robustheit voraussetzen wollen (so daß sich eine Diskussion über Größe und interne Homogenität der Teilgebiete vorläufig erübrigt). Als wichtige inhaltliche Ergebnisse halten wir fest, daß wir mit den Partitionen nicht nur die Teilgebiete (durch Cluster), sondern auch die Attribute der Variablen (durch Hauptrichtungen) strukturiert haben. Die Hauptrichtungen für Wählerverhalten dynamisch lassen sich trotz der Gefahr des ökologischen Fehlschlusses als lokale individuelle Wählerwanderungen deuten. Schließlich zeigen die unterschiedlichen Hauptrichtungsstrukturen Grenzen für Zusammenhänge und Abhängigkeiten von Variablen auf.

4. Raumtypisierung 2: Clusteranalysekombination

4.1. Mathematisches Modell

In diesem Kapitel wird eine exhaustive, disjunkte, nicht hierarchische Clusteranalyse (Raumtypisierung) mit zwei Variablen und Repräsentation der Cluster durch Punkte im Rahmen eines stochastischen Modells behandelt. Die Hypothesen spezifizieren die optimale Clusterzahl und die Modellannahmen.

Im Unterschied zum vorigen Kapitel haben wir statt eines Merkmalssatzes jetzt l Merkmalssätze mit jeweils p_j Merkmalen ($j = 1, ..., l$). Die Beobachtungsvektoren lassen sich also in l Teile zerlegen. Die allgemeinen Modellannahmen des vorigen Kapitels bleiben unverändert, indem wir $p = p_1 + ... + p_l$ setzen. Die besonderen Modellannahmen spezifizieren die Kovarianzmatrizen. Die Kovarianzmatrix jedes Merkmalssatzes habe die Form $\sigma_j^2 \cdot I_{p_j}$ oder $\sigma_{ij}^2 \cdot I_{p_j}$ (siehe (3.1) und (3.2) zum Vergleich). Die Kovarianzmatrix aller Merkmale habe in beiden Fällen Diagonalgestalt; sie läßt sich also jeweils in l Blöcke zerlegen, welche mit den Kovarianzmatrizen der l Merkmalssätze identisch sind (wobei die Zerlegung nur den relevanten Teil entlang der Hauptdiagonalen erfaßt). Zur Abkürzung verwenden wir im folgenden die beiden Bezeichnungen Δ_p und Δ_{ip}. Aus der gemeinsamen Verteilung der Zufallsvektoren lassen sich mit der Maximum-Likelihood-Methode Schätzwerte für die Klassenmittelpunkte und die Kovarianzmatrizen herleiten (in Analogie zu (3.2), weswegen auf eine ausführliche Darstellung verzichtet werden kann) sowie die beiden Gütekriterien:

$$X_k \sim N(a_i, \Delta_p) : \prod_{j=1}^{l} [\frac{1}{p_j} [\sum_{i=1}^{m} \sum_{k \in A_i} (x_{kj} - \bar{x}_{A_i j})' \cdot (x_{kj} - \bar{x}_{A_i j})]]^{p_j}$$
$$\underset{A}{\rightarrow} \text{Min} \quad (4.1)$$

$$X_k \sim N(a_i, \Delta_{ip}) : \prod_{j=1}^{l} [\frac{1}{p_j} \prod_{i=1}^{m} [\frac{1}{n_i} \sum_{k \in A_i} (x_{kj} - \bar{x}_{A_i j})' \cdot (x_{kj} - \bar{x}_{A_i j})]^{n_i}]^{p_j}$$
$$\underset{A}{\rightarrow} \text{Min} \quad (4.2)$$

Die im vorigen Kapitel behandelten Gütekriterien sind selbstverständlich auch in diesem Kapitel benutzbar.

Bei der Anwendung aller 6 zur Verfügung stehenden Gütekriterien gelten für (3.3) und (3.4) (Determinantenkriterium und Verallgemeinerung davon) die Bemerkungen im vorigen Kapitel unverändert, so daß beide wie dort nicht in Frage kommen. Die Benutzung von (3.1) und (3.2) (Varianzkriterium und Verallgemeinerung davon) setzt eine Vergleichbarkeit der Merkmale / Attribute verschiedener Merkmalssätze / Variablen voraus, die für die Attribute der Variablen Wählerverhalten und Sozialstruktur Erwerbstätigkeit jedoch in mehrfacher Hinsicht nicht gegeben ist. Wir haben also lediglich die Entscheidung zwischen den Gütekriterien (4.1) und (4.2). Im Rahmen der vorliegenden Untersuchung verzichten wir auf eine Anwendung (womit diese vorläufig weiterer Forschung überlassen bleibt) und beschränken uns stattdessen auf den Vergleich von Partitionen, die bezüglich des Varianzkriteriums optimal sind.

Dazu betrachten wir bei 2 Variablen und fester Clusterzahl die 2 optimalen Partitionen und berechnen für die $2 \cdot 2 = 4$ Kombinationen von Variablen mit optimalen Partitionen die Werte der Varianz zwischen den Clustern. Wir definieren nun eine Variable als unabhängig und die andere als abhängig und bestimmen den Quotienten aus Varianz zwischen den Clustern bezüglich der abhängigen Variablen aufgrund der Partition bezüglich der unabhängigen Variablen und Varianz zwischen den Clustern bezüglich der abhängigen Variablen aufgrund der Partition bezüglich der abhängigen Variablen. Diesen Quotienten können wir als den durch die unabhängige Variable erklärten Anteil der Varianz der abhängigen Variable auffassen, weil wir die optimale Approximation aller Punkte durch ihre jeweiligen Clusterschwerpunkte im Raum der abhängigen Variablen durch eine nicht optimale Approximation schätzen. Mit diesem Modell können wir die Hypothese "Je ähnlicher sich zwei Teilgebiete bezüglich der unabhängigen Variablen sind, desto ähnlicher sind sie sich bezüglich der abhängigen Variable" überprüfen. Die Anteile der erklärten Varianz sind zwar von der Clusterzahl abhängig, aber das Modell erlaubt dafür auch die Überprüfung einer explizit nicht funktionalen Abhängigkeit zwischen Variablen.

4.2. Numerische Behandlung

Der Verzicht auf eine Anwendung der Gütekriterien (4.1) und (4.2) (siehe dazu die Bemerkungen im vorigen Abschnitt) überläßt die Diskussion numerischer Verfahren zur Bestimmung bezüglich der beiden Gütekriterien optimaler Partitionen vorläufig gleichermaßen weiterer Forschung. Formal würde sich diese Diskussion in ähnlicher Weise wie im entsprechenden Abschnitt des vorigen Kapitels vollziehen.

4.3. Empirische Ergebnisse

Wir wollen in diesem Abschnitt die Ergebnisse der Vergleiche der Partitionen mit 2 bis 10 Clustern für die Variablen Wählerverhalten statisch, Wählerverhalten dynamisch und Sozialstruktur Erwerbstätigkeit auf der Grundlage der 477 Teilgebiete (d.h. der im vorigen Kapitel ausführlich behandelten 3 Datensätze) darstellen. Mit den 3 Variablen lassen sich 6 Hypothesen formulieren. Die Tabelle 4.1. enthält für alle Hypothesen die durch die unabhängige Variable erklärten Anteile der Varianz der abhängigen Variable (in %). Die erklärten Varianzanteile steigen mit zunehmender Clusterzahl lediglich tendenziell, aber keineswegs monoton, an und pendeln sich vermutlich bei einer bestimmten Höhe ein. Deutliche Sprünge der erklärten Varianzanteile treten für Wählerverhalten statisch -> Wählerverhalten dynamisch von 7 auf 8 Cluster (24,0 %) und für Sozialstruktur Erwerbstätigkeit -> Wählerverhalten statisch von 2 auf 3 Cluster (35,0 %) auf. Beide Sprünge bestätigen indirekt zentrale Ergebnisse des vorigen Kapitels. Bei fester Clusterzahl unterscheiden sich die jeweils 3 Partitionen teilweise erheblich voneinander. Die in der Tabelle 4.2. nachgewiesenen zweidimensionalen Verteilungen der Clusterzugehörigkeiten für die Kombinationen der optimalen Partitionen zeigen dies beispielhaft.

5. Raumtypisierung 3: Faktorenclusteranalyse

5.1. Mathematisches Modell

In diesem Kapitel wird eine exhaustive, disjunkte, nicht hierarchische Clusteranalyse (Raumtypisierung) mit einer Variablen und Repräsentation der Cluster durch Geraden im Rahmen eines deterministischen Modells behandelt. Die Hypothesen spezifizieren die optimale Clusterzahl, die Repräsentation der Cluster durch Geraden und die Modellannahmen.

Bisher haben wir die Cluster immer durch einen Punkt (Clusterschwerpunkt) repräsentiert. Eine solche Repräsentation muß jedoch keineswegs angemessen sein. Wir wollen deshalb die Repräsentation der Cluster durch eine 0-dimensionale Hyperebene (Punkt) auf höherdimensionale Hyperebenen (z.B. Geraden, Ebenen) verallgemeinern. Im folgenden werden die formalen Voraussetzungen des 3. Kapitels unverändert übernommen (d.h. wir verzichten lediglich auf bestimmte Verteilungsannahmen). Die Repräsentation der Cluster geschieht durch s-dimensionale Hyperebenen mit $0 < s < p$ (wobei der triviale Fall $s = p$ unberücksichtigt bleibt). Ausgehend von (3.1) und (3.2) (Varianzkriterium und Verallgemeinerung davon) betrachten wir nicht die Distanzen der Punkte zu ihren jeweiligen Clusterschwerpunkten, sondern zu durch den Clusterschwerpunkt gehenden Hyperebenen. Die Approximation der Punkte durch Projektion auf eine Hyperebene ist – im Sinne einer Minimierung der Summe der quadrierten Distanzen zwischen den Punkten und ihren orthogonalen Projektionen auf die Hyperebenen – gerade dann optimal, wenn wir für jedes Cluster die von den ersten s Eigenvektoren der zugehörigen Kovarianzmatrix Σ_i aufgespannte Hyperebene durch den Clusterschwerpunkt a_i als optimale Hyperebene wählen. Für jedes Cluster seien $\lambda_{i1}, \ldots, \lambda_{ip}$ die nach ihrer Größe absteigend geordneten Eigenwerte der zugehörigen Kovarianzmatrix Σ_i. Die Summe der obigen quadrierten Distanzen ist für jedes Cluster dann gleich dem n_i-fachen der Summe der p-s kleinsten Eigenwerte (siehe dazu auch BOCK (BOCK, 1974, 197)). Als Verallgemeinerung von (3.1) und (3.2) ergibt sich also:

$$[\sum_{i=1}^{m} n_i \sum_{r=s+1}^{p} \lambda_{ir}] \to \underset{A}{\text{Min}} \qquad (5.1)$$

$$\prod_{i=1}^{m} [\sum_{r=s+1}^{p} \lambda_{ir}]^{n_i} \to \underset{A}{\text{Min}} \qquad (5.2)$$

Die (3.1) und (3.2) zugrundeliegenden Verteilungsannahmen lassen vermuten, daß die Anwendung von (5.1) im wesentlichen gleiche, von (5.2) dagegen im wesentlichen verschiedene Verteilungen der Punkte um die den Clustern entsprechenden Hyperebenen voraussetzt (nach Clustern). Auf eine Verallgemeinerung von (3.3) und (3.4) (Determinantenkriterium und Verallgemeinerung davon) wollen wir im Rahmen der vorliegenden Untersuchung ebenso verzichten wie auf eine Herleitung der Gütekriterien im Rahmen eines stochastischen Modells.

Bei der Anwendung beschränken wir uns auf (5.1), weil - ähnlich wie im 3. Kapitel - zu vermuten ist, daß (5.1) und (5.2) keine wesentlich anderen Ergebnisse erbringen. Eine exakte Überprüfung dieser Vermutung überlassen wir damit vorläufig weiterer Forschung. Als Dimension s der Hyperebenen wählen wir 1, so daß wir die Cluster durch Geraden repräsentieren. Bei den Geraden handelt es sich entsprechend der Definition der Hyperebenen in jedem Cluster um die 1. Hauptkomponente der zugehörigen Kovarianzmatrix Σ_i. Die Richtung jeder 1. Hauptkomponente im Attributeraum ist durch den zum größten Eigenwert der betreffenden Kovarianzmatrix Σ_i gehörenden Eigenvektor bestimmt. Die Komponenten des Eigenvektors können wir in der üblichen Weise als Ladungen der Attribute auf der 1. Hauptkomponente und somit als bestmögliche eindimensionale Skalierung der Attribute interpretieren. Die Wahl von höherdimensionalen Hyperebenen zur Repräsentation der Cluster erlaubt in inhaltlicher Hinsicht minimal zweidimensionale Skalierungen der Attribute und ist damit komplizierter. Zudem ist die Approximation der Punkte im Attributeraum durch Geraden bezüglich ihrer Güte von der Clusterzahl abhängig, so daß dieselbe Güte statt mit höherem s auch mit nur etwas höherer Clusterzahl erreichbar ist.

5.2. Numerische Behandlung

Wir beschäftigen uns in diesem Abschnitt mit numerischen Verfahren zur Bestimmung einer bezüglich des Kriteriums (5.1) optimalen Partition. Hierbei geht es um die iterative Verbesserung einer vorgegebenen Anfangspartition mit dem Minimaldistanz- und dem Austauschverfahren. Im Anschluß daran wird das Problem der optimalen Clusterzahl diskutiert.

Die im 2. Abschnitt des 3. Kapitels vorgestellten je zwei Varianten von Minimaldistanz- und Austauschverfahren können unmittelbar übernommen werden, wenn wir die Begriffe Clusterschwerpunkt bzw. Varianzkriterium durch Hyperebene bzw. Kriterium (5.1) ersetzen. Im folgenden wird ausschließlich die Variante 2 des Minimaldistanzverfahrens verwendet, so daß wir in Zukunft nur noch von Minimaldistanzverfahren sprechen. Von einer Benutzung der übrigen drei Varianten wurde abgesehen, weil ihre Anwendung auf alle Anfangspartitionen zu nicht mehr vertretbar hohen Rechenzeiten geführt hätte. Die Gewinnung der Anfangspartitionen ist im übrigen identisch wie im 2. Abschnitt des 3. Kapitels. Von dort kann auch - unter Berücksichtigung einiger formal notwendiger Änderungen - das Clusteranzahlkriterium übernommen werden. Auf eine Formulierung dieser Änderungen verzichten wir jedoch, da die alleinige Auswahl des Minimaldistanzverfahrens keine suboptimalen Partitionen garantiert und wir deshalb auf die optimalen Clusterzahlen nicht eingehen wollen.

5.3. Empirische Ergebnisse

Wir wollen in diesem Abschnitt die Ergebnisse der Partitionen mit 1 bis 10 Clustern für die Variablen Wählerverhalten statisch, Wählerverhalten dynamisch und Sozialstruktur Erwerbstätigkeit auf der Grundlage der 477 Teilgebiete (d.h. der im 3. Kapitel ausführlich behandelten 3 Datensätze) darstellen. Entsprechend der Definition des Kriteriums (5.1) zerlegen wir die Gesamtvarianz jeder Variablen in die Varianz zwischen den Clustern und die Varianz aller 1. Hauptkomponenten (durch die Partition erklärter Anteil) sowie die Varianz aller übrigen Hauptkomponenten. Die Tabelle 5.1. enthält für alle Variablen die Anteile von Varianz zwischen den Clustern, Varianz aller übrigen Hauptkomponenten und Varianz aller 1. Hauptkomponenten an der Gesamtvarianz (in % und in dieser Reihenfolge). Deutliche Sprünge der erklärten Varianzanteile treten für Wählerverhalten dynamisch von 1 auf 2 Cluster (13,8 %) und für Sozialstruktur Erwerbstätigkeit von 1 auf 2 Cluster (29,6 %) auf. Für eine ausreichende Approximation der Punktekonfigurationen ergeben sich damit als Minimum bei Wählerverhalten statisch 1 und bei den beiden anderen Variablen 2 Geraden. Wesentliche Übereinstimmung zwischen Hauptrichtungen und Geraden ist nur dann zu erwarten, wenn eine Ausdehnung der Hauptrichtungen auf vollständige Geraden im wesentlichen außerhalb der Punktekonfiguration erfolgt. Dies trifft für Wählerverhalten statisch und Sozialstruktur Erwerbstätigkeit weitgehend zu. Für Wählerverhalten dynamisch reichen dagegen 2 Geraden in ungefährer Richtung der Hauptrichtungen 2 und 3 aus. Die Geraden jeder Partition unterscheiden sich bezüglich ihrer Richtung im Attributeraum teilweise erheblich voneinander. Die in den Tabellen 5.2. bis 5.4. nachgewiesenen Ladungen der Attribute auf den 1. Hauptkomponenten für die Partitionen mit 8 Clustern zeigen dies beispielhaft (B = Bundestagswahl). Da die Minimaldistanzpartitionen jedoch nicht noch mit dem Austauschverfahren verbessert wurden, gelten alle Ergebnisse dieses Abschnittes nur unter einem gewissen Vorbehalt.

6. Raumtypisierung 4: Kanonische Clusteranalyse

6.1. Mathematisches Modell

In diesem Kapitel wird eine exhaustive, disjunkte, nicht hierarchische Clusteranalyse (Raumtypisierung) mit zwei Variablen und Repräsentation der Cluster durch Geraden im Rahmen eines deterministischen Modells behandelt. Die Hypothesen spezifizieren die optimale Clusterzahl, die Repräsentation der Cluster durch Geraden und die Modellannahmen.

Wir übertragen die Verallgemeinerungen der beiden vorigen Kapitel gegenüber dem 3. Kapitel bzw. (3.1) und (3.2) (Varianzkriterium und Verallgemeinerung davon) jetzt zusammen und erhalten als Ergebnis:

$$\prod_{j=1}^{l} [\frac{1}{p_j} [\sum_{i=1}^{m} n_i \sum_{r=s+1}^{p} \lambda_{irj}]]^{p_j} \to \min_{A} \quad (6.1)$$

$$\prod_{j=1}^{l} [\frac{1}{p_j} \prod_{i=1}^{m} [\sum_{r=s+1}^{p} \lambda_{irj}]^{n_i}]^{p_j} \to \min_{A} \quad (6.2)$$

Die auf die Formulierung der Gütekriterien direkt folgenden ergänzenden Bemerkungen in den beiden vorigen Kapiteln können sinngemäß übernommen werden.

Alle Ausführungen zur Anwendung im 4. Kapitel gelten auch hier in entsprechender Weise. Wir beschränken uns jetzt auf die Anwendung einer Modifikation des Kriteriums (5.1). Dazu betrachten wir die Verallgemeinerung der Hauptkomponentenanalyse (1 Variable) auf die kanonische Analyse (2 Variablen). Ziel der Hauptkomponentenanalyse ist zunächst die orthogonale Projektion des Attributeraumes auf eine Dimension (1. Hauptkomponente) mit maximaler Varianz, der kanonischen Analyse die orthogonale Projektion beider Attributeräume auf je eine Dimension (1. kanonische Variable) mit maximaler Kovarianz. Wir definieren nun eine Variable als unabhängig und die andere als abhängig und verändern das Kriterium (5.1) so, daß wir im Attributeraum der abhängigen Variable die optimale Hyperebene nicht durch Hauptkomponenten, sondern durch kanonische Variable erzeugen (wie im vorigen Kapitel wählen wir s = 1).

6.2. Numerische Behandlung

Die Darstellung im entsprechenden Abschnitt des vorigen Kapitels kann unmittelbar übernommen werden, wenn statt des Kriteriums (5.1) dessen Modifikation - dargestellt im vorigen Abschnitt - gesetzt wird. Die Anfangspartitionen werden aus den Hauptkomponenten der unabhängigen und der abhängigen Variable gewonnen.

6.3. Empirische Ergebnisse

Wir wollen in diesem Abschnitt die Ergebnisse der Partitionen mit 1 bis 10 Clustern für Kombinationen der Variablen Wählerverhalten statisch, Wählerverhalten dynamisch und Sozialstruktur Erwerbstätigkeit auf der Grundlage der 477 Teilgebiete (d.h. der im 3. Kapitel ausführlich behandelten 3 Datensätze) darstellen. Entsprechend der Definition des modifizierten Kriteriums (5.1) zerlegen wir die Gesamtvarianz jeder abhängigen (unabhängigen) Variablen in die Varianz zwischen den Clustern, die durch die unabhängige (abhängige) Variable erklärte Varianz aller 1. kanonischen Variablen und die durch die unabhängige (abhängige) Variable nicht erklärte Varianz aller 1. kanonischen Variablen (durch die Partition erklärter Anteil) sowie die Restvarianz (welche teilweise größer als die Varianz aller übrigen kanonischen Variablen ist). Mit den 3 Variablen lassen sich 6 Hypothesen formulieren. Die Tabelle 6.1. enthält für alle Hypothesen die Anteile von Varianz zwischen den Clustern, Restvarianz, durch die unabhängige (abhängige) Variable nicht erklärte Varianz aller 1. kanonischen Variablen und durch die unabhängige (abhängige) Variable erklärte Varianz aller 1. kanonischen Variablen an der Gesamtvarianz der abhängigen (unabhängigen) Variable (in % und in dieser Reihenfolge). Deutliche Sprünge der erklärten Varianzanteile der abhängigen Variable treten für Wählerverhalten statisch -> Wählerverhalten dynamisch von 1 auf 2 Cluster (20,8 %), für Sozialstruktur Erwerbstätigkeit -> Wählerverhalten dynamisch von 1 auf 2 Cluster (15,4 %), für Wählerverhalten statisch -> Sozialstruktur Erwerbstätigkeit von 1 auf 2 Cluster (37,3 %) und für Wählerverhalten dynamisch -> Sozialstruktur Erwerbstätigkeit von 1 auf 2 Cluster (30,5 %) auf. Die Bemerkungen über Geraden und Hauptrichtungen an der entsprechenden Stelle des 3. Abschnitts im vorigen Kapitel lassen sich bezüglich der abhängigen Variable unmittelbar übertragen. Mit zunehmender Clusterzahl stimmen die 1. Hauptkomponenten mit den 1. kanonischen Variablen nämlich immer besser überein. Der Übereinstimmungsgrad ist bei fester Clusterzahl teilweise von der unabhängigen Variablen abhängig. Die erklärten Varianzanteile der unabhängigen Variablen steigen mit zunehmender Clusterzahl lediglich tendenziell, aber keineswegs monoton, an und pendeln sich vermutlich bei einer bestimmten Höhe ein. Deutliche Sprünge der erklärten Varianzanteile der unabhängigen Variablen kommen nicht vor. Die Geraden jeder Partition unterscheiden sich bezüglich ihrer Richtung jeweils in beiden Attributeräumen teilweise erheblich voneinander. Die in den Tabellen 6.2. bis 6.13. nachgewiesenen Ladungen der Attribute auf den 1. kanonischen Variablen für die Partitionen mit 8 Clustern zeigen dies beispielhaft (B = Bundestagswahl). Da die Minimaldistanzpartitionen jedoch nicht noch mit dem Austauschverfahren verbessert wurden, gelten alle Ergebnisse dieses Abschnittes nur unter einem gewissen Vorbehalt.

7. Regionalisierung: Wahlkreiseinteilung

7.1. Mathematisches Modell

In diesem Kapitel wird eine exhaustive, disjunkte, nicht hierarchische Clusteranalyse (Regionalisierung) mit einer Variablen und Repräsentation der Cluster durch Punkte im Rahmen eines deterministischen Modells unter zusätzlichen Nebenbedingungen behandelt. Die Hypothesen spezifizieren die Modellannahmen.

Cluster werden im folgenden mit Wahlkreisen identifiziert. Gebräuchliche Anforderungen an Wahlkreise sind:

1. Maximal erlaubte Abweichung der Einwohnerzahl vom Wahlkreisdurchschnitt
2. Räumlicher Zusammenhang
3. Einhaltung politischer Grenzen
4. Möglichst geringe Abweichung der Einwohnerzahl vom Wahlkreisdurchschnitt
5. Möglichst beständige Entwicklung der Einwohnerzahl

Je nach Wahlgesetz sind alle oder einige dieser Anforderungen als Soll- oder Muß-Bestimmung formuliert: Das Bundeswahlgesetz fordert 1. mit 33 1/3 % (muß) bzw. 25 % (soll) sowie 2. und 3. (alle soll), wobei die deutsche Wohnbevölkerung maßgeblich ist. Das Landeswahlgesetz von Schleswig-Holstein fordert 1. mit 25 % (muß), 2. (muß) sowie 3., 4. und 5. (alle soll), wobei die Wohnbevölkerung maßgeblich ist. Vor einer weiteren Diskussion der 5 Anforderungen wollen wir uns mit Überhangmandaten befassen. Überhangmandate entstehen dann, wenn für eine Partei mehr Kandidaten direkt gewählt worden sind, als ihr aufgrund des verhältnismäßigen Stimmenanteiles insgesamt zustehen. Überhangmandate verbleiben der Partei, die sie gewonnen hat. Bundes- und Landeswahlgesetz sehen für die anderen Parteien keinen Mandatsausgleich in diesem Fall vor, obwohl Überhangmandate zu relativen oder absoluten Mandatsmehrheiten führen können, die den verhältnismäßigen Stimmenanteilen widersprechen. Dieser Effekt steht also in deutlichem Gegensatz zum Grundgedanken des Verhältniswahlrechts, wie er sowohl im Bundes- als auch im

Landeswahlgesetz niedergelegt ist. Es ist deshalb notwendig, die bisherigen Anforderungen an Wahlkreise um folgende Anforderung an eine Wahlkreiseinteilung zu erweitern:

6. Möglichst geringe Wahrscheinlichkeit des Auftretens von Überhangmandaten

Wir wollen die 6 Anforderungen nun mathematisch explizieren und gehen dabei o.B.d.A. davon aus, daß alle als Muß-Bestimmung formuliert sind.

1. und 2. sind eindeutige Nebenbedingungen für die Form von Wahlkreisen. Eine Explikation von 3. als Nebenbedingung ist zunächst nicht möglich, weil politische Teilgebiete des öfteren in mehr als einen Wahlkreis aufgeteilt werden müssen. Wir ergänzen 3. deshalb um die Einhaltung statistischer Grenzen. Als Nebenbedingung sollte 3. sinnvollerweise für eine möglichst grobe Einteilung des Wahlgebietes in politische und statistische Teilgebiete gelten. Darüber hinaus explizieren wir 3. als Optimierungskriterium derart, daß wir seine Gültigkeit für möglichst viele politische und statistische Teilgebiete fordern, die einer gröberen als der eben genannten Einteilung entstammen. 4. und 5. sind eindeutige Optimierungskriterien, die sich aber gegenseitig widersprechen, wenn wir von einer Wahlkreiseinteilung für mehrere Wahlen Optimalität bezüglich beider Kriterien verlangen. Aber auch 3. (in der Explikation als Optimierungskriterium) auf der einen und 4. bzw. 5. auf der anderen Seite sind für eine bzw. mehrere Wahlen von einer Wahlkreiseinteilung nicht gleichzeitig optimierbar. Wir werden 3. (in der Explikation als Optimierungskriterium), 4. und 5. deshalb jeweils in geeigneter Weise für eine Anwendung als Nebenbedingungen formulieren. 6. ist wiederum ein eindeutiges Optimierungskriterium. Für eine mathematische Explikation ist zu beachten, daß die Wahrscheinlichkeit des Auftretens von Überhangmandaten umso größer ist, je ähnlicher die Stimmenanteile der Parteien in den Wahlkreisen den Stimmenanteilen im Wahlgebiet sind. Für die im Wahlgebiet stärkste Partei ist die Zahl der Überhangmandate gleichermaßen umso größer, je niedriger ihr Stimmenanteil im Wahlgebiet ausfällt und je deutlicher die Zahl der Direktmandate

die Zahl der Listenmandate übersteigt (wobei jeweils das Auftreten von Überhangmandaten vorausgesetzt wurde). Bei gegebener Verteilung aller Mandate auf Direkt- und Listenmandate sowie gegebenen Stimmenanteilen der Parteien im Wahlgebiet beschränkt sich die Minimierung der Wahrscheinlichkeit des Auftretens von Überhangmandaten auf die Maximierung der Unterschiede zwischen den Stimmenanteilen der Parteien in den Wahlkreisen und im Wahlgebiet. Bei nur 2 um Direktmandate konkurrierenden Parteien ist dies identisch mit der Maximierung der Unterschiede zwischen den Differenzen der Stimmenanteile beider Parteien in den Wahlkreisen. Wir wählen nun die Varianz als geeignetes Unterschiedsmaß und maximieren also die Varianz der Variablen $(s_{i1}-s_{i2})/(s_{i1}+s_{i2})$ (wobei s_{i1} und s_{i2} die Stimmenzahlen der beiden Parteien im Wahlkreis i bedeuten mit $1 \leq i \leq m$). Die Explikation von 6. geschieht also durch das folgende Optimierungskriterium:

$$\frac{1}{m} \sum_{i=1}^{m} [(s_{i1}-s_{i2})/(s_{i1}+s_{i2})]^2 - [\frac{1}{m} \sum_{i=1}^{m} (s_{i1}-s_{i2})/(s_{i1}+s_{i2})]^2 \rightarrow \text{Max}$$

(7.1)

Dabei ist (7.1) nichts anderes als eine Version des Varianzkriteriums, weil die Maximierung der Varianz zwischen den Wahlkreisen / Clustern äquivalent ist zur Minimierung der Varianz innerhalb der Wahlkreise / Cluster.

Die Zusammenfassung der Explikationen von 1. bis 6. definiert Wahlkreiseinteilung als ein spezielles clusteranalytisches Problem mit (7.1) als Gütekriterium und bestimmten Nebenbedingungen (1. bis 5.). Eine alleinige Betrachtung der Nebenbedingungen 1. und 2. ergibt eine graphentheoretische Interpretation: Wir identifizieren dazu politische und statistische Teilgebiete mit Ecken, politische und statistische Grenzen mit Kanten sowie Einwohnerzahlen der Teilgebiete mit Eckenbewertungen eines ungerichteten Graphen. Eine Einteilung des Wahlgebietes in Wahlkreise entspricht einer Zerlegung des Graphen in zusammenhängende Teilgraphen, deren Eckenbewertungssumme 1. erfüllt. Eine zusätzliche Betrachtung der Nebenbedingungen 3., 4. und 5. sowie von (7.1) ermöglicht die Findung optimaler Wahlkreiseinteilungen / Zerlegungen.

7.2. Numerische Behandlung

Bei nicht zu großen Problemen schränken die Nebenbedingungen 1. und 2. die Zahl aller möglichen Partitionen der Teilgebiete in m Cluster auf eine erheblich geringere Zahl möglicher Einteilungen der Teilgebiete in m Wahlkreise ein, so daß wir ein total enumeratives Verfahren benutzen können. Das Verfahren bestimmt in zwei Stufen zuerst aus den Teilgebieten alle möglichen Wahlkreise und danach aus diesen alle möglichen Wahlkreiseinteilungen. Bei der Kombination von Teilgebieten zu Wahlkreisen sind die Nebenbedingungen 1. und 2., bei der Kombination von Wahlkreisen zu Wahlkreiseinteilungen Exhaustivität und Disjunktheit zu beachten. Bei Formulierung von 3., 4. und 5. als Nebenbedingungen können diese an geeigneter Stelle in das Verfahren integriert werden. Sie können aber auch - bei Formulierung als Optimierungskriterien - wie (7.1) zur Auswahl einer optimalen Wahlkreiseinteilung aus allen möglichen Wahlkreiseinteilungen verwendet werden.

7.3. Empirische Ergebnisse

Wir betrachten in diesem Abschnitt optimale Einteilungen von Schleswig-Holstein in 44 Landtagswahlkreise und 11 Bundestagswahlkreise sowie von Hamburg in 7 Bundestagswahlkreise (Wahlkreise gibt es bei den Bürgerschaftswahlen seit 1957 nicht mehr). Dabei fordern wir Optimalität für die Landtagswahl 1983 und die Bundestagswahl 1983 und müssen somit ein prognostisches Problem lösen, da die Ergebnisse der genannten Wahlen im Rahmen der vorliegenden Untersuchung nicht bekannt waren. Die Zahl der Landtagswahlkreise ist im Landeswahlgesetz festgelegt, während sich die Zahl der Bundestagswahlkreise aus dem verhältnismäßigen Anteil der Einwohnerzahl jedes Bundeslandes ergibt (wobei nach dem Bundeswahlgesetz jedem Bundesland eine ganze Zahl von Bundestagswahlkreisen zugeteilt wird). Stichtag für die Wohnbevölkerung der Landtagswahlkreise ist der 1. Januar 1982. Dieses Datum wird auch für die deutsche Wohnbevölkerung der Bundestagswahlkreise übernommen, um eine Vergleichbarkeit der Ergebnisse zu gewährleisten, da ein Stichtag nur im Landeswahlgesetz festgelegt ist. Für Schleswig-Holstein sollen jeweils 4 Landtagswahlkreise auf einen Bundestagswahlkreis entfallen, was aufgrund der Zahl von Landtags- und Bundestagswahlkreisen sinnvoll erscheint.

Für Schleswig-Holstein befassen wir uns zunächst mit der Einteilung in Landtagswahlkreise. Dabei untersuchen wir zuerst die Verteilung der Landtagswahlkreise auf kreisfreie Städte und Kreise als Teilgebiete der gröbsten Einteilung des Wahlgebietes in politische Teilgebiete. Für jedes dieser Teilgebiete wird die optimale ganze Zahl von Landtagswahlkreisen wie folgt bestimmt: Aufgrund der (rationalen) rechnerischen Zahl von Landtagswahlkreisen für ein Teilgebiet haben wir die Auswahl zwischen ganzem Anfangs- und Endpunkt (als Zahl) des Intervalls der Länge 1, welches die rechnerische Zahl enthält. Optimal ist diejenige der beiden Zahlen mit geringerem Unterschied zwischen der durchschnittlichen Einwohnerzahl eines Wahlkreises im Teilgebiet und der durchschnittlichen Einwohnerzahl eines Wahlkreises im Wahlgebiet. Die optimalen Zahlen der Landtagswahlkreise für die kreisfreien Städte und Kreise sind aus Tabelle 7.1. zu entnehmen. Bei Flensburg und Neumünster wurde ein "." gesetzt, da sich beide kreisfreien Städte in keine ganze Zahl von Landtagswahlkreisen einteilen lassen. Die räumliche Lage von Flensburg (gemeinsame Grenze nur mit Schleswig-Flensburg) erfordert also die Zusammenfassung mit Schleswig-Flensburg zu einem Teilgebiet. Die räumliche Lage von Neumünster (gemeinsame Grenze mit Plön, Rendsburg-Eckernförde und Segeberg) erfordert die Zusammenfassung mit Plön zu einem Teilgebiet, da Rendsburg-Eckernförde und Segeberg genau 4 Landtagswahlkreise und damit genau 1 Bundestagswahlkreis bilden (je für sich). Die optimalen Zahlen der Landtagswahlkreise für die zusammengefaßten Teilgebiete ergeben sich wiederum aus Tabelle 7.1. . Wir addieren nun die optimalen Zahlen der Landtagswahlkreise und erhalten mit 44 als Summe die geforderte Zahl des Landeswahlgesetzes. Diese Übereinstimmung ist nicht selbstverständlich. Aufgrund dieser Tatsache und der optimalen Erfüllung von 3. (als Optimierungskriterium) bezüglich der gröbsten Einteilung des Wahlgebietes in politische Teilgebiete erscheint es sinnvoll, die dargestellte Verteilung der Landtagswahlkreise auf die kreisfreien Städte und Kreise beizubehalten. Damit sind also lediglich 2 Landtagswahlkreise jeweils auf eine kreisfreie Stadt und einen Kreis aufgeteilt. Die gröbste Einteilung des Wahlgebietes in politische und statistische Teilgebiete, für die 3. (als Nebenbedingung) gilt, ist als logische Folge der obigen Verteilung der Landtagswahlkreise auf kreisfreie Städte und Kreise identisch mit der Einteilung der endgültigen Teilgebiete im 2. Kapitel (wobei das Amt Hohn nicht aufgeteilt ist).

Die Abgrenzung der Landtagswahlkreise zerfällt wegen der Zusammenfassung von Flensburg und Schleswig-Flensburg sowie Neumünster und Plön nun in 13 Einzelprobleme. 4. und 5. wollen wir in einer Nebenbedingung zusammenfassen, die wir wie folgt formulieren (wobei Teilgebiete für kreisfreie Städte, Kreise oder Zusammenfassungen stehen): Für jedes Teilgebiet beträgt die maximal erlaubte Abweichung der Einwohnerzahl eines Wahlkreises im Teilgebiet von der durchschnittlichen Einwohnerzahl eines Wahlkreises im Teilgebiet 10 % der durchschnittlichen Einwohnerzahl eines Wahlkreises im Wahlgebiet. Diese neue Nebenbedingung berücksichtigt auf der Grundlage der Behandlung von 3. (als Optimierungskriterium / Nebenbedingung) 4. und 5. ungefähr gleich stark und erscheint damit als Explikation angemessen. Wir integrieren die neue Nebenbedingung in das total enumerative Verfahren, ebenso - für Flensburg / Schleswig-Flensburg und Neumünster / Plön - die Nebenbedingung nur je eines gemischten Landtagswahlkreises. Die Tabelle 7.1. enthält für die 13 Einzelprobleme die Zahl aller möglichen Einzeleinteilungen in Landtagswahlkreise. Für Segeberg und Stormarn mußte auf die neue Nebenbedingung verzichtet werden, da sich sonst keine bzw. nur eine Einzeleinteilung in Landtagswahlkreise ergeben hätte.

Für die optimalen Einzeleinteilungen in Landtagswahlkreise betrachten wir die 13 Einzelprobleme zunächst getrennt. Wir berechnen für alle möglichen Einzeleinteilungen in Landtagswahlkreise und alle verfügbaren 15 Wahlen (1 Europawahl, je 5 Bundestagswahlen Erst- / Zweitstimmen und 4 Landtagswahlen) das Kriterium (7.1). Dabei gehen nur die Stimmenzahlen von CDU und SPD (ohne Briefwähler) ein, weil allein diese beiden Parteien Direktmandate gewinnen können. Getrennt für jede Wahl bestimmen wir für alle möglichen Einzeleinteilungen in Landtagswahlkreise die Abweichung des Kriteriums (7.1) vom Maximum des Kriteriums (7.1) über alle möglichen Einzeleinteilungen in Landtagswahlkreise. Jeder möglichen Einzeleinteilung in Landtagswahlkreise sind damit 4 nach Wahlarten getrennte Zeitreihen von Abweichungen zugeordnet. Optimal ist diejenige Einzeleinteilung in Landtagswahlkreise, deren Zeitreihenwerte entweder nur gleich 0 sind oder im Vergleich am deutlichsten gegen 0 konvergieren (für alle Zeitreihen). Wir vereinigen nun die optimalen Einzeleinteilungen in Landtagswahlkreise für die 13 Einzelprobleme zu einer Landtagswahlkreiseinteilung. Diese muß bezüglich des Kriteriums (7.1) nicht

notwendig optimal sein. Der dadurch bedingte Approximationsfehler dürfte sich
jedoch ebenso wie der prognostische Fehler gegenüber der für die Landtagswahl
1983 optimalen Landtagswahlkreiseinteilung in engen Grenzen halten. Aufgrund
der 15 Wahlen simulieren wir jetzt für CDU und SPD alle möglichen Mandatsver-
teilungen mit der obigen Landtagswahlkreiseinteilung, indem wir für jede Wahl
die Differenzen der Stimmenanteile von CDU und SPD in den Landtagswahlkreisen
entsprechend verschieben. Dabei zeigt sich, daß aufgrund der Wahlergebnisse
der Vergangenheit Überhangmandate für CDU oder SPD erst dann ausgeschlossen
werden können, wenn beide Parteien zusammen mindestens 70 Mandate erhalten.
Um in Zukunft Überhangmandate auf jeden Fall zu vermeiden, müßte also - wenn
politische und statistische Grenzen nicht verändert werden - die Gesamtzahl
der Mandate von jetzt 74 deutlich erhöht werden, da die Repräsentanz kleine-
rer Parteien im Landtag außer dem SSW eher die Regel als die Ausnahme ist.
Die Tabellen 7.2. und 7.3. enthalten Wahlergebnisse und Einwohnerzahlen für
die Landtagswahlkreise. Die Wahlergebnisse enthalten keine Briefwähler. Wahlnamen, Erst- und Zweitstimmen sind mit einem Anfangsbuchstaben abgekürzt worden. Durchschnitt steht für Ergebnisse für Schleswig-Holstein. Ein "." steht
für unbekannte Zahlenwerte. Die Abgrenzung der Landtagswahlkreise ist aus den
Karten 7.1. und 7.2. zu entnehmen.

Für Schleswig-Holstein folgt die Einteilung in Bundestagswahlkreise unmittelbar aus der Einteilung in Landtagswahlkreise. Da alle kreisfreien Städte und
Kreise mit 4 Landtagswahlkreisen 1 Bundestagswahlkreis bilden, ergibt sich
die Abgrenzung der übrigen Bundestagswahlkreise aus der Abgrenzung der noch
nicht erfaßten Landtagswahlkreise, und zwar aufgrund deren Lage in vollkommen
eindeutiger Weise. Die Abgrenzung der Bundestagswahlkreise ist in Karte 7.3.
nachgewiesen.

Abschließend behandeln wir für Hamburg die Einteilung in Bundestagswahlkreise. Es ergibt sich sofort, daß 3. (als Nebenbedingung) nur für die Einteilung in Kern- und Ortsamtsgebiete gelten kann, da die Einteilung in Bezirke

zu grob ist. 4. und 5. fassen wir derart in einer Nebenbedingung zusammen, daß - bezogen auf die Wohnbevölkerung - die maximal erlaubte Abweichung der Einwohnerzahl eines Wahlkreises in Hamburg von der durchschnittlichen Einwohnerzahl eines Wahlkreises in Hamburg 10 % der durchschnittlichen Einwohnerzahl eines Wahlkreises in Hamburg beträgt. Nach Integration dieser neuen Nebenbedingung in das total enumerative Verfahren ergeben sich 26 mögliche Bundestagswahlkreiseinteilungen. Diese untersuchen wir nun hinsichtlich der Erfüllung von 3. (als Optimierungskriterium) bezüglich der Einteilung in Bezirke. Dazu betrachten wir jeweils die Einteilung von Hamburg, die von Bezirks- und Bundestagswahlkreisgrenzen erzeugt wird. Uns interessiert die Zahl der Teilgebiete jeder dieser Einteilungen, weil sie ein geeignetes Maß für die Erfüllung von 3. (als Optimierungskriterium) darstellt, d.h. optimal ist diejenige Bundestagswahlkreiseinteilung mit einem Minimum an Teilgebieten. Da die gegenüber der optimalen zweitbeste Bundestagswahlkreiseinteilung 13 statt 11 Teilgebiete, 6 statt 4 durchschnittene Bezirke und 5 statt 3 gemischte Bundestagswahlkreise aufweist, verzichten wir auf eine Anwendung des Kriteriums (7.1) und wählen die bezüglich 3. (als Optimierungskriterium) allein optimale Bundestagswahlkreiseinteilung endgültig aus. Die Abgrenzung der Bundestagswahlkreise ist aus Karte 7.4. zu ersehen.

Wir wollen wichtige Ergebnisse, die in allen 3 Anwendungen festzustellen sind, noch einmal zusammenfassen: Die wahlrechtlichen Anforderungen an Wahlkreise sind einerseits teilweise widersprüchlich, andererseits offensichtlich unvollständig (Überhangmandate), wodurch der Grundgedanke des Verhältniswahlrechts in Frage gestellt wird. Außerdem ist eine mathematische Explikation der Anforderungen bisweilen mit Problemen verbunden. Wesentlichen Einfluß auf eine optimale Wahlkreiseinteilung hat die Gliederung des Wahlgebietes in politische und statistische Teilgebiete. Die Bundestagswahlkreiseinteilungen für Schleswig-Holstein und Hamburg sind deshalb bezüglich des Kriteriums (7.1) nur sehr bedingt als optimal anzusehen.

8. Zusammenfassung und Literaturdiskussion

8.1. Zusammenfassung

Wir wollen in diesem Abschnitt wesentliche Ergebnisse der vorliegenden Untersuchung noch einmal im Zusammenhang darstellen. Dabei soll auch versucht werden, die Ergebnisse in größere Dimensionen einzuordnen.

Zunächst werfen wir einen Blick auf die im 3. bis 6. Kapitel vorgestellten Gütekriterien (ohne (3.3) und (3.4) (Determinantenkriterium und Verallgemeinerung davon)). Die Gütekriterien (3.2) bis (6.2) sind Verallgemeinerungen des Varianzkriteriums (3.1) in 3 Richtungen: gleiche / ungleiche Verteilungsmuster nach Clustern, 1 / > 1 Merkmalssätze oder Variablen, Repräsentation der Cluster durch Hyperebenen der Dimension 0 / > 0. Damit ergeben sich $2^3 = 8$ Gütekriterien. Die Gütekriterien (3.1) bis (4.2) wurden im Rahmen eines stochastischen Modells hergeleitet. Die schrittweise Verallgemeinerung der Gütekriterien aufgrund der Verallgemeinerung der Verteilungsannahmen können wir unmittelbar schon aus der Dichte der zugrundeliegenden Multinormalverteilung ablesen, da wir als Kovarianzmatrizen ausschließlich Diagonalmatrizen verwendet haben (bei Anwendung der Maximum-Likelihood-Methode). Die Gütekriterien (5.1) bis (6.2) sind deterministische Verallgemeinerungen der Gütekriterien (3.1) bis (4.2), indem die Distanzen der Punkte zum Clusterschwerpunkt durch die Distanzen der Punkte zu einer optimalen Hyperebene durch den Clusterschwerpunkt ersetzt wurden.

Bei den empirischen Ergebnissen stehen bezüglich des Varianzkriteriums optimale Partitionen in mehrfacher Hinsicht im Vordergrund. So ergab sich nicht nur eine Strukturierung der Teilgebiete (durch Cluster), sondern auch eine Strukturierung der Attribute (durch Hauptrichtungen). Die Cluster können im Rahmen des Hauptrichtungskonzeptes in Hauptrichtungs-, Hauptebenen- und Hauptkomponentencluster unterteilt werden. Im einzelnen wurden folgende Hauptrichtungen identifiziert: Das Rechts-Links-Kontinuum (Wählerverhalten statisch), das Stadt-Land- und das Sozialer-Status-Kontinuum (Sozialstruktur Erwerbstätigkeit) sowie die 3 Typen lokaler individueller Wählerwanderungen (Wählerverhalten dynamisch). Die unterschiedlichen Hauptrichtungsstrukturen zeigen Grenzen für Zusammenhänge und Abhängigkeiten von Variablen in anschaulicher Weise auf, deren exakte Bestimmung sich durch Anwendung des Kriteriums (4.1) ermöglichen ließe (und mit dem Instrument des Vergleiches von Partitionen). Beim Vergleich von Hauptrichtungen mit Geraden, die den Attributeraum bezüglich des Kriteriums (5.1) optimal strukturieren, werden die inhaltlichen Vorzüge des Hauptrichtungskonzeptes sichtbar, und zwar für Wählerverhalten dynamisch. Auch die unterschiedlichen Geradenstrukturen verdeutlichen Grenzen für Zusammenhänge und Abhängigkeiten von Variablen, für deren genaue Ermittlung jetzt die Anwendung des Kriteriums (6.1) erfolgen sollte (wobei ebenso wieder das Instrument des Vergleiches von Partitionen einginge). Das modifizierte Kriterium (5.1) erweist sich dagegen aufgrund der stark asymmetrischen Behandlung von unabhängiger und abhängiger Variable als problematisch. Wir können den Vergleich von Partitionen in kanonischer Weise von einer auf mehrere Variablen verallgemeinern, indem wir zur Bestimmung optimaler Partitionen statt der Gütekriterien (3.1) bzw. (5.1) die Gütekriterien (4.1) bzw. (6.1) verwenden. Beim Vergleich bezüglich des Kriteriums (5.1) optimaler Partitionen wird dabei die Varianz zwischen den Clustern um die Varianz aller 1. Hauptkomponenten erweitert. Insgesamt haben wir damit ein Instrumentarium, welches nichtfunktionale Zusammenhänge und Abhängigkeiten von Variablen - in der Formulierung eines beliebigen Modells - quantifiziert und gewissermaßen als vollständige Alternative einer Zusammenfassung funktionaler multivariater Verfahren gelten kann.

Die Ergebnisse der optimalen Wahlkreiseinteilungen des 7. Kapitels können bezüglich der Problematik von Überhangmandaten direkt auf beliebige politische Gebietsgliederungen übertragen werden, bei denen ein Überhang politischer Macht in Form absoluter Mehrheiten einer Partei minimiert werden soll.

8.2. Literaturdiskussion

Inhalt dieses Abschnittes ist die Diskussion ausgewählter Beiträge zum Themenkreis der eigenen Untersuchung. Wir wollen dazu neben wissenschaftlichen Veröffentlichungen auch die aktuelle Wahlberichterstattung durch die FORSCHUNGSGRUPPE WAHLEN und das INSTITUT FÜR ANGEWANDTE SOZIALWISSENSCHAFT (im folgenden abgekürzt FGW und INFAS) mit einbeziehen.

Im einzelnen handelt es sich um folgende Untersuchungen (wobei die gewählten Bezeichnungen nicht den Titel wiedergeben, sondern als grobe Inhaltsangabe zu verstehen sind): Wählerverhalten und Sozialstruktur in Schleswig-Holstein von 1919 bis 1932 (HEBERLE 1963), Wählerverhalten und Sozialstruktur in Schleswig-Holstein von 1947 bis 1967 (SAHNER 1972), Wählerverhalten und Sozialstruktur von 1903 bis 1932 im Kreis Herzogtum Lauenburg (ZIMMERMANN 1978), Wählerverhalten und Sozialstruktur im Landesteil Schleswig von 1947 bis 1958 (ISBARY 1960), Wählerverhalten und Sozialstruktur in Hamburg von 1949 bis 1972 (TROITZSCH 1976), Sozialstruktur in Hamburg 1961 (BRAUN 1968), Sozialstruktur in Hamburg 1968 (MANHART 1977). Hinzu kommen FGW-Berichte zu Landtagswahlen in Schleswig-Holstein (1975, 1979, 1983) und Bürgerschaftswahlen in Hamburg (1974, 1978, Juni 1982, Dezember 1982) sowie INFAS-Politogramme zu Landtagswahlen in Schleswig-Holstein (1975, 1979, 1983) und Bürgerschaftswahlen in Hamburg (1978, Juni 1982, Dezember 1982). Der Bereich Wahlkreiseinteilung wird durch 1 Untersuchung (BICK 1975) und 2 INFAS-Politogramme (1968a, 1968b) abgedeckt.

Die Diskussion der einzelnen Untersuchungen erfolgt entsprechend der Kapitelreihenfolge der eigenen Themenbehandlung stets vergleichend, um Unterschiede und Gemeinsamkeiten deutlich zu machen. Zunächst behandeln wir die methodologischen Aspekte des 1. Kapitels. Dazu ist feststellbar, daß keine der obigen Untersuchungen in dieser Beziehung über unwesentliche Ansätze hinauskommt. Es wird sich noch zeigen, daß diese Vorgehensweise nicht ohne Folgen bleiben kann, was insbesondere methodische Probleme bei der Anwendung mathematischer Modelle betrifft. Im wesentlichen ähnlich ist die Situation beim Punkt Datengrundlage des 2. Kapitels. Eine eingehende Begründung der Wahl von Untersuchungsgebiet, -zeitraum und -variablen mit Attributen sowie der Auswahl von Teilgebieten und Zeitpunkten im engeren Sinne findet kaum statt. Wir müssen deshalb Untersuchungsgebiete, Teilgebiete, Untersuchungszeiträume und Zeitpunkte (von Wahlen und Zählungen) vorläufig akzeptieren, auch wenn diese willkürlich erscheinen mögen. Dies gilt jedoch nicht für die Definition von Attributen. So bezieht lediglich TROITZSCH Stimmenzahlen auf die Wahlberechtigten, während sonst die gültigen Stimmen stets Bezugsgröße sind - ohne eine Diskussion der daraus sich ergebenden Probleme (d.h. des im wesentlichen nicht mehr sinnvollen Vergleiches zweier Wahlen mit unterschiedlichen Nichtwähleranteilen). Die Definition von Attributen für Sozialstruktur führt generell zu teilweise höchst unterschiedlichen Skalierungen, wenn wir von der inhaltlichen Vielfalt einmal absehen. Die unterschiedliche Skalierung von Attributen wird noch zu diskutieren sein. Im übrigen berücksichtigen weder HEBERLE und SAHNER noch FGW und INFAS die - wegen Kandidatur bzw. Nichtkandidatur des SSW (SSV) notwendige - Gliederung Schleswig-Holsteins in die beiden Landesteile. Schließlich muß das Verfahren der FGW, aufgrund der Nichtverfügbarkeit von Volkszählungsergebnissen für die Mehrzahl der Wahlbezirke Wahlergebnisse von Wahlbezirken mit Volkszählungsergebnissen der jeweils übergeordneten politischen oder statistischen Teilgebiete zu identifizieren, so lange als nicht haltbar eingestuft werden, wie die FGW nicht bereit ist, die zugrundeliegenden Stichproben mit zu veröffentlichen.

Wir kommen nun zu den in den obigen Untersuchungen benutzten Verfahren und beginnen mit der ökologischen Analyse. Darunter wollen wir die Betrachtung des Wählerverhaltens in Gebieten bestimmter Sozialstruktur (z.B. Naturlandschaften, Stadt / Land) verstehen, desgleichen in Gebieten mit bestimmten Attributwerten von Sozialstruktur. Gegen die Fruchtbarkeit der ökologischen

Analyse gibt es zwei grundlegende Einwände: Sie bezieht für die betrachteten Gebiete deren interne Homogenität bzw. externe Separation weder für alle Attribute von Sozialstruktur noch für Wählerverhalten explizit mit ein und erweist sich damit als rein deskriptives Verfahren ohne einen begründeten Anspruch auf die Erklärung von Unterschieden im Wählerverhalten von Gebieten aufgrund von Unterschieden in deren Sozialstruktur. Der könnte erst durch einen Partitionsvergleich wie im 4. Kapitel erhoben werden, wobei für Sozialstruktur als unabhängige Variable eine vorgegebene Partition nicht grundsätzlich ausgeschlossen werden sollte. Daß der erste Einwand von wesentlicher Bedeutung ist, zeigt die Vorgehensweise der FGW bei der Analyse des Wählerverhaltens in den Naturlandschaften: Deren Definition durch Zusammenfassung von Landtagswahlkreisen ermöglicht keine getrennte Betrachtung städtischer und ländlicher Teilgebiete, wobei eben nur für letztere deutliche Unterschiede im Wählerverhalten bestehen. Die Ergebnisse der FGW hierzu sind also generell unbrauchbar.

Als nächstes wenden wir uns der Korrelations-, Regressions- und Faktorenanalyse zu. Zuerst einige Anmerkungen zur Regressionsanalyse: Ihre sinnvolle Anwendung ist auf solche Attribute einer unabhängigen Variable beschränkt, deren Größenordnungen zueinander beliebig veränderbar sind. Ist dies nicht der Fall - wie z.B. für linear abhängige Anteilswerte, deren Varianzen große oder geringe Unterschiede zwischen Verteilungen repräsentieren -, dann führt die Anwendung der Regressionsanalyse zu einer Deformation des Attributeraumes der unabhängigen Variable. Im wesentlichen werden dabei die Attribute gedehnt oder gestreckt, je nachdem, ob sie mit der abhängigen Variable betragsmäßig hoch oder niedrig korrelieren. Die Anwendung einer beliebigen linearen Projektion auf den Attributeraum der unabhängigen Variable im Rahmen der linearen Regression liegt somit auf einer Linie mit der Mahalanobismetrik und dem Determinantenkriterium (siehe dazu die Bemerkungen im 1. Kapitel) und erweist sich auch in dieser Hinsicht für linear abhängige Anteilswerte als nicht angemessen. Als sinnvolle Alternative kommt nur eine orthogonale Projektion in Frage. Die Verwendung standardisierter Attribute bei der Faktorenanalyse ist für linear abhängige Anteilswerte im gleichen Sinne nicht angemessen, so daß als sinnvolle Alternative zur Faktorisierung der Korrelationsmatrix nur die Faktorisierung der Kovarianzmatrix in Frage kommt. Die Anwendung von Regressions- und Faktorenanalyse in der beschriebenen Weise auf unterschiedlich skalierte Attribute unter Einschluß linear abhängiger Anteilswerte bei TROITZSCH und FGW erscheint deshalb insgesamt gesehen ungeeignet, desgleichen die Einbeziehung der Attribute von Wählerverhalten und Sozialstruktur in eine Faktorenanalyse statt in eine kanonische Analyse. Im übrigen erkennen lediglich HEBERLE und SAHNER die Problematik nicht homogener Koeffizienten multivariater Verfahren für verschiedene Gruppen von Teilgebieten.

Die von BRAUN und MANHART benutzten Verfahren zur Typisierung von Zählbezirken bzw. Baublöcken bezüglich deren Sozialstruktur (monothetische Schwellenwertbildung / hierarchisches Ward-Verfahren mit standardisierten Attributen) sind entweder intuitiv und damit quantitativ nicht nachvollziehbar (BRAUN) oder deswegen ungeeignet, weil ein hierarchisches Verfahren eine Hierarchie, aber keine Partition optimiert (MANHART). Deshalb wäre hier als nichthierarchisches Äquivalent z.B. das Varianzkriterium in Frage gekommen. Die obigen Bemerkungen zu Attributen bei der Faktorenanalyse gelten sinngemäß.

Der Aspekt der Wahlkreiseinteilung wird bei BICK und INFAS im Rahmen der Analyse von Bias und Verstärkungseffekt wohl behandelt, aber nicht wie im 7. Kapitel. Die tatsächlichen Möglichkeiten für eine Wahlkreiseinteilung werden in ihrer Bandbreite damit offensichtlich nicht unerheblich unterschätzt.

Wir wollen zum Schluß unserer Diskussion trotz einer Vielzahl von teilweise gravierenden Kritikpunkten in methodischer Hinsicht nicht ausschließen, daß eine Replikation der einen oder anderen Untersuchung mit angemessenen Modellen teilweise qualitativ ähnliche Ergebnisse erbringen würde.

Tabelle 2.1. Parteinamen

ADF	Aktion Demokratischer Fortschritt
AUD	Aktionsgemeinschaft Unabhängiger Deutscher
AVP	Aktionsgemeinschaft Vierte Partei
BdD	Bund der Deutschen
BHE	Gesamtdeutscher Block
BL	Bunte Liste
Block	Hamburg-Block (CDU, FDP, DP)
BP	Bürgerpartei
CBV	Christliche Bayerische Volkspartei
CDU	Christlich Demokratische Union Deutschlands
DFU	Deutsche Friedens-Union
DG	Deutsche Gemeinschaft
DKP	Deutsche Kommunistische Partei (ab 1970)
DKP	Deutsche Konservative Partei (bis 1949)
DMP	Deutsche Mittelstandspartei
DNS	Nationale Sammlung
DP	Deutsche Partei
DRP	Deutsche Reichs-Partei
EAP	Europäische Arbeiterpartei
EB	Einzelbewerber
EFP	Europäische Föderalistische Partei
EP	Europa Partei
F	Frauenpartei
FDP	Freie Demokratische Partei
FKB	Freier Kulturpolitischer Bund
FSU	Freisoziale Union
GAL	Grün-Alternative Liste
GDP	Gesamtdeutsche Partei (BHE, DP)
GIM	Gruppe Internationale Marxisten
GLU	Grüne Liste Umweltschutz
GPD	Gesamtdeutsche Partei
GrD	Demokratische Grüne Listen
GrL	Grüne Liste Schleswig-Holstein
Grüne	Die Grünen
GVP	Gesamtdeutsche Volkspartei
HLA	Hamburger Liste für Ausländerstopp
KBW	Kommunistischer Bund Westdeutschland
KPD	Kommunistische Partei Deutschlands
LLSH	Linke Liste Schleswig-Holstein
NPD	Nationaldemokratische Partei Deutschlands
NSD	Nationale Solidarität Deutschlands
ÖDP	Ökologisch-Demokratische Partei
RSF	Radikal-Soziale Freiheitspartei
SHB	Schleswig-Holstein Block
SHLP	Schleswig-Holsteinische Landespartei
SPD	Sozialdemokratische Partei Deutschlands
SRP	Sozialistische Reichspartei
SSV	Südschleswigscher Verein
SSW	Südschleswigscher Wählerverband
UDM	Deutscher Mittelstand
V	Volksfront
VBH	Vaterstädtischer Bund Hamburg (CDU, FDP)
Z	Deutsche Zentrumspartei

Tabelle 2.2. Wahljahre, Wahlkreise, Parteien und Bewerber der Europa- und Bundestagswahlen in Schleswig-Holstein

Europawahlen

	CDU	SPD	FDP	DKP	Grü		CBV	EAP	Z			
79	CDU	SPD	FDP/13*	DKP/13*			RSF	Z /13*		EB / 1*	EB / 4	

Bundestagswahlen

| 49/14 | CDU/13* | SPD | FDP/13* | KPD | | DP /13* | | | | | | |

Bundestagswahlen / Erststimmen

53/14	CDU	SPD	FDP/12	DRP/ 5	BHE/13	DP /10	SSW/ 6	DNS/ 9	GVP	SHLP/8		
57/14	CDU	SPD	FDP	DRP	BHE	DP	SSW/ 6	BdD/ 7	DG / 1			
61/14	CDU	SPD	FDP	DRP	GDP		SSW/ 6	DG / 4				
65/11	CDU	SPD	FDP	DFU				AUD/ 9	FSU/ 1			
69/11	CDU	SPD	FDP	ADF				EP / 9	FSU/ 3			
72/11	CDU	SPD	FDP	DKP				EFP/ 6	FSU/ 4			
76/11	CDU	SPD	FDP	DKP				AUD/ 4	AVP/ 1	KBW/ 5	KPD/ 1	EB / 1
80/11	CDU	SPD	FDP	DKP	Grü/ 9			EAP/ 2	KBW	V / 6		EB / 1
83/11	CDU	SPD	FDP	DKP	Grü			EAP/ 4				EB / 1

Bundestagswahlen / Zweitstimmen

53	CDU	SPD	FDP	DRP	BHE	DP	SSW	DNS	GVP		
57	CDU	SPD	FDP	DRP	BHE	DP	SSW	BdD			
61	CDU	SPD	FDP	DRP	GDP		SSW	DG			
65	CDU	SPD	FDP	DFU				AUD			
69	CDU	SPD	FDP	DFU				EP	GPD		
72	CDU	SPD	FDP	ADF				EFP			
76	CDU	SPD	FDP	DKP				AUD	AVP	KBW	KPD
80	CDU	SPD	FDP	DKP	Grü			EAP	KBW	V	
83	CDU	SPD	FDP	DKP	Grü			EAP	KPD		

Tabelle 2.3. Wahljahre, Wahlkreise, Parteien und Bewerber der Landtagswahlen in Schleswig-Holstein

Landtagswahlen

Jahr/WK									
47/42	CDU	SPD	FDP/29	DKP/34	KPD			SSV/14	Z / 4
50/46	CDU/24*	SPD	FDP/ 9*	DRP/24	KPD	BHE	DP /12*	SSW/14	SRP/21	EB / 1*	EB / 1
54/42	CDU/40	SPD	FDP/38	DRP/28	KPD	BHE/40	SHB/41	SSW/12	BdD	SHLP/3	EB / 1
58/42	CDU	SPD	FDP	DRP/38		BHE	DP	SSW/12	BdD		EB /12
62/42	CDU	SPD	FDP		DFU	GDP		SSW/13	DG / 9
67/44	CDU	SPD	FDP	NPD	DFU			SSW/13	FSU/ 3
71/44	CDU	SPD	FDP	NPD	DKP			SSW/14	EP
75/44	CDU	SPD	FDP	NPD	DKP	GrL/42		SSW/14	DMP/10	KPD/10	EB / 2
79/44	CDU	SPD	FDP	NPD/32	DKP	Grü		SSW/14	KBW
83/44	CDU	SPD	FDP	DRP/38	DKP			SSW/14	F / 9	FSU/ 1 GrD/13 LLSH/6	EB / 2

Tabelle 2.4. Wahljahre, Wahlkreise, Parteien und Bewerber der Europa- und Bundestagswahlen in Hamburg

Europawahlen

79	CDU	SPD	FDP	DKP	Grü	PP	CBV	EAP	Z	EB / 6

Bundestagswahlen

49/ 8	CDU/ 4*	SPD	FDP/ 4*	DKP		RSF				EB / 2

Bundestagswahlen / Erststimmen

53/ 8	CDU/ 3*	SPD	FDP/ 3*	DRP	KPD	BHE	DP / 2*	GVP		
57/ 8	CDU	SPD	FDP	DRP		BHE	DP	BdD	DG / 2	
61/ 8	CDU	SPD	FDP	DRP	DFU	GDP				
65/ 8	CDU	SPD	FDP	NPD	DFU			AUD/ 1	FSU/ 6	
69/ 8	CDU	SPD	FDP	NPD	ADF			EP / 7	FSU/ 6	
72/ 8	CDU	SPD	FDP	NPD	DKP			EFP	FSU/ 2	
76/ 8	CDU	SPD	FDP	NPD/ 7	DKP			AUD/ 5	EAP/ 2	GIM/ 2	KBW/ 6	KPD/ 4
80/ 7	CDU	SPD	FDP	NPD	DKP	Grü/ 6		EAP/ 3	KBW	V	
83/ 7	CDU	SPD	FDP	NPD/ 1	DKP	Grü		EAP/ 1			

Bundestagswahlen / Zweitstimmen

53	CDU	SPD	FDP	DRP	KPD	BHE	DP	GVP		
57	CDU	SPD	FDP	DRP		BHE	DP	BdD		
61	CDU	SPD	FDP	DRP	DFU	GDP				
65	CDU	SPD	FDP	NPD	DFU			AUD	FSU	
69	CDU	SPD	FDP	NPD	ADF			EP	FSU	
72	CDU	SPD	FDP	NPD	DKP			EFP	FSU	
76	CDU	SPD	FDP	NPD	DKP			AUD	EAP	GIM	KBW	KPD
80	CDU	SPD	FDP	NPD	DKP	Grü		EAP	KBW	V	
83	CDU	SPD	FDP	NPD	DKP	Grü		EAP	KPD		

Tabelle 2.5. Wahljahre, Wahlkreise, Parteien und Bewerber der Bürgerschafts- und Bezirksversammlungswahlen in Hamburg

Bürgerschaftswahlen

Jahr											
49/72		*SPD		*DRP	KPD		DP /65	FKB/ 3	RSF		VBH/67* EB / 3
53/72		*SPD		*DRP	KPD			FSU	NSD		Block* EB / 1
57	CDU	SPD	FDP	DRP			DP	BdD	DG	UDM	
61	CDU	SPD	FDP	NPD	DFU			DG			
66	CDU	SPD	FDP	NPD				FSU			
70	CDU	SPD	FDP	NPD	DKP			EP	FSU	EFP	
74	CDU	SPD	FDP	NPD	DKP			AUD	DP	FSU	
78	CDU	SPD	FDP	NPD	DKP	BL	GLU	AUD	EAP	KPD	
82	CDU	SPD	FDP	HLA	DKP	GAL		BP	EFP	KBW	KPD
82	CDU	SPD	FDP	HLA	DKP	GAL		EAP	FSU	ÖDP	KPD

Bezirksversammlungswahlen

Jahr											
49/ 7		*SPD		*	KPD		DP	*RSF			VBH * EB / 8
53/ 7		*SPD		*DRP/ 6	KPD			FSU	NSD/ 6		Block * EB / 4
57/ 7	CDU	SPD	FDP	DRP	DFU		DP	BdD/ 5			
61/ 7	CDU	SPD	FDP	NPD				AUD/ 1	FSU		EB / 1
66/ 7	CDU	SPD	FDP	NPD	DKP			EP	FSU/ 6		EB / 1
70/ 7	CDU	SPD	FDP	NPD/ 6	DKP/ 6			AUD/ 6	EFP	FSU	
74/ 7	CDU	SPD	FDP	NPD/ 6	DKP	BL / 3	GLU/ 6	AUD	EAP/ 1	KBW	
78/ 7	CDU	SPD	FDP	HLA	DKP	GAL	Grü/ 1	ÖDP			
82/ 7	CDU	SPD	FDP	HLA	DKP	GAL		EAP/ 2			
82/ 7	CDU	SPD	FDP								

Tabelle 2.6. Ergebnisse der Europa-, Bundestags- und Landtagswahlen von 1965 bis 1980 und der Volkszählung 1970 im Landesteil Schleswig

Wahl	nicht	ungültig	CDU	SPD	F.D.P.	NPD	DKP	Grüne	SSW	Rest
Bu 65/E	17,9	2,6	42,1	29,1	6,0	1,7	0,6			0,1
Bu 65/Z		2,0	40,3	29,2	8,0	2,0	0,6			0,1
La 67	28,6	0,7	33,0	23,6	4,2	3,6	0,4		5,9	0,0
Bu 69/E	17,2	1,5	40,4	34,2	3,6	2,8	0,2			0,2
Bu 69/Z		1,0	39,2	34,4	4,2	3,4	0,2			0,2
La 71	24,0	0,5	38,7	28,5	2,6	0,9	0,2		4,6	0,1
Bu 72/E	11,6	1,0	37,1	45,4	4,3	0,4	0,2			0,0
Bu 72/Z		0,6	36,8	43,1	7,3	0,4	0,1			0,0
La 75	19,5	0,4	39,0	30,1	5,5	0,4	0,2		4,8	0,1
Bu 76/E	11,7	0,7	38,1	43,1	5,9	0,2	0,2			0,1
Bu 76/Z		0,4	38,0	41,9	7,6	0,2	0,1			0,2
La 79	18,2	0,3	38,6	31,5	4,4	0,1	0,1	1,8	4,9	0,0
Eu 79	38,2	0,3	29,5	27,0	3,2		0,1	1,6		0,1
Bu 80/E	13,1	0,8	34,6	43,3	7,2		0,1	0,9		0,1
Bu 80/Z		0,7	33,1	40,9	10,9	0,1	0,1	1,1		0,1

Erwerbstätige nach Wirtschaftsbereichen	Selbständige	Mithelfende Familienangehörige	Beamte	Angestellte	Kaufm., techn. Verw. Lehrlinge	Arbeiter	Gewerbliche Lehrlinge	zusammen
Land-, Forstwirtschaft	5,4	5,2	0,1	0,4	0,0	2,0	0,2	13,4
Produzierend. Gewerbe	2,2	0,9	0,0	5,6	0,4	18,3	2,1	29,5
Handel, Verkehr	2,7	1,1	1,6	7,3	1,1	4,4	1,0	19,1
Dienstleistungen	2,5	1,0	12,0	12,6	0,8	8,3	0,8	38,0
zusammen	12,8	8,1	13,7	26,0	2,2	32,9	4,2	100,0

Tabelle 2.7. Ergebnisse der Europa-, Bundestags- und Landtagswahlen von 1965 bis 1980 und der Volkszählung 1970 im Landesteil Holstein

Wahl	nicht	ungültig	CDU	SPD	F.D.P.	NPD	DKP	Grüne	SSW	Rest
Bu 65/E	13,6	2,5	41,8	34,0	5,5	1,6	0,8			0,2
Bu 65/Z		2,0	39,8	33,9	7,6	2,0	0,9			0,2
La 67	25,9	0,8	33,3	30,4	4,3	4,5	0,8		0,0	0,0
Bu 69/E	13,7	1,7	39,3	38,4	3,2	3,1	0,4			0,2
Bu 69/Z		1,0	38,9	37,8	4,2	3,7	0,4			0,2
La 71	20,9	0,6	40,5	33,2	3,0	1,1	0,3		0,0	0,2
Bu 72/E	9,2	1,0	38,5	47,1	3,5	0,4	0,2			0,1
Bu 72/Z		0,6	37,8	44,2	7,5	0,5	0,2			0,1
La 75	18,1	0,6	41,0	33,6	5,8	0,5	0,3		0,0	0,1
Bu 76/E	9,5	0,8	39,4	43,7	5,9	0,3	0,3			0,1
Bu 76/Z		0,4	39,2	42,5	7,7	0,2	0,2			0,2
La 79	17,9	0,5	39,2	35,5	4,6	0,2	0,2	1,9	0,0	0,0
Eu 79	36,1	0,3	29,8	28,5	3,3		0,2	1,6		0,1
Bu 80/E	11,3	1,1	35,1	44,3	6,7		0,2	1,2		0,1
Bu 80/Z		0,7	33,7	41,7	11,2	0,1	0,1	1,1		0,1

Erwerbstätige nach Wirtschaftsbereichen	Selbständige	Mithelfende Familienangehörige	Beamte	Stellung im Beruf Angestellte	Kaufm., techn. Verw. Lehrlinge	Arbeiter	Gewerbliche Lehrlinge	zusammen
Land-,Forstwirtschaft	2,9	2,9	0,0	0,4	0,0	1,9	0,1	8,3
Produzierend.Gewerbe	2,0	0,8	0,0	9,3	0,5	24,7	1,9	39,2
Handel,Verkehr	2,8	1,1	1,9	8,8	1,0	5,3	0,8	21,7
Dienstleistungen	2,3	0,8	8,0	12,3	0,7	6,1	0,7	30,9
zusammen	10,1	5,5	9,9	30,8	2,2	37,9	3,5	100,0

Tabelle 2.8. Ergebnisse der Europa-, Bundestags- und Landtagswahlen von 1965 bis 1980 und der Volkszählung 1970 in Schleswig-Holstein

Wahl	nicht	ungültig	CDU	SPD	F.D.P.	NPD	DKP	Grüne	SSW	Rest
Bu 65/E	14,6	2,6	41,8	32,9	5,6	1,6	0,8			0,2
Bu 65/Z		2,0	39,9	32,8	7,7	2,0	0,9			0,2
La 67	26,5	0,8	33,3	28,9	4,2	4,3	0,7		1,3	0,0
Bu 69/E	14,5	1,6	39,6	37,5	3,3	3,0	0,4			0,2
Bu 69/Z		1,0	39,0	37,0	4,2	3,7	0,4			0,2
La 71	21,6	0,6	40,1	32,2	2,9	1,1	0,3		1,0	0,2
Bu 72/E	9,7	1,0	38,2	46,7	3,7	0,4	0,2			0,1
Bu 72/Z		0,6	37,6	44,0	7,4	0,5	0,2			0,1
La 75	18,5	0,5	40,5	32,8	5,7	0,4	0,3		1,1	0,1
Bu 76/E	10,0	0,8	39,1	43,5	5,9	0,3	0,3			0,1
Bu 76/Z		0,4	38,9	42,4	7,7	0,2	0,2			0,2
La 79	18,0	0,4	39,0	34,6	4,6	0,2	0,2	1,9	1,1	0,0
Eu 79	36,6	0,3	29,8	28,2	3,3		0,2	1,6		0,1
Bu 80/E	11,7	1,1	35,0	44,1	6,8		0,2	1,1		0,1
Bu 80/Z		0,7	33,5	41,5	11,1	0,1	0,1	1,1		0,1

Erwerbstätige nach Wirtschaftsbereichen	Selbständige	Mithelfende Familienangehörige	Beamte	Angestellte	Kaufm., techn., Verw. Lehrlinge	Arbeiter	Gewerbliche Lehrlinge	zusammen
Land-,Forstwirtschaft	3,5	3,4	0,0	0,4	0,0	1,9	0,2	9,4
Produzierend.Gewerbe	2,1	0,8	0,0	8,4	0,5	23,2	1,9	37,0
Handel,Verkehr	2,8	1,1	1,8	8,5	1,0	5,1	0,9	21,1
Dienstleistungen	2,3	0,8	8,9	12,4	0,7	6,6	0,7	32,5
zusammen	10,7	6,1	10,8	29,7	2,2	36,8	3,7	100,0

Tabelle 2.9. Ergebnisse der Europa-, Bundestags-, Bürgerschafts- und Bezirksversammlungswahlen von 1965 bis 1980 und der Volkszählung 1970 in Hamburg

Wahl	nicht	ungültig	CDU	SPD	F.D.P.	NPD	DKP	Grüne	Rest
Bu 65/E	14,5	1,8	31,5	42,3	6,4	1,3	2,1		0,1
Bu 65/Z		1,2	31,1	41,4	7,8	1,4	2,3		0,2
Bü 66	31,2	0,9	20,0	40,5	4,6	2,6			0,2
Be 66		1,5	20,1	39,6	4,6	2,7			0,3
Bu 69/E	13,2	1,1	28,4	50,3	3,2	2,5	1,0		0,4
Bu 69/Z		0,6	28,9	47,8	5,2	3,0	1,0		0,3
Bü 70	27,7	0,8	22,9	40,2	4,8	2,0	1,3		0,3
Be 70		1,3	22,9	39,4	4,9	2,0	1,3		0,4
Bu 72/E	8,1	0,6	30,0	55,4	4,8	0,3	0,6		0,1
Bu 72/Z		0,4	30,1	50,4	10,0	0,3	0,5		0,1
Bü 74	20,5	0,9	31,3	36,0	8,5	0,6	1,8		0,5
Be 74		1,4	31,1	35,2	9,4	0,7	1,6		0,2
Bu 76/E	9,8	0,5	31,2	49,9	7,2	0,2	0,9		0,3
Bu 76/Z		0,4	31,1	48,5	9,0	0,2	0,7		0,3
Bü 78	25,9	0,8	26,7	38,6	3,5	0,3	0,7	2,6	0,7 0,2
Be 78		1,3	26,8	38,1	4,1	0,3	1,0	1,3	1,1 0,2
Eu 79	37,2	0,4	22,1	33,6	3,9		0,6	2,2	0,2
Bu 80/E	12,3	0,8	27,1	48,8	8,2		0,6	2,1	0,1
Bu 80/Z		0,5	26,1	46,0	12,4	0,1	0,4	1,9	0,1

Erwerbstätige nach Wirtschaftsbereichen	Selbständige	Mithelfende Familienangehörige	Beamte	Angestellte	Kaufm., techn., Verw. Lehrlinge	Arbeiter	Gewerbliche Lehrlinge	zusammen
				Stellung im Beruf				
Land-,Forstwirtschaft	0,4	0,4	0,0	0,1	0,0	0,3	0,0	1,2
Produzierend.Gewerbe	1,7	0,5	0,0	12,2	0,4	19,3	1,3	35,4
Handel,Verkehr	3,6	1,0	2,1	14,2	0,8	8,0	0,6	30,2
Dienstleistungen	2,8	0,7	5,3	16,9	0,7	6,2	0,6	33,2
zusammen	8,5	2,6	7,4	43,3	1,9	33,8	2,5	100,0

Karte 2.1. Schleswig-Holstein: kreisfreie Städte, Kreise, kreisangehörige Städte, amtsfreie Gemeinden, Ämter, Landesteile

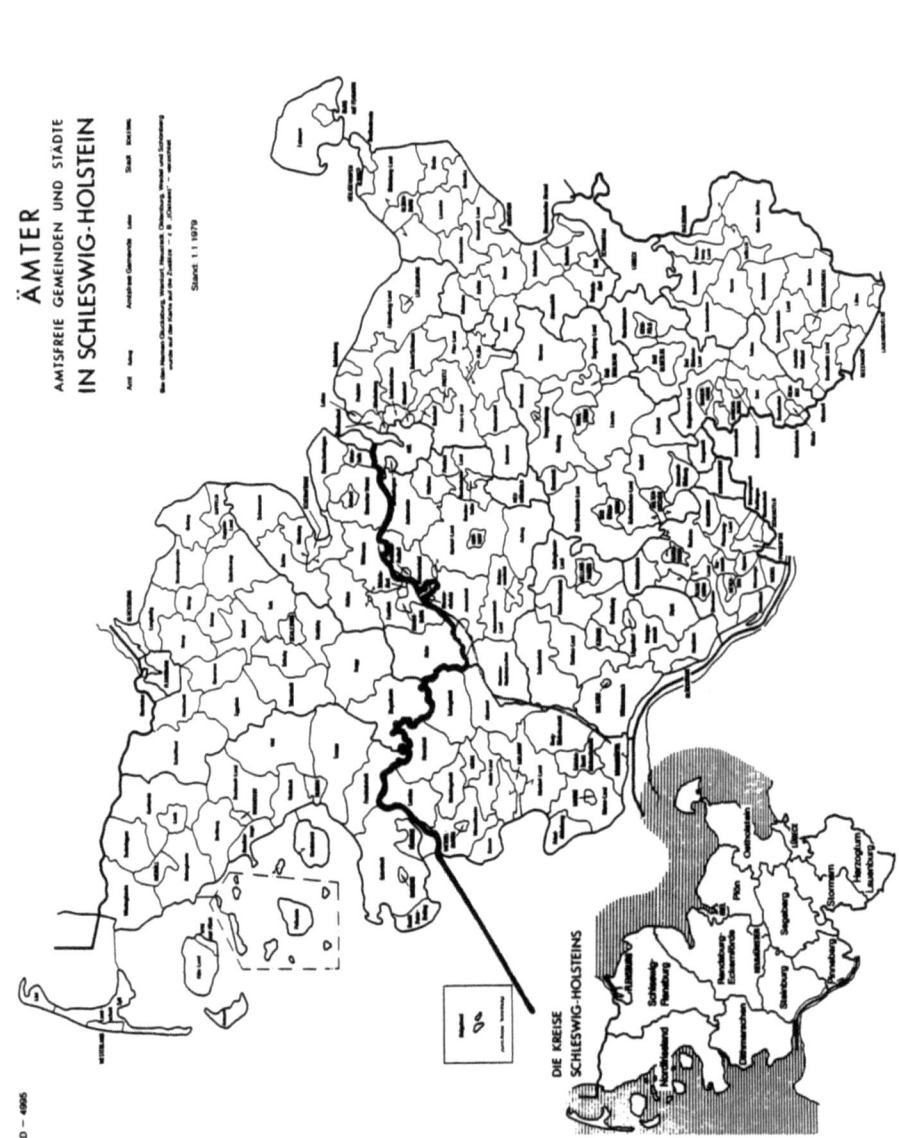

71

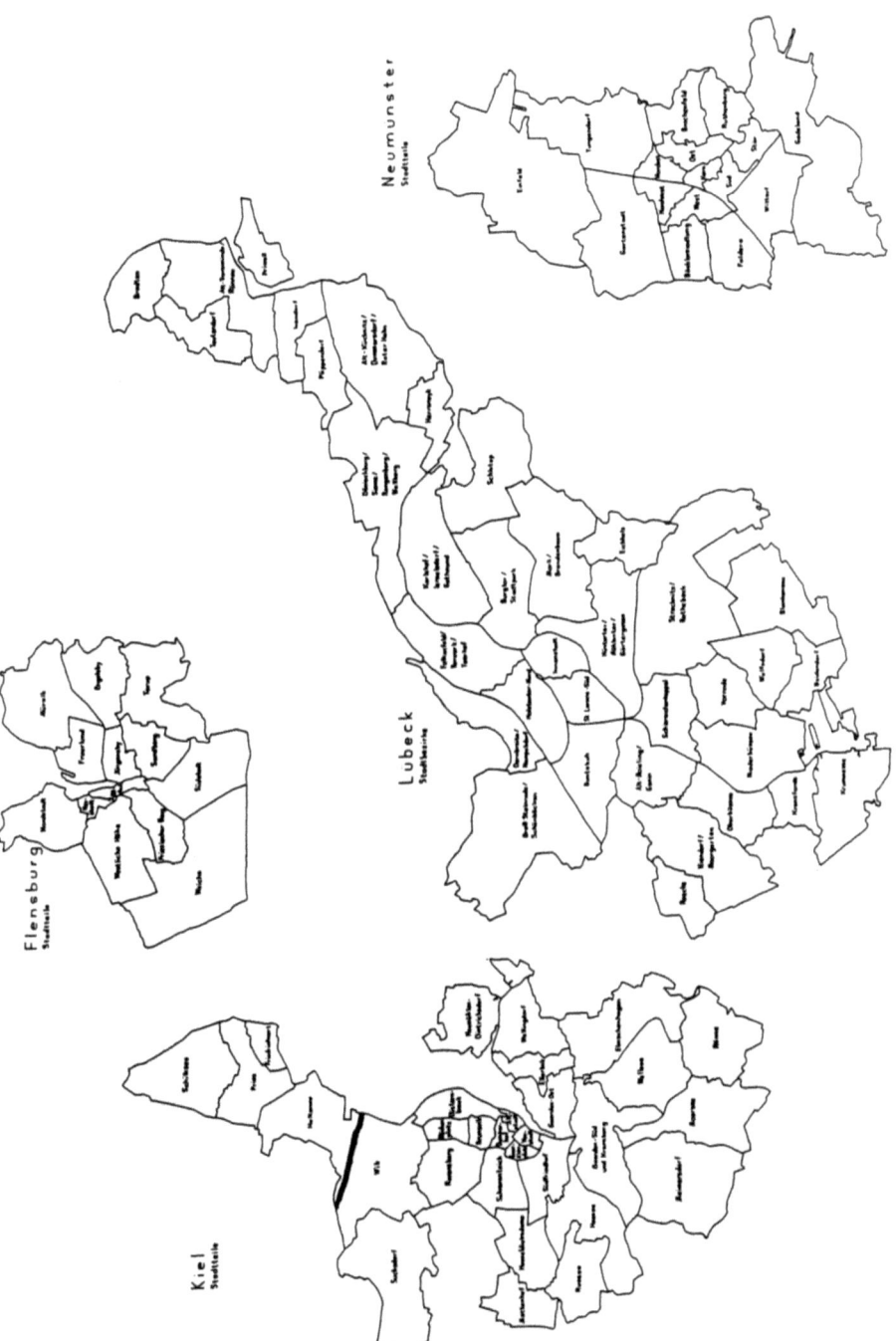

Karte 2.2. Schleswig-Holstein kreisfreie Städte: Stadtteile, Stadtbezirke, Landesteile

Karte 2.3. Hamburg: Bezirke, Stadtteile

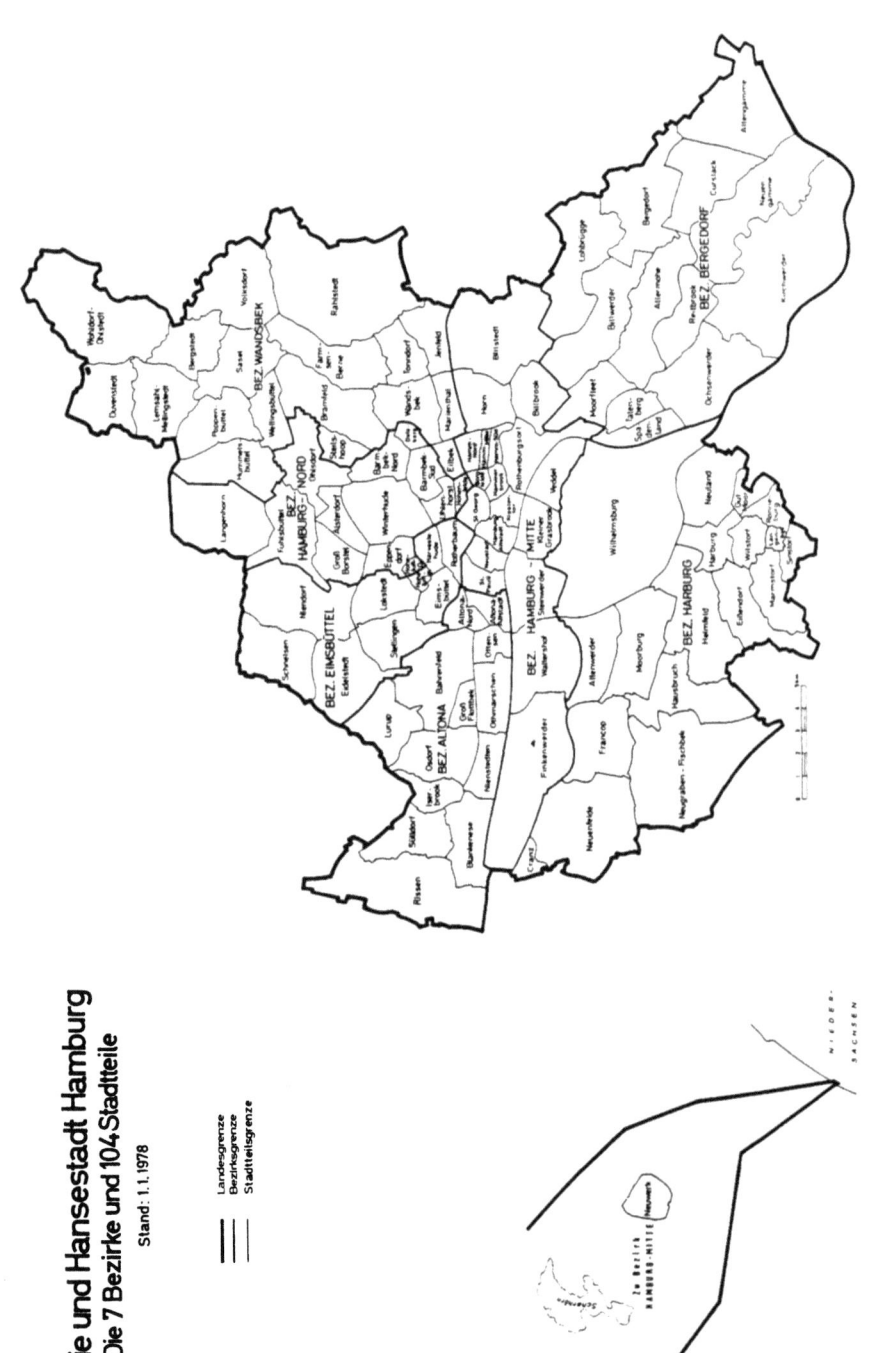

Karte 2.4. Hamburg: Bezirke, Ortsteile

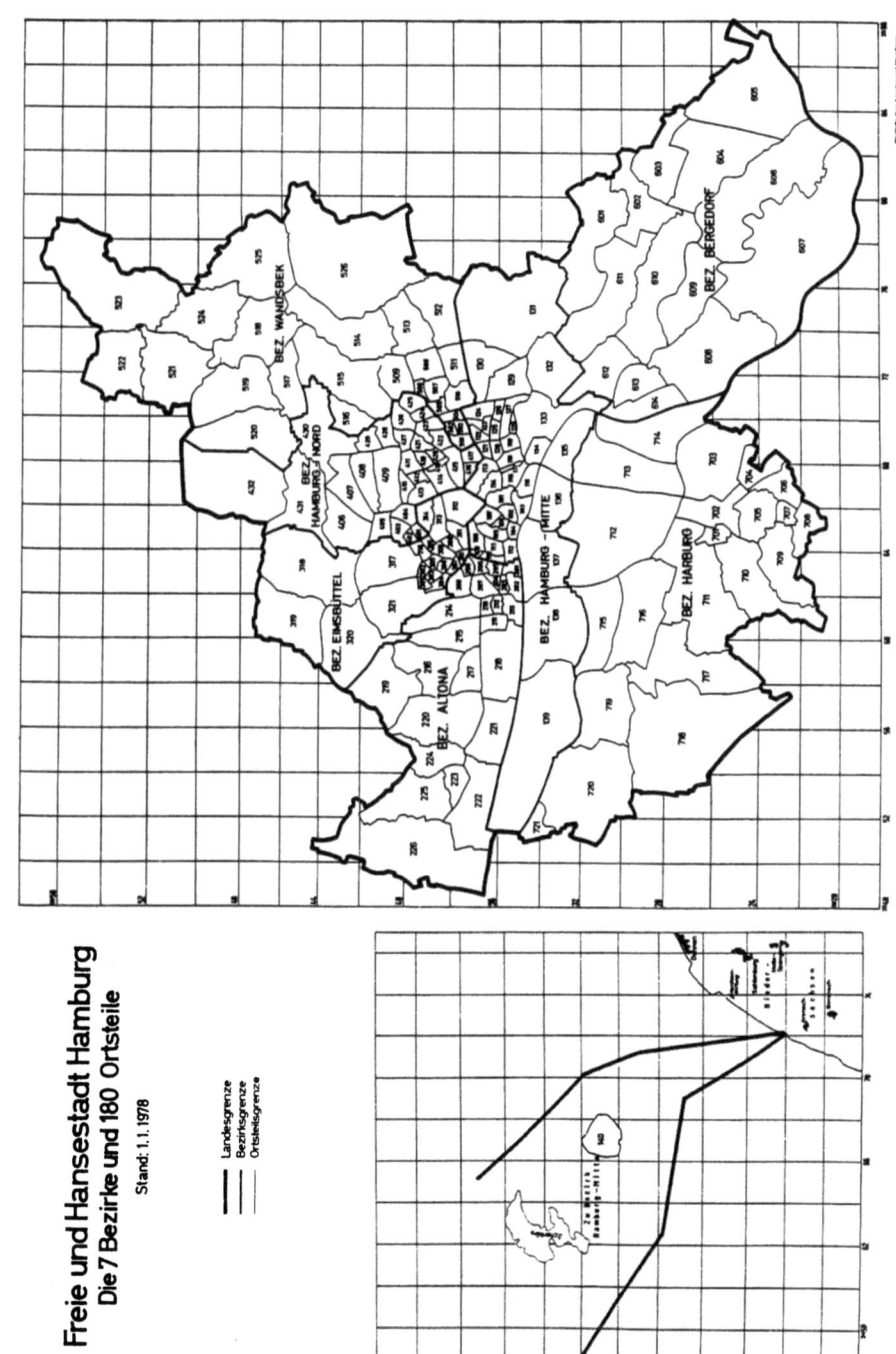

Freie und Hansestadt Hamburg
Die 7 Bezirke und 180 Ortsteile
Stand: 1.1.1978

Tabelle 3.1. Gütekriterien für die Partitionen mit 2-10 Clustern

Wählerverhalten statisch

Cluster-zahl	Clusterbesetzungszahlen Min.	Max.	1-35	Anteil der Varianz zwischen den Clustern an der Gesamtvarianz für die Hauptkomponenten 1	2	3	4
2	211	266	53,7	66,4	0,0	0,0	0,0
3	121	217	68,3	84,0	3,3	0,2	1,3
4	85	160	73,5	90,2	5,0	0,7	2,6
5	20	158	76,5	89,7	40,6	1,4	9,2
6	16	148	79,2	93,1	40,0	1,2	9,3
7	16	122	81,0	94,9	42,3	3,0	11,8
8	16	115	82,4	94,2	43,6	40,6	13,6
9	16	95	83,6	94,4	54,4	41,4	15,9
10	15	90	84,5	94,6	61,7	40,4	18,2

Wählerverhalten dynamisch

Cluster-zahl	Clusterbesetzungszahlen Min.	Max.	1-31	Anteil der Varianz zwischen den Clustern an der Gesamtvarianz für die Hauptkomponenten 1	2	3	4	5
2	232	245	29,7	66,3	0,9	1,7	0,6	0,0
3	99	199	38,6	70,3	40,6	3,6	0,5	1,0
4	88	172	44,5	79,8	44,0	8,6	5,3	7,1
5	27	162	48,9	85,0	48,6	20,3	7,8	6,8
6	27	120	53,0	85,5	59,7	35,3	8,4	18,1
7	20	114	55,4	86,3	66,0	39,4	10,8	22,3
8	20	94	57,1	87,3	68,1	41,7	23,0	19,7
9	20	81	58,7	88,8	67,2	44,8	28,4	26,0
10	19	68	60,0	88,2	73,2	49,7	31,1	26,0

Sozialstruktur Erwerbstätigkeit

Cluster-zahl	Clusterbesetzungszahlen Min.	Max.	1-27	Anteil der Varianz zwischen den Clustern an der Gesamtvarianz für die Hauptkomponenten 1	2	3	4	5	6	7
2	230	247	31,4	72,0	0,0	0,0	0,1	0,4	0,1	0,0
3	117	191	51,1	75,9	60,5	3,8	1,4	0,9	0,6	2,5
4	27	176	59,6	75,5	64,7	62,1	1,1	2,8	0,7	2,8
5	26	164	65,5	84,9	69,3	62,6	3,1	12,0	1,1	2,5
6	26	159	68,7	84,7	78,6	64,3	3,1	14,8	7,2	17,6
7	19	152	71,1	85,2	80,5	68,6	17,2	22,1	8,7	17,7
8	25	109	73,1	87,2	82,1	66,1	30,6	26,9	12,2	20,5
9	19	93	75,1	87,6	82,4	73,6	37,9	38,7	12,0	21,0
10	17	90	76,5	87,7	82,5	77,6	47,4	41,0	20,2	23,1

Tabelle 3.2. Clusterschwerpunkte Wählerverhalten für die Partition mit 8 Clustern und Wählerverhalten statisch

Schleswig-Holstein / Marburg Wahl

Cluster statisch	Wahl	nicht	CDU	mit der Erststimme SPD	F.D.P.	Rest	Von den Wahlberechtigten wählten CDU	mit der Zweitstimme SPD	F.D.P.	Rest
1	B 65	14.5	42.2	28.0	9.9	4.7	40.0	27.4	12.7	5.0
	B 69	12.9	40.1	37.6	4.8	4.6	39.1	33.9	9.1	5.1
	B 72	7.1	46.6	38.9	6.0	1.6	46.2	30.7	14.9	1.1
	B 76	8.4	47.6	32.0	9.5	0.0	46.8	30.4	13.1	0.3
	B 80	10.0	42.7	32.2	11.3	3.8	49.2	28.1	18.7	3.1
2	B 65	15.2	54.9	18.2	6.8	4.9	52.6	18.4	9.1	4.6
	B 69	15.5	53.3	21.1	3.8	6.4	52.1	21.2	4.3	6.9
	B 72	10.4	52.8	31.6	3.2	2.0	51.6	30.8	8.2	1.7
	B 76	10.5	52.7	31.6	4.3	0.3	52.4	31.8	6.3	1.5
	B 80	11.2	47.0	33.1	6.1	2.5	45.5	31.8	9.2	1.3
3	B 65	16.3	46.5	24.8	7.0	5.3	44.0	25.0	9.1	5.0
	B 69	16.0	46.1	29.2	2.1	1.8	45.0	26.2	4.6	5.9
	B 72	10.7	45.2	31.0	4.3	1.4	42.9	32.6	7.0	1.6
	B 76	10.0	42.2	30.2	6.0	2.3	38.8	36.1	11.3	2.1
	B 80	11.0	40.6	30.2	7.2	2.3	41.5	36.1	11.3	2.1
4	B 65	13.8	42.7	32.2	6.1	5.2	44.6	32.1	8.3	5.1
	B 69	13.3	39.8	37.4	3.3	1.7	39.7	32.7	4.6	5.4
	B 72	8.9	41.3	45.9	4.3	1.4	41.1	41.3	9.7	1.3
	B 76	9.1	39.2	43.7	5.1	2.5	40.4	41.3	8.1	1.1
	B 80	10.7	36.2	43.4	7.2	2.9	34.5	40.7	11.9	2.2
5	B 65	14.3	37.5	37.0	5.9	5.0	36.1	36.5	8.3	5.0
	B 69	13.5	34.4	44.1	4.3	4.7	34.3	42.5	4.6	4.8
	B 72	8.7	34.3	50.6	4.8	1.6	34.1	46.6	9.7	1.2
	B 76	9.9	35.3	46.5	5.3	2.8	35.1	44.7	8.1	1.2
	B 80	11.8	36.2	46.5	8.0	2.9	40.7	43.5	12.7	2.5
6	B 65	13.8	31.3	44.3	5.9	4.6	30.8	43.6	6.8	5.0
	B 69	12.9	28.3	51.8	4.3	5.1	28.6	49.2	6.8	4.8
	B 72	8.7	28.4	57.5	5.3	2.0	29.4	50.3	8.9	1.3
	B 76	9.4	25.2	53.6	3.3	3.6	29.4	52.2	6.8	1.7
	B 80	11.8	25.2	55.0	6.6	3.6	19.8	53.7	8.9	3.1
7	B 65	14.4	26.1	40.0	2.1	6.1	25.9	40.8	5.0	5.9
	B 69	14.0	22.9	55.6	2.8	4.9	24.0	43.5	3.2	4.9
	B 72	11.3	22.1	63.4	1.4	2.7	23.0	50.5	5.7	1.8
	B 76	12.3	23.4	58.0	3.3	3.4	23.7	57.2	6.4	1.7
	B 80	14.5	20.1	55.0	4.4	3.6	19.8	53.7	8.9	3.1
8	B 65	22.6	26.4	40.0	3.8	6.1	25.9	40.8	5.0	5.7
	B 69	23.0	24.4	44.5	2.1	5.4	24.0	43.5	3.2	5.5
	B 72	12.0	23.1	52.5	2.1	2.7	23.0	50.5	5.7	1.8
	B 76	12.8	23.7	46.5	4.3	2.1	23.7	46.5	6.4	3.4
	B 80	14.1	19.3	42.6	5.2	2.1	19.0	41.8	7.0	4.1

Tabelle 3.3. Clusterschwerpunkte Wählerverhalten für die Partition mit 8 Clustern und Wählerverhalten dynamisch

Schleswig-Holstein / Landtagswahl		nicht	CDU	mit der Erststimme SPD	F.D.P.	Rest	Von den Wahlberechtigten wählten CDU	mit der Zweitstimme SPD	F.D.P.	Rest
Cluster dynamisch										
1	B 65	14.6	45.8	27.2	6.9	5.5	0.3	43.9	7.9	27.5	-9.1	8.8	1.1	5.2	0.1
	B 69	14.7	44.1	29.9	0.9	6.8	1.7	44.2	9.9	29.9	-11.8	4.2	-0.5	7.4	1.9
	B 72	9.8	45.1	30.7	-13.1	2.0	0.2	44.3	9.9	38.7	-8.0	5.6	-1.9	1.6	0.3
	B 76	9.0	46.3	39.7	-10.7	1.5	-0.4	45.9	10.1	37.6	-7.2	6.3	-1.9	1.1	-0.3
	B 80	10.5	41.7	37.0	-8.2	6.1	-1.3	40.1	9.4	37.8	-5.5	9.5	-2.1	2.1	-0.3
2	B 65	15.4	38.9	35.3	-1.8	5.1	0.1	37.0	1.1	35.1	-1.5	7.2	-0.8	5.3	0.2
	B 69	14.4	37.1	40.7	-2.4	4.4	-0.1	36.6	2.0	40.0	-1.7	3.9	+0.0	5.1	-0.1
	B 72	11.6	35.0	50.2	-0.4	3.8	-0.3	34.6	0.2	46.9	0.2	4.6	+0.2	1.2	-0.1
	B 76	10.1	36.4	46.4	+0.3	3.6	-0.6	31.4	0.7	44.9	0.1	7.8	-0.3	1.6	-0.5
	B 80	11.6	32.8	46.6	0.7	2.3	-0.6	31.4	0.7	43.7	0.4	11.4	-0.3	2.0	-0.5
3	B 65	16.9	46.6	25.6	-11.5	5.9	-0.1	44.7	8.7	26.0	-10.7	7.8	0.0	4.6	0.5
	B 69	11.0	44.6	29.0	-13.2	4.0	-0.1	43.4	8.9	30.2	-11.5	4.1	-0.2	6.5	0.4
	B 72	11.0	41.2	42.3	-12.1	3.3	-0.3	40.3	5.9	41.2	-5.5	6.8	-1.4	1.3	0.0
	B 76	10.2	41.6	41.3	-8.8	5.4	-0.3	41.5	5.7	40.5	-4.3	6.8	-1.7	1.0	0.3
	B 80	11.6	37.5	42.1	-3.8	6.7	-0.8	36.0	5.3	40.3	-3.0	10.0	-1.7	2.1	-0.4
4	B 65	13.9	40.2	36.1	-1.0	5.1	-0.3	38.4	2.4	35.9	-0.8	7.0	-0.8	4.9	0.2
	B 69	14.5	37.5	40.4	-2.2	3.3	+0.1	37.2	2.6	39.5	-2.2	3.8	-0.2	4.9	0.3
	B 72	10.4	35.6	48.0	-1.4	2.8	-0.1	35.0	-0.2	46.5	-0.2	6.8	-1.7	1.3	0.0
	B 76	11.5	35.7	45.6	+0.8	1.3	-0.0	41.2	-0.2	45.0	0.1	6.8	-1.1	1.1	0.3
	B 80	11.6	31.2	46.6	-3.8	1.4	+0.3	36.0	5.3	40.3	-3.0	10.0	-1.7	2.1	-0.4
5	B 65	13.9	30.9	44.3	7.3	2.2	0.1	30.5	5.4	43.6	6.9	6.8	-1.0	5.2	0.1
	B 69	13.2	27.6	51.4	7.1	2.4	0.3	28.0	6.6	49.6	7.9	4.3	-0.4	4.9	0.3
	B 72	8.6	27.5	58.4	7.7	4.4	0.5	26.6	-0.2	54.1	7.4	8.5	-0.0	1.3	0.0
	B 76	10.1	24.8	52.3	6.5	4.2	1.4	24.1	-0.5	51.8	5.8	8.6	-1.1	1.1	0.4
	B 80	13.7	31.2	46.6	5.3	3.6	3.1	30.2	0.5	49.2	5.9	10.0	-1.1	3.1	0.6
6	B 65	15.9	23.8	45.0	8.8	6.1	0.9	22.6	5.4	45.6	9.2	5.3	-2.8	5.5	0.4
	B 69	20.2	21.9	57.8	7.4	2.2	0.5	21.3	13.3	49.6	7.9	4.3	-2.7	5.8	0.5
	B 72	19.7	22.0	50.9	4.6	3.6	1.4	21.9	13.9	51.8	5.8	5.8	-3.0	1.8	0.3
	B 76	26.6	17.5	45.3	-0.6	6.0	3.1	17.3	13.4	45.0	1.7	6.6	-5.0	5.1	2.6
7	B 65	13.6	35.9	39.5	1.5	5.2	0.0	34.9	-1.1	37.7	1.0	8.8	1.0	5.9	0.0
	B 69	12.2	32.9	46.7	3.0	4.8	0.3	32.9	1.6	44.2	2.5	5.8	-1.4	4.2	0.3
	B 72	7.9	36.5	51.8	+0.6	0.9	-0.2	34.7	0.3	45.6	-1.1	11.2	-2.7	1.6	0.0
	B 76	8.4	32.1	45.8	0.6	1.6	-0.1	36.3	0.5	43.7	-1.2	10.4	-3.0	1.3	0.1
	B 80	10.2	30.1	45.8	0.1	1.6	0.0	30.6	0.1	42.2	-1.0	14.4	2.8	2.6	0.1
8	B 65	14.7	32.9	31.0	-6.0	9.5	-0.3	38.0	2.0	30.9	-6.4	12.4	1.0	5.1	0.1
	B 69	12.9	34.4	40.1	-6.9	4.7	0.5	37.2	2.5	36.3	-5.4	4.8	-1.1	4.1	0.1
	B 72	6.9	34.9	43.4	-12.3	4.1	1.2	43.6	-0.5	34.7	-13.8	15.1	-2.2	1.3	0.1
	B 76	8.4	32.6	35.1	-11.5	2.3	0.0	36.3	0.5	42.2	-12.0	10.4	2.2	1.3	0.6
	B 80	9.4	32.1	35.8	10.9	1.1	0.0	30.6	7.6	30.3	-13.0	14.4	2.8	3.1	0.1
-	B 65	14.7	37.7	37.0	0.0	5.3	-0.3	36.0	0.0	36.6	-6.7	12.4	4.7	5.1	0.0
	B 69	13.7	34.5	43.0	0.0	4.1	0.5	35.2	0.0	41.7	0.0	4.8	4.2	5.2	0.2
	B 72	6.6	34.0	50.4	0.0	6.4	1.2	43.6	0.0	34.7	0.0	8.2	4.2	1.3	0.1
	B 76	9.9	36.0	46.1	0.0	7.3	0.8	35.0	0.0	44.8	0.0	11.6	4.7	1.3	0.6
	B 80	11.9	31.2	45.0	0.0	7.3	1.0	30.7	0.0	43.3	0.0	11.6	4.7	2.5	0.6

Tabelle 3.4. Clusterschwerpunkte Wählerverhalten für die Partition mit 8 Clustern und Sozialstruktur Erwerbstätigkeit

Schleswig-Holstein / Hamburg Wahl

Cluster Erwerbst.		nicht	CDU	mit der Erststimme SPD	F.D.P.	Rest	Von den Wahlberechtigten wählten CDU	SPD	mit der Zweitstimme F.D.P.	Rest
1	B 65	16.9 2.3	51.8 14.6	19.2 -17.9	7.0 1.1	5.0 -0.2	49.9 4.8	19.6 -17.1	9.0 1.2	4.6 -0.4
	B 69	16.8 2.7	50.2 15.5	22.8 -20.2	4.1 0.8	6.3 1.2	49.4 4.8	22.9 -18.9	4.4 -0.3	6.8 1.6
	B 72	11.3 2.2	49.5 14.5	33.3 -17.1	4.3 0.2	1.4 0.2	48.6 14.2	32.7 -14.0	5.9 -2.6	1.1 0.2
	B 76	10.2 0.3	40.8 13.0	33.0 -13.1	5.6 -0.8	1.4 -0.2	47.8 14.0	32.3 -12.5	6.6 -1.6	1.1 -0.2
	B 80	11.8 -0.1	44.3 12.4	34.8 -11.1	6.8 -0.6	2.5 -0.6	43.1 12.4	33.2 -10.0	9.6 -2.0	2.2 -0.3
2	B 65	14.6 0.0	45.5 8.3	28.5 -8.2	6.0 0.1	5.3 0.1	43.7 7.8	28.9 -7.8	7.9 0.2	4.8 -0.2
	B 69	14.4 0.5	44.3 9.4	31.9 -11.2	3.4 0.1	6.0 0.2	43.4 9.2	31.9 -9.8	4.0 -0.7	6.3 1.1
	B 72	9.5 0.3	42.6 7.9	42.7 -7.7	3.3 0.1	1.9 0.2	41.9 7.7	41.3 -5.4	5.8 -2.7	1.4 0.1
	B 76	8.7 -1.2	40.1 7.9	40.6 -5.5	5.3 -1.1	1.5 -0.3	43.5 7.7	40.1 -4.7	5.8 -1.5	1.1 -0.2
	B 80	10.0 -1.9	39.5 7.5	41.8 -4.1	6.2 -1.2	2.5 -0.5	37.8 7.1	39.8 -3.4	10.1 -1.5	2.2 -0.3
3	B 65	13.7 -1.1	34.6 -2.7	42.1 5.0	4.4 -0.7	5.2 -0.1	33.4 -2.5	41.9 5.3	5.8 -1.3	5.1 0.0
	B 69	13.5 0.2	33.5 -1.8	45.1 2.7	2.3 -1.3	5.6 0.2	32.9 -1.6	43.5 3.5	3.9 -0.8	4.8 0.4
	B 72	9.7 0.1	30.5 -2.5	50.7 4.5	2.1 -1.3	1.4 0.0	32.5 -3.9	48.2 5.1	7.4 1.1	1.4 -0.1
	B 76	10.3 0.4	31.5 -3.5	54.5 4.5	2.7 -1.1	1.3 0.1	32.4 -4.3	48.8 4.2	6.3 -0.8	1.1 -0.1
	B 80	12.3 1.2	26.7 -3.2	50.4 4.6	6.6 -0.8	3.1 0.1	27.8 -2.9	46.6 3.3	9.1 -2.5	2.2 0.0
4	B 65	14.7 -0.7	33.4 -1.8	41.7 4.6	5.0 -0.1	5.8 -0.1	32.4 -3.6	41.4 4.7	6.4 -1.3	5.1 0.2
	B 69	14.7 0.1	31.2 -1.8	46.9 3.7	2.9 -1.6	4.7 -0.2	30.1 -4.3	45.4 3.9	3.9 -1.6	5.0 0.4
	B 72	9.7 0.6	30.4 -2.8	54.5 3.4	3.3 -0.5	1.7 -0.1	31.6 -4.3	51.4 5.2	7.4 1.1	1.4 -0.1
	B 76	10.2 1.0	31.8 -3.5	54.0 3.8	3.7 -0.7	1.7 -0.1	31.2 -4.2	48.8 4.3	6.3 -0.8	1.4 -0.1
	B 80	13.2 1.2	28.0 -3.2	49.1 3.2	8.1 -0.8	3.1 0.0	27.1 -3.6	46.6 3.3	10.6 -1.0	2.5 0.0
5	B 65	13.8 -0.7	38.7 -0.7	41.3 4.3	5.9 -0.1	5.2 0.0	32.4 -3.1	40.6 4.1	6.4 -0.1	5.1 0.1
	B 69	12.8 0.8	30.2 1.6	42.8 3.3	3.6 -0.5	4.6 0.3	30.9 -3.1	40.9 3.2	5.0 0.3	5.0 1.3
	B 72	7.9 1.1	30.7 -1.1	45.7 5.4	4.1 -0.7	1.8 0.0	30.4 -3.5	47.9 3.2	10.0 1.5	1.3 -0.0
	B 76	9.4 -0.3	30.3 4.4	40.7 5.4	5.2 -0.2	1.7 -0.1	32.1 -3.7	45.8 3.3	9.3 1.1	1.4 0.1
	B 80	11.6 -1.2	35.1 -3.1	46.9 5.0	8.1 0.2	1.8 -1.2	33.4 -3.6	45.8 3.3	12.7 1.1	2.7 0.2
6	B 65	14.4 -0.2	38.0 -1.4	33.7 -3.3	8.4 2.5	4.7 -0.4	37.2 -1.3	40.6 4.3	10.9 3.2	5.0 -0.1
	B 69	12.7 1.6	35.0 -1.7	42.8 3.3	4.7 -1.6	4.8 -0.1	35.4 -0.9	40.9 4.3	5.0 2.6	5.2 0.3
	B 72	7.9 1.1	40.3 -4.4	45.7 5.4	4.1 -0.5	1.8 -0.1	39.4 -2.5	47.9 -5.4	10.0 3.5	1.3 -0.0
	B 76	9.4 -1.2	35.1 -3.1	40.5 5.0	8.1 -0.2	1.7 -1.2	33.4 -3.7	45.8 4.9	13.4 4.1	2.0 -0.2
	B 80	10.7 -0.5	35.1 -3.1	40.8 5.0	10.0 0.2	3.0 -1.2	33.4 -4.2	45.8 4.2	15.8 4.2	3.1 -0.6
7	B 65	16.8 0.5	41.2 4.0	30.3 -6.8	6.5 0.5	5.5 0.3	39.4 4.8	30.3 -0.4	8.5 0.8	5.1 -0.1
	B 69	16.5 0.8	40.8 6.1	35.1 -7.9	3.1 0.1	4.6 0.2	38.5 5.3	35.9 -7.3	4.5 -0.4	5.3 0.1
	B 72	11.6 1.2	36.8 4.5	43.8 -5.8	4.1 -0.1	1.5 0.3	38.5 4.4	41.3 -5.4	7.9 -1.3	1.2 -0.3
	B 76	11.8 0.0	36.6 4.5	42.8 -4.1	3.7 -0.4	1.4 0.3	39.4 4.3	40.7 -4.9	7.7 -0.5	1.1 -0.4
	B 80	13.9 2.0	35.9 4.1	40.9 -3.2	7.3 0.1	1.8 -1.0	34.4 3.7	40.0 -3.3	11.5 -0.6	2.0 -0.6
8	B 65	15.6 0.0	42.8 5.5	30.7 -6.7	5.6 0.0	5.5 0.5	40.8 4.8	30.2 -6.5	7.9 0.1	5.5 0.5
	B 69	14.7 0.8	40.8 6.1	36.5 -5.6	3.1 -0.2	4.6 0.2	37.8 5.3	35.9 -5.8	4.2 -0.4	5.2 0.1
	B 72	11.2 1.2	36.8 4.5	43.8 -4.8	3.7 -0.4	1.4 0.3	39.4 4.4	42.3 -4.1	7.9 -1.3	1.2 0.4
	B 76	10.9 1.6	36.6 4.1	42.2 -4.1	6.2 -0.2	1.8 -1.0	34.4 3.7	40.0 -3.3	8.2 -0.1	0.9 -0.6
	B 80	12.2 1.6	38.1 4.1	42.7 -3.2	7.3 0.1	2.9 -1.0	34.4 3.7	40.0 -3.3	11.5 -0.1	1.9 -0.6
-	B 65	13.9 0.0	37.2 0.0	37.1 0.0	5.3 0.0	5.1 0.0	36.6 0.0	30.6 0.0	7.8 0.0	5.1 0.0
	B 69	14.7 0.0	34.7 0.0	43.3 0.0	3.4 0.0	1.6 0.0	33.4 0.0	41.7 0.0	4.2 0.0	5.2 0.0
	B 72	9.7 0.0	34.7 0.0	50.4 0.0	4.4 0.0	1.6 0.0	35.8 0.0	46.7 0.0	7.9 0.0	1.3 0.0
	B 76	9.9 0.0	36.1 0.0	46.1 0.0	6.2 0.0	1.8 0.0	34.4 0.0	44.8 0.0	8.2 0.0	1.3 0.0
	B 80	11.9 0.0	31.6 0.0	45.2 0.0	7.3 0.0	2.9 0.0	34.4 0.0	43.3 0.0	11.5 0.0	2.5 0.0

Tabelle 3.5. Clusterschwerpunkte Sozialstruktur Erwerbstätigkeit für die Partition mit 8 Clustern und Wählerverhalten statisch

Schleswig-Holstein / Hamburg Cluster statisch	Erwerbstaetige nach Wirtschafts-bereichen	Selbstaendige	Mithelfende Familienangeh.	Beamte	Stellung im Beruf Angestellte	Kaufm.,techn., Verw.Lehrlinge	Arbeiter	Gewerbliche Lehrlinge	zusammen
1	Land-,Forstwirtsch.	0.4 -1.7	0.3 -1.8	0.0 -0.0	0.1 -0.8	0.0 -0.0	0.4 -0.8	0.1 -0.1	1.3 -4.4
	Produzier.Gewerbe	2.9 1.7	0.6 -0.0	0.0 -0.0	2.6 -0.0	0.3 -0.1	7.9 -13.6	0.8 -0.8	25.4 -10.9
	Handel,Verkehr	6.8 3.7	1.1 0.3	0.0 0.0	14.4 3.4	0.6 -0.3	2.9 -0.3	0.6 -0.6	27.9 2.0
	Dienstleistungen	7.4 4.0	1.3 0.6	1.5 1.2	22.9 8.5	0.4 -2.4	4.0 -2.4	0.6 -0.0	45.3 12.5
	zusammen	17.5 7.6	3.5 -1.0	1.6 0.7	50.3 14.5	1.6 0.5	15.3 -20.2	1.9 -1.3	100.0 0.0
2	Land-,Forstwirtsch.	13.6 11.4	15.1 13.7	0.1 -0.1	0.6 0.4	0.4 -0.4	3.7 2.5	0.5 -0.7	34.2 28.4
	Produzier.Gewerbe	2.4 -0.8	1.1 -0.4	0.0 -0.0	3.7 -1.0	0.3 -0.0	19.7 -1.8	0.8 -0.1	27.9 -6.3
	Handel,Verkehr	2.6 -0.0	0.0 -1.1	0.0 -0.0	4.2 -7.0	0.3 -0.3	5.6 -2.5	0.6 -0.1	13.2 -11.8
	Dienstleistungen	2.0 0.7	0.4 0.2	1.2 0.8	6.2 -8.1	0.7 -0.1	9.6 -2.7	1.9 -1.2	22.0 -10.8
	zusammen	20.6 9.7	18.7 12.4	1.7 0.7	14.6 -21.2	2.0 -0.0	32.8 -2.7	4.4 -1.2	100.0 0.0
3	Land-,Forstwirtsch.	7.3 5.1	7.2 5.4	0.1 -0.1	0.7 0.4	0.0 -0.4	3.3 2.1	0.3 -0.4	18.9 13.1
	Produzier.Gewerbe	2.6 -0.7	1.2 -0.2	0.0 -0.0	5.5 -0.6	0.6 -0.0	4.3 -2.2	2.1 -0.6	32.5 -3.8
	Handel,Verkehr	3.0 0.4	1.3 0.1	0.8 0.6	6.1 -4.9	0.7 -0.3	5.6 -2.5	0.8 -0.1	17.8 -7.4
	Dienstleistungen	3.0 0.2	0.4 0.2	0.0 0.5	10.3 -4.1	0.7 -0.0	7.1 -2.6	0.8 -0.1	30.8 -2.0
	zusammen	15.9 6.2	10.5 5.9	0.2 -0.0	24.6 -13.2	2.0 -0.0	35.6 0.1	4.2 -1.2	100.0 0.0
4	Land-,Forstwirtsch.	3.1 1.0	2.6 0.8	0.0 0.0	0.5 0.2	0.0 -0.0	2.3 1.1	0.2 -0.2	9.6 3.2
	Produzier.Gewerbe	2.2 0.3	0.1 -0.1	0.0 -0.0	8.9 -1.2	0.5 -0.0	22.3 0.8	1.8 -0.2	36.6 -0.3
	Handel,Verkehr	3.3 0.1	0.1 -0.1	1.8 1.0	9.1 -2.0	1.2 -0.2	4.7 -1.7	1.1 -0.2	21.8 -3.4
	Dienstleistungen	2.6 0.2	0.1 -0.0	0.8 0.5	13.2 -1.2	0.7 -0.0	5.8 -0.6	3.6 -0.3	32.6 -0.2
	zusammen	11.4 1.7	2.9 0.6	2.6 1.2	31.7 -4.1	2.2 0.1	35.0 -0.5	4.2 1.0	100.0 0.0
5	Land-,Forstwirtsch.	1.9 0.5	0.4 -1.6	0.0 0.0	0.2 -0.4	0.0 0.0	0.5 -0.7	0.1 -0.1	1.8 -4.3
	Produzier.Gewerbe	3.4 -0.3	0.0 -0.3	0.0 -0.0	8.9 0.8	0.5 -0.0	19.6 -2.4	2.6 -0.8	35.0 -1.1
	Handel,Verkehr	3.4 0.1	0.0 -0.2	2.1 -1.7	11.5 1.4	0.7 -0.0	6.3 -0.3	1.7 0.1	26.2 -0.1
	Dienstleistungen	2.6 0.1	0.0 0.0	1.1 1.1	17.0 -0.1	0.8 0.0	6.3 -1.1	2.8 -0.3	37.1 4.3
	zusammen	8.3 1.0	1.0 0.1	1.3 1.3	41.1 5.4	2.0 0.1	31.5 -4.0	2.8 -0.3	100.0 0.0
6	Land-,Forstwirtsch.	0.9 -0.4	0.4 0.2	0.0 0.0	0.2 -0.2	0.0 0.0	0.5 -0.7	0.0 -0.1	1.8 -1.3
	Produzier.Gewerbe	3.4 -0.4	0.0 -0.3	0.0 -0.0	12.5 2.1	0.4 -0.0	19.6 -2.4	1.4 -0.7	35.0 2.9
	Handel,Verkehr	3.4 0.6	0.1 -0.1	2.1 0.4	12.2 2.2	0.7 0.3	7.7 1.5	1.7 0.7	28.4 3.2
	Dienstleistungen	1.2 0.6	0.7 -0.1	1.3 0.5	15.2 2.0	0.4 0.0	6.3 -0.4	2.4 -0.3	31.4 -1.4
	zusammen	6.3 3.4	2.2 -0.1	2.4 1.1	40.7 4.9	2.2 0.1	37.3 -0.3	2.9 0.3	100.0 0.0
7	Land-,Forstwirtsch.	0.1 -2.0	0.1 -2.0	0.0 0.0	0.1 -0.3	0.0 0.0	0.2 -1.0	0.0 -0.0	0.4 5.3
	Produzier.Gewerbe	1.1 -0.8	0.4 0.2	0.0 0.0	10.5 0.4	0.4 0.1	28.0 6.5	1.8 0.1	42.2 5.9
	Handel,Verkehr	2.4 -1.1	0.0 -0.1	0.0 0.3	10.5 -1.2	0.4 0.1	11.2 4.8	0.8 0.0	36.6 5.5
	Dienstleistungen	1.4 0.1	0.5 -0.2	3.9 -3.4	12.2 -2.2	1.2 -0.1	7.6 1.2	0.6 0.1	26.8 -6.0
	zusammen	5.0 4.7	1.0 1.8	4.1 -3.2	35.0 -0.8	2.0 0.1	47.0 11.5	3.0 -0.1	100.0 0.0
8	Land-,Forstwirtsch.	0.1 -2.0	0.1 -0.1	0.0 0.1	0.2 -0.2	0.0 0.0	0.1 -1.2	0.0 0.0	0.3 -5.5
	Produzier.Gewerbe	1.8 0.0	0.1 -0.1	0.0 0.0	6.5 -3.6	0.3 -0.0	20.1 4.7	1.3 -0.0	29.3 0.4
	Handel,Verkehr	3.5 0.4	0.1 -0.0	0.2 0.0	10.3 -0.5	0.4 -0.3	12.2 5.5	0.6 0.2	29.3 4.0
	Dienstleistungen	3.8 1.2	0.0 -0.2	1.0 0.2	13.9 -0.5	0.7 -0.0	11.9 3.3	1.0 0.0	32.8 1.0
	zusammen	7.1 0.6	0.2 0.2	2.3 1.1	31.4 -4.8	1.4 0.0	50.3 14.4	2.3 0.0	100.0 0.0
-	Land-,Forstwirtsch.	1.2 0.0	1.7 0.0	0.0 0.0	0.3 0.0	0.0 0.0	1.2 0.0	0.1 0.0	5.8 0.0
	Produzier.Gewerbe	2.9 0.0	0.0 0.0	0.0 0.0	10.1 0.0	0.4 0.0	26.1 0.0	1.7 0.0	25.2 0.0
	Handel,Verkehr	3.0 0.0	0.2 0.0	1.1 0.0	11.4 0.0	0.0 0.0	11.2 0.0	1.0 0.0	29.1 0.0
	Dienstleistungen	2.6 0.0	0.0 0.0	1.3 0.0	14.4 0.0	0.7 0.0	6.4 0.0	1.6 0.0	32.4 0.0
	zusammen	9.7 0.0	2.0 0.0	3.3 0.0	35.8 0.0	2.1 0.0	45.5 0.0	3.2 0.0	100.0 0.0

Tabelle 3.6. Clusterschwerpunkte Sozialstruktur Erwerbstätigkeit für die Partition mit 8 Clustern und Wählerverhalten dynamisch

Schleswig-Holstein / Hamburg Erwerbstätige nach Wirtschaftsbereichen		Selbständige	Mithelfende Familienangeh.	Beamte	Stellung im Beruf Angestellte	Kaufm./techn./Verw.Lehrlinge	Arbeiter	Gewerbliche Lehrlinge	zusammen
Cluster dynamisch									
1	Land-,Forstwirtsch.	9.7	0.9	0.1	0.8	0.4	5.0	0.4	20.3
	Produzier.Gewerbe	2.5	1.0	0.0	4.8	0.4	23.4	2.4	34.6
	Handel/Verkehr	2.6	0.3	1.1	5.3	0.0	4.4	1.7	16.1
	Handel/Verkehr	2.6	1.1	-0.8	3.0	0.0	-1.9	1.0	-1.7
	Dienstleistungen	2.6	0.3	-2.9	-6.0	0.4	-0.2	0.1	-9.6
	zusammen	17.5	8.5	5.6	18.2	2.0	39.1	4.6	100.0
				-3.7	-17.5	-0.1	3.6	1.4	0.0
2	Land-,Forstwirtsch.	1.9	1.8	0.0	0.3	0.0	1.3	0.1	3.5
	Produzier.Gewerbe	1.8	-0.3	0.0	-1.7	0.0	0.1	0.2	-0.2
	Produzier.Gewerbe	1.8	0.7	0.0	8.8	1.0	23.1	1.9	36.4
	Handel/Verkehr	2.6	-0.5	1.8	-2.2	-0.1	-1.3	0.0	-0.1
	Handel/Verkehr	2.2	0.8	0.0	13.5	1.0	5.1	0.0	21.8
	Dienstleistungen	0.4	0.0	-0.1	-5.5	0.2	-0.7	0.2	-3.9
	Dienstleistungen	2.2	0.0	11.6	13.8	0.3	5.7	0.0	21.8
	zusammen	8.5	4.3	13.4	31.0	2.3	36.7	3.8	100.0
		-1.2	-0.3	4.2	-4.7	0.2	1.2	0.6	0.0
3	Land-,Forstwirtsch.	8.6	8.7	0.1	0.6	0.5	3.0	0.2	21.4
	Produzier.Gewerbe	2.5	0.4	-0.1	-4.6	-0.1	1.8	0.3	15.8
	Produzier.Gewerbe	2.5	1.1	1.4	5.6	1.0	23.4	0.2	35.4
	Handel/Verkehr	0.6	-0.1	2.4	-5.5	-0.1	-1.3	0.3	-1.2
	Handel/Verkehr	2.6	1.1	1.4	7.7	1.7	6.7	0.7	17.2
	Dienstleistungen	-0.2	0.1	0.1	-0.7	-0.1	-2.3	0.0	-6.7
	Dienstleistungen	1.7	0.3	0.2	19.3	2.4	37.5	0.6	27.1
	zusammen	13.4	5.7	11.3	19.3	2.4	37.5	4.6	100.0
		1.7	-0.7	-0.1	-10.5	0.4	2.0	1.5	0.0
4	Land-,Forstwirtsch.	0.9	-1.2	0.0	0.2	0.0	0.7	0.1	2.8
	Produzier.Gewerbe	1.9	-0.1	0.0	-0.1	0.0	-0.5	-0.1	-2.8
	Produzier.Gewerbe	1.9	0.3	2.4	9.7	1.0	25.2	1.8	39.1
	Handel/Verkehr	2.9	1.2	0.1	-1.3	0.1	3.7	0.0	2.8
	Handel/Verkehr	2.9	0.1	1.6	13.6	0.8	6.2	1.8	24.2
	Dienstleistungen	-0.3	0.0	0.6	-0.8	0.1	-0.2	0.0	-2.9
	Dienstleistungen	2.3	-0.2	2.0	32.5	2.3	39.0	0.2	33.6
	zusammen	8.0	3.6	11.3	32.5	2.3	39.0	3.4	100.0
		1.7	-0.7	2.0	-3.3	0.2	3.6	0.2	0.0
5	Land-,Forstwirtsch.	0.2	0.1	0.0	0.2	0.0	0.7	0.1	0.8
	Produzier.Gewerbe	-1.9	-0.2	0.0	-0.1	0.0	-0.9	-0.1	-5.0
	Produzier.Gewerbe	1.4	0.5	0.0	11.5	0.9	22.7	1.7	37.8
	Handel/Verkehr	2.0	0.5	2.5	1.4	0.0	1.2	0.1	1.6
	Handel/Verkehr	2.0	0.2	5.4	13.4	1.0	8.8	1.8	30.1
	Dienstleistungen	2.0	-0.5	1.9	2.4	-0.1	2.5	-0.2	4.9
	Dienstleistungen	6.4	2.1	4.0	40.3	2.7	38.5	0.2	31.3
	zusammen	6.4	2.1	2.0	40.3	2.7	38.5	3.4	100.0
		-1.8	-2.5	2.0	4.6	0.2	3.0	0.5	0.0
6	Land-,Forstwirtsch.	0.3	-1.0	0.0	0.1	0.0	0.3	0.1	0.8
	Produzier.Gewerbe	1.6	0.5	1.1	-2.5	-0.1	-0.4	0.2	-4.9
	Produzier.Gewerbe	1.6	0.0	0.0	7.6	0.7	27.8	1.4	38.4
	Handel/Verkehr	3.3	0.0	1.1	-0.4	-0.2	6.3	0.5	5.2
	Handel/Verkehr	3.3	1.1	1.1	10.9	1.0	13.9	1.3	27.9
	Dienstleistungen	3.3	0.5	0.0	-2.5	-0.3	6.9	0.1	3.0
	Dienstleistungen	8.3	2.5	3.2	30.1	1.5	52.4	2.1	100.0
	zusammen	8.3	2.5	3.2	30.1	1.5	52.4	2.1	100.0
		-1.4	-2.1	0.1	-5.7	-0.6	16.9	1.1	0.0
7	Land-,Forstwirtsch.	0.6	0.6	0.0	0.2	0.0	0.6	0.1	2.2
	Produzier.Gewerbe	1.4	-0.1	0.0	0.1	-0.1	-0.4	0.0	-3.6
	Produzier.Gewerbe	0.1	0.5	1.7	13.4	0.8	17.5	1.4	35.4
	Handel/Verkehr	3.7	-0.1	0.2	3.3	0.2	-4.0	0.6	-1.0
	Handel/Verkehr	3.7	0.8	0.8	17.8	0.7	5.5	1.4	27.4
	Dienstleistungen	0.5	0.0	-0.9	2.9	0.4	-1.7	0.0	2.3
	Dienstleistungen	3.2	0.8	7.0	17.8	1.9	5.5	0.0	35.2
	zusammen	9.2	3.4	9.3	45.3	1.9	29.3	2.5	100.0
		-0.5	-1.6	0.5	9.5	-0.1	-4.2	1.1	0.0
8	Land-,Forstwirtsch.	0.3	0.2	0.0	0.2	0.0	0.3	0.0	1.0
	Produzier.Gewerbe	3.0	-1.9	0.0	-0.1	0.3	-0.6	-0.1	-4.8
	Produzier.Gewerbe	3.0	1.1	0.0	13.1	0.6	8.3	0.9	26.5
	Handel/Verkehr	6.8	0.3	1.5	3.0	0.1	-13.2	0.3	-9.9
	Handel/Verkehr	6.8	3.6	1.5	14.6	0.6	3.2	0.9	27.4
	Dienstleistungen	6.8	1.3	2.9	3.6	-0.3	-3.2	-0.3	3.4
	Dienstleistungen	7.0	1.3	7.9	22.5	1.6	4.2	2.4	44.2
	zusammen	17.0	3.5	6.4	50.4	1.6	16.1	2.0	100.0
			-1.1	0.1	14.6	-0.4	-19.4	-1.2	0.0
I	Land-,Forstwirtsch.	2.1	2.1	0.0	0.3	0.0	1.2	0.1	5.8
	Produzier.Gewerbe	1.9	0.0	0.0	10.1	0.4	21.5	0.7	36.3
	Handel/Verkehr	3.2	1.0	1.8	11.0	0.5	6.4	0.7	25.2
	Dienstleistungen	2.6	1.3	7.3	14.4	1.2	6.8	3.2	32.8
	zusammen	9.7	4.6	9.4	35.8	2.1	35.5	3.2	100.0
									0.0

Tabelle 3.7. Clusterschwerpunkte Sozialstruktur Erwerbstätigkeit für die Partition mit 8 Clustern und Sozialstruktur Erwerbstätigkeit

Schleswig-Holstein / Harburg Cluster Erwerbst.	Erwerbstaetige nach Wirtschafts-bereichen	Selbstaendige	Mithelfende Familienangeh.	Beamte	Angestellte	Stellung im Beruf Kaufm.,techn., Verw.,Lehrlinge	Arbeiter	Gewerbliche Lehrlinge	zusammen
1	Land-,Forstwirtsch.	14.7 12.6	16.5 14.5	0.1 0.1	0.7 0.5	0.0 0.0	3.8 2.6	0.6 0.5	36.5 30.8
	Produzier.Gewerbe	2.6 -0.7	3.6 0.4	0.0 -0.1	3.6 -6.5	0.0 0.1	19.2 -2.6	2.5 -0.2	29.5 -6.7
	Handel,Verkehr	2.3 -0.0	1.1 0.1	0.9 -1.1	4.1 -7.0	1.0 0.1	4.0 -2.4	0.9 0.2	14.2 -11.0
	Dienstleistungen	1.6 -1.0	0.8 -0.1	4.6 -2.7	5.7 -8.7	0.7 0.1	5.7 -6.7	0.6 -1.4	19.7 -13.1
	zusammen	21.2 11.5	19.6 15.0	5.6 -3.6	14.1 -21.7	2.2 0.1	32.8 -2.7	4.6 1.4	100.0 0.0
2	Land-,Forstwirtsch.	9.2 7.1	8.0 6.3	0.1 0.1	0.9 0.6	0.0 0.0	5.3 4.1	0.6 0.5	24.9 19.1
	Produzier.Gewerbe	2.5 0.6	1.0 -0.4	1.2 0.0	5.3 -5.7	0.4 0.0	25.1 -1.5	2.6 0.0	37.1 -0.2
	Handel,Verkehr	2.5 -0.1	0.0 -0.7	0.5 -0.7	4.8 -4.7	1.0 0.1	6.5 0.0	1.0 0.2	17.0 -1.0
	Dienstleistungen	1.7 -0.9	0.0 -0.6	4.5 -2.8	7.6 -6.8	1.7 0.5	4.0 -5.4	4.8 1.6	21.1 -11.0
	zusammen	15.9 6.2	11.8 7.2	5.2 -3.4	18.6 -17.2	2.2 0.2	40.2 -2.8	8.2 2.0	100.0 0.0
3	Land-,Forstwirtsch.	0.8 -1.3	0.6 -1.3	0.0 0.0	0.2 -0.1	0.0 0.0	0.6 -0.5	0.1 -0.0	2.6 -3.2
	Produzier.Gewerbe	2.3 -0.4	0.7 -0.1	1.0 -0.5	11.1 -3.0	0.6 0.0	38.1 16.7	2.1 -0.0	54.2 17.9
	Handel,Verkehr	1.3 -0.7	0.2 -0.5	1.4 -0.4	5.5 -3.0	1.0 0.1	10.7 0.7	0.9 0.1	17.1 -3.6
	Dienstleistungen	1.5 -1.0	0.6 -0.2	4.7 -2.5	8.0 -6.4	1.0 0.1	5.6 -0.8	0.3 -0.1	21.6 -11.1
	zusammen	6.2 -3.6	3.0 -1.5	6.1 -3.1	23.1 -8.5	2.3 0.2	51.5 16.0	3.7 0.5	100.0 0.0
4	Land-,Forstwirtsch.	0.6 -1.5	0.5 -1.6	0.0 0.0	0.2 -0.1	0.0 0.0	0.7 -0.5	0.1 -0.1	2.0 -3.8
	Produzier.Gewerbe	1.7 -0.2	1.0 -0.0	1.0 -0.5	10.4 -3.1	0.5 0.3	26.6 5.1	1.7 -0.0	41.6 5.3
	Handel,Verkehr	2.8 0.3	1.0 0.3	1.4 -0.4	11.0 2.4	1.0 0.1	8.6 0.3	0.8 0.0	27.5 2.3
	Dienstleistungen	2.1 -0.5	0.3 -0.5	3.8 -1.5	12.2 -2.2	0.7 0.2	6.9 0.5	0.6 -0.1	29.0 -3.8
	zusammen	7.2 -2.5	2.9 -1.5	8.1 -1.7	33.8 -1.9	2.3 0.2	42.7 7.3	3.1 -0.1	100.0 0.0
5	Land-,Forstwirtsch.	0.2 -2.1	0.2 -1.9	0.0 -0.0	0.2 -0.1	0.0 0.0	0.4 -0.6	0.1 -0.0	1.0 -4.8
	Produzier.Gewerbe	1.7 -0.2	0.5 -0.5	1.1 -0.1	10.4 -3.3	0.4 -0.0	19.1 -2.4	1.4 -0.3	35.0 -3.3
	Handel,Verkehr	3.1 -0.3	1.0 -0.3	1.4 -0.4	14.1 5.4	0.7 -0.1	6.9 -2.3	1.5 1.5	28.7 3.6
	Dienstleistungen	2.3 -0.3	0.2 -0.5	0.2 -0.1	17.4 3.0	2.0 0.5	6.2 0.1	2.6 1.5	34.3 3.5
	zusammen	7.3 -2.4	1.8 -2.3	2.8 -1.5	41.1 5.0	3.0 0.4	32.7 -2.7	5.4 2.6	100.0 0.0
6	Land-,Forstwirtsch.	0.2 -2.0	0.1 -1.9	0.0 0.0	0.2 -0.1	0.0 0.0	0.4 -0.8	0.1 -0.1	0.6 -4.6
	Produzier.Gewerbe	2.3 0.4	0.1 -0.6	0.2 -0.1	12.5 -1.1	0.3 -0.2	9.2 -11.5	1.4 -0.0	26.6 -9.7
	Handel,Verkehr	2.9 0.1	1.2 -0.2	0.0 -0.1	15.4 4.4	0.7 -0.0	4.1 -2.3	0.8 -0.2	29.2 4.0
	Dienstleistungen	5.4 2.6	1.2 0.0	0.2 -1.1	17.4 3.1	2.0 0.4	4.7 -1.7	2.6 1.0	43.6 10.7
	zusammen	13.0 3.3	2.6 -2.4	6.7 -1.7	51.6 13.8	3.0 0.4	19.0 -16.5	2.1 -1.0	100.0 0.0
7	Land-,Forstwirtsch.	2.1 -0.0	1.4 -0.7	0.0 0.0	0.4 -0.5	0.0 0.0	1.3 0.1	0.1 -0.0	5.3 -0.5
	Produzier.Gewerbe	2.9 0.5	0.3 -0.4	0.0 0.0	5.6 -4.5	0.4 -0.0	15.6 -5.9	1.7 -0.7	26.5 -9.7
	Handel,Verkehr	3.9 0.8	1.4 0.6	0.0 -0.1	8.6 -2.4	1.0 0.1	4.6 -1.7	0.9 0.2	22.5 -2.6
	Dienstleistungen	4.8 2.3	1.7 0.9	2.4 0.9	17.2 2.8	2.1 0.5	11.1 4.6	1.0 0.6	45.6 12.8
	zusammen	13.8 3.6	5.3 -0.5	11.1 1.7	31.7 -4.0	3.7 0.8	32.7 -2.8	3.8 0.1	100.0 0.0
8	Land-,Forstwirtsch.	1.7 -0.4	1.7 -0.4	0.0 0.0	0.3 -0.5	0.0 -0.0	0.9 -0.3	0.1 -0.1	4.7 -1.1
	Produzier.Gewerbe	2.5 -1.0	0.6 -0.1	0.0 0.0	5.6 -5.3	0.3 -0.1	3.8 -6.6	1.5 -0.6	12.3 -14.2
	Handel,Verkehr	2.5 0.1	0.6 0.0	0.0 0.0	7.4 -3.1	1.0 0.0	3.8 -2.6	0.3 -0.1	15.3 -5.5
	Dienstleistungen	2.4 -0.0	1.1 0.3	0.9 -0.1	15.4 0.7	1.7 0.1	6.4 -1.9	0.6 0.3	28.3 -0.8
	zusammen	8.3 -1.4	4.0 -0.5	0.9 0.3	28.6 -9.7	3.1 0.0	15.5 -11.2	2.5 -0.3	55.0 -22.9
9	Land-,Forstwirtsch.	2.1 0.0	2.1 0.0	0.0 0.0	0.3 -0.5	0.0 -0.0	1.2 -0.0	0.1 -0.0	5.8 0.0
	Produzier.Gewerbe	3.2 0.0	0.7 0.0	0.0 0.0	10.1 0.0	0.4 0.0	21.5 0.0	1.6 0.0	36.3 0.0
	Handel,Verkehr	3.2 0.0	0.0 0.0	0.0 0.0	11.0 0.0	1.0 0.0	6.4 0.0	1.0 0.0	25.2 0.0
	Dienstleistungen	2.6 0.0	0.0 0.0	0.0 0.0	14.4 0.0	2.0 0.0	6.4 0.0	0.6 0.0	32.8 0.0
	zusammen	9.7 0.0	4.6 0.0	0.3 0.0	35.8 0.0	2.0 0.0	35.5 0.0	3.2 0.0	100.0 0.0

Grafik 3.1. Clusterschwerpunkte Wählerverhalten für die Partition mit 8 Clustern und Wählerverhalten statisch
Teil 1

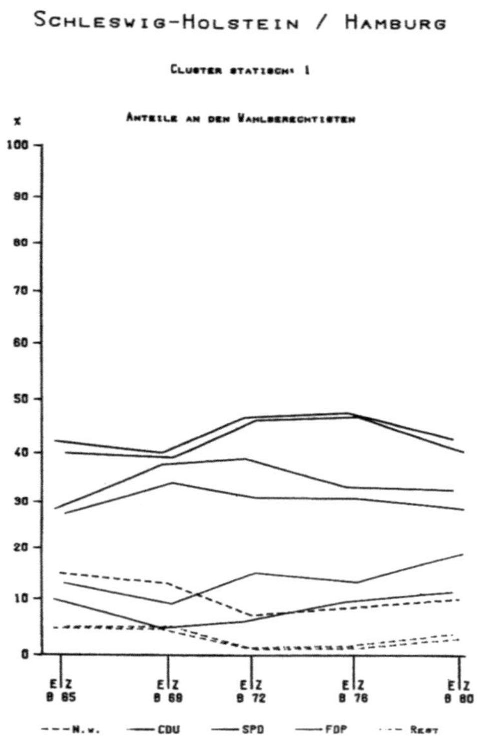

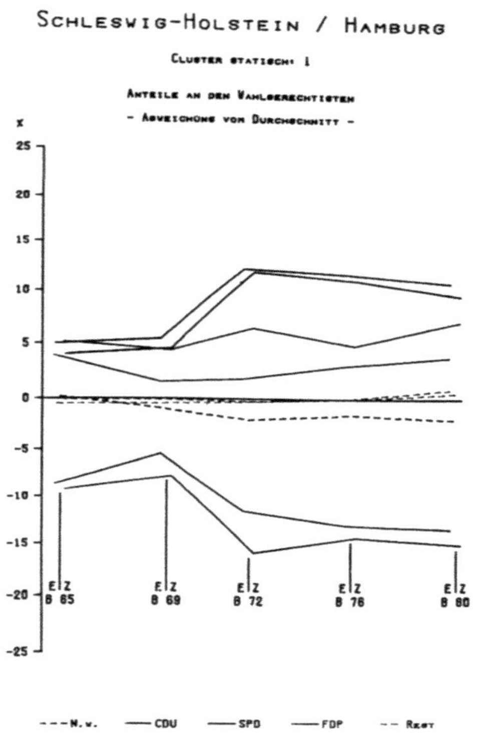

Grafik 3.1. Clusterschwerpunkte Wählerverhalten für die Partition mit 8 Clustern und Wählerverhalten statisch
Teil 2

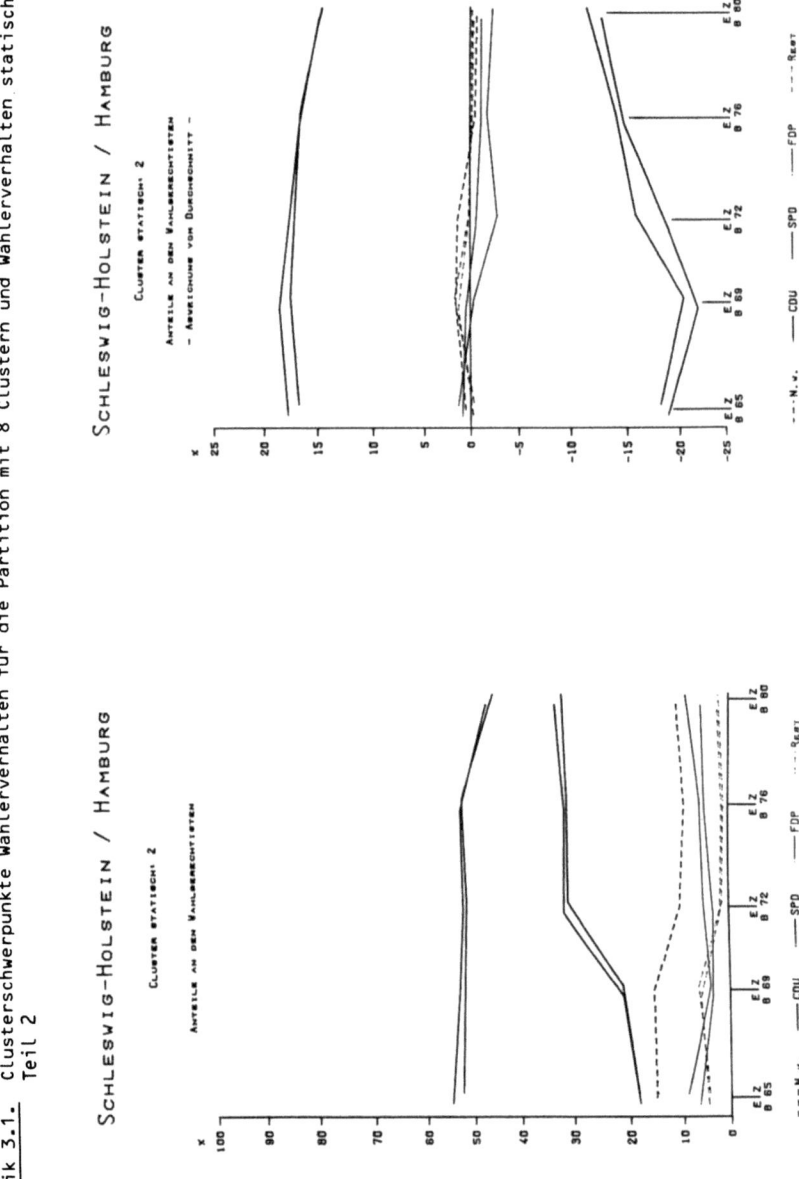

Grafik 3.1. Clusterschwerpunkte Wählerverhalten für die Partition mit 8 Clustern und Wählerverhalten statisch
Teil 3

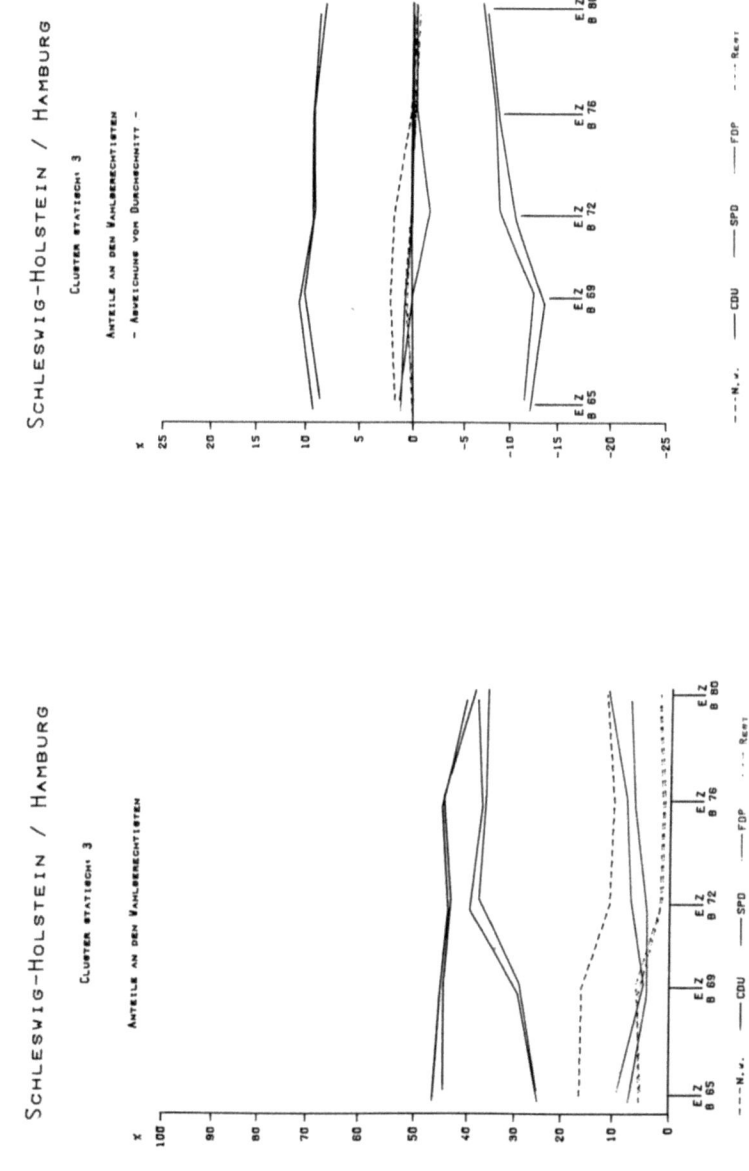

Grafik 3.1. Clusterschwerpunkte Wählerverhalten für die Partition mit 8 Clustern und Wählerverhalten statisch
Teil 4

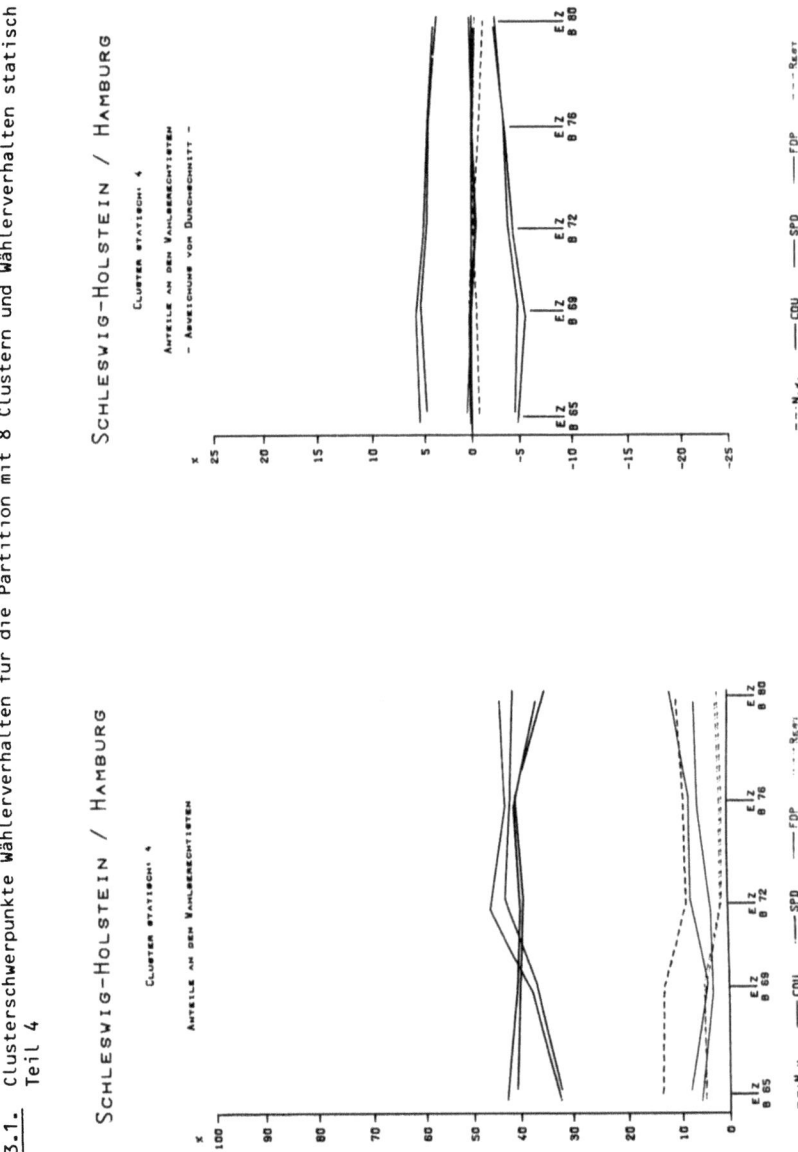

Grafik 3.1. Clusterschwerpunkte Wählerverhalten für die Partition mit 8 Clustern und Wählerverhalten statisch
Teil 5

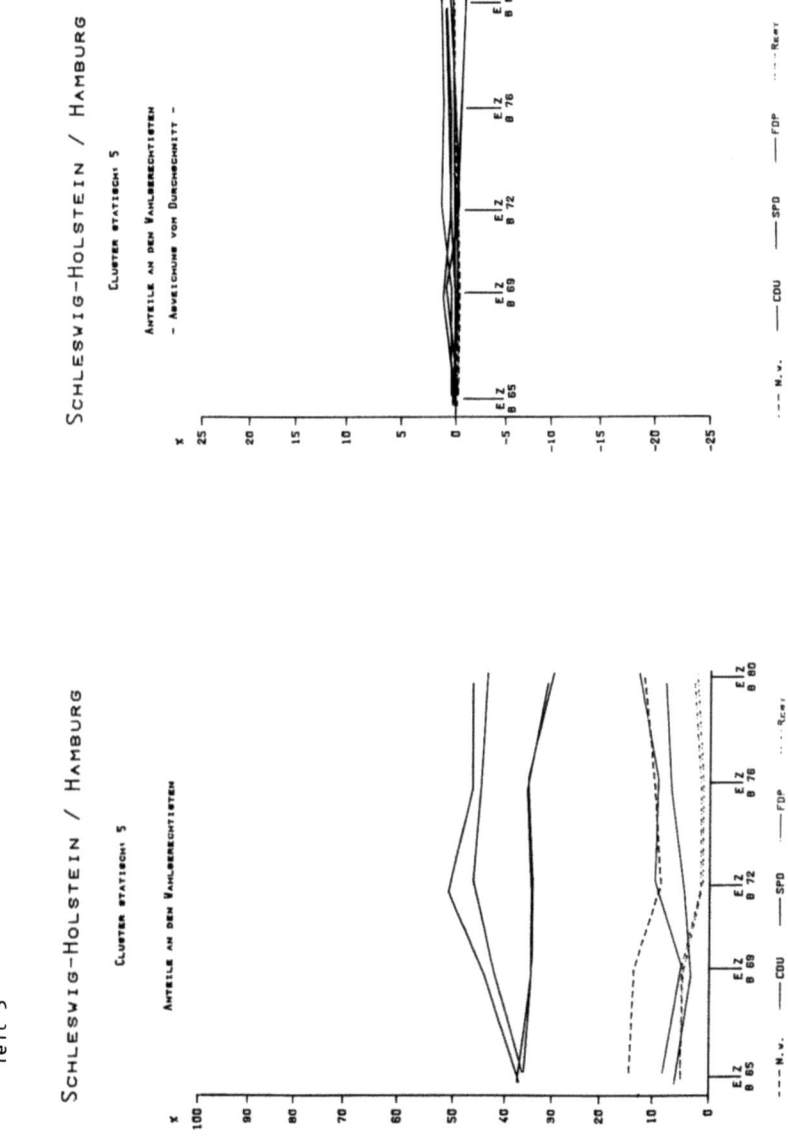

Grafik 3.1. Clusterschwerpunkte Wählerverhalten für die Partition mit 8 Clustern und Wählerverhalten statisch
Teil 6

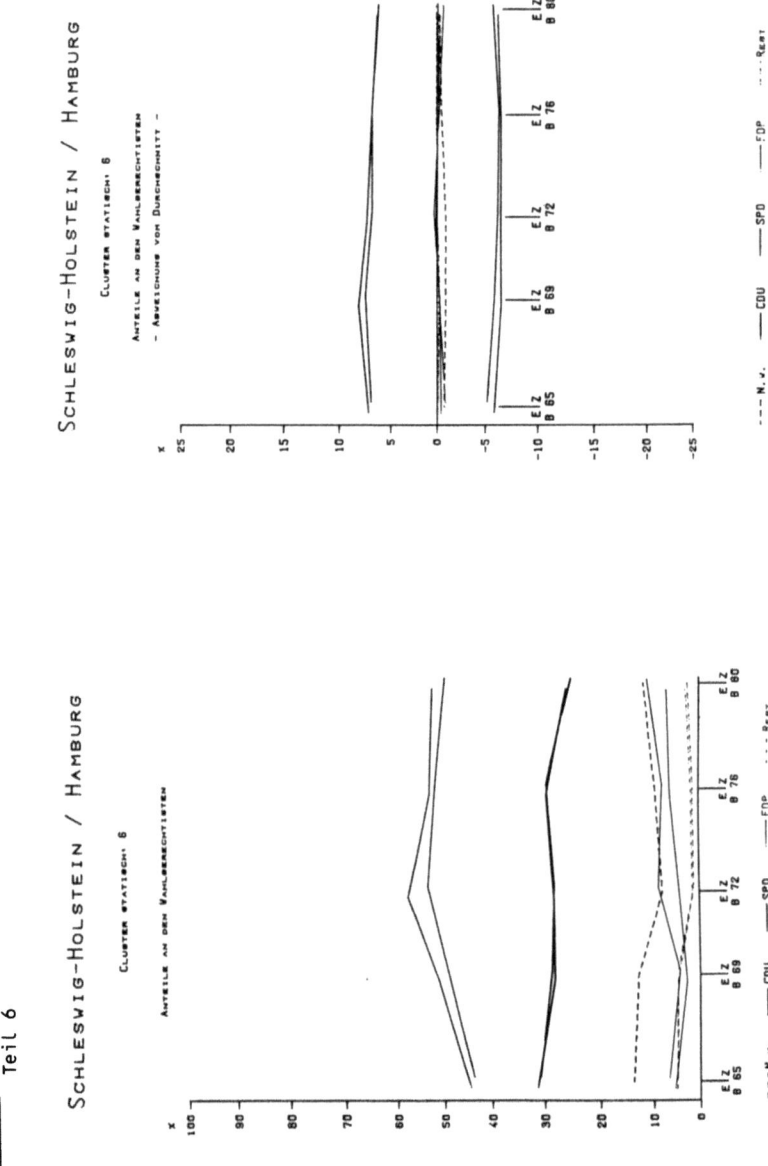

Grafik 3.1. Clusterschwerpunkte Wählerverhalten für die Partition mit 8 Clustern und Wählerverhalten statisch
Teil 7

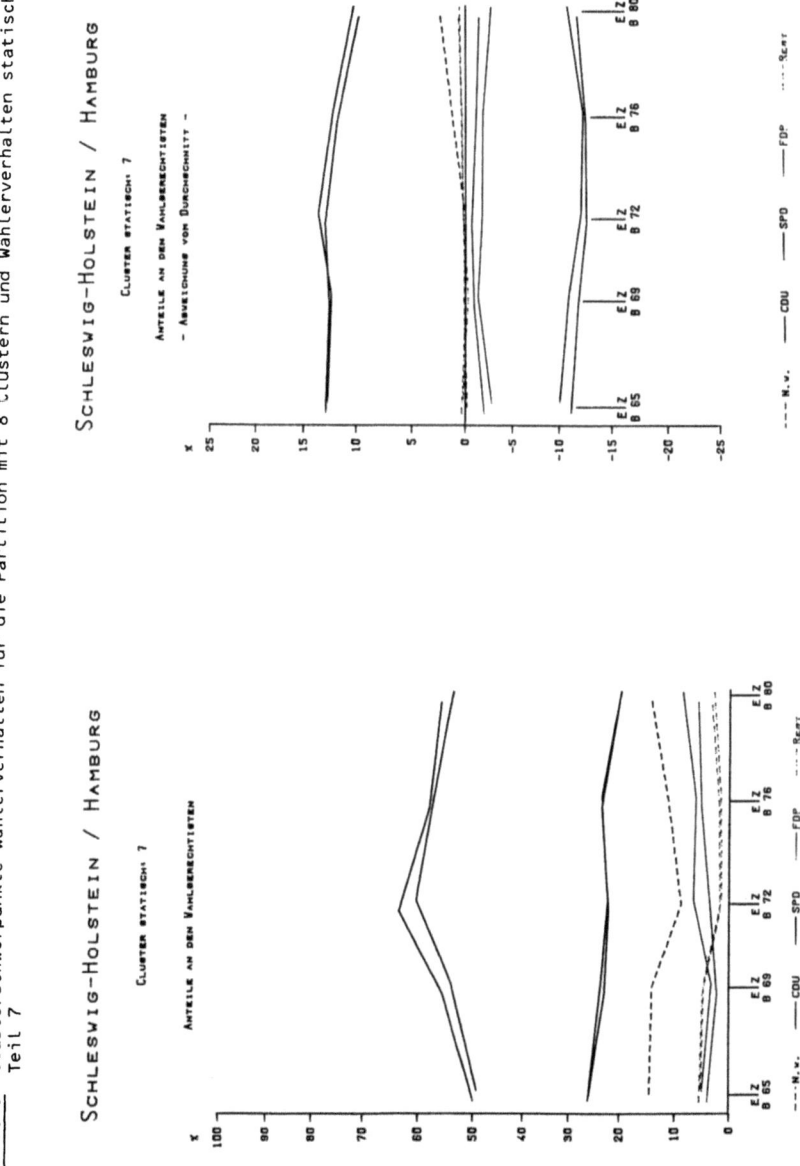

Grafik 3.1. Clusterschwerpunkte Wählerverhalten für die Partition mit 8 Clustern und Wählerverhalten statisch
Teil 8

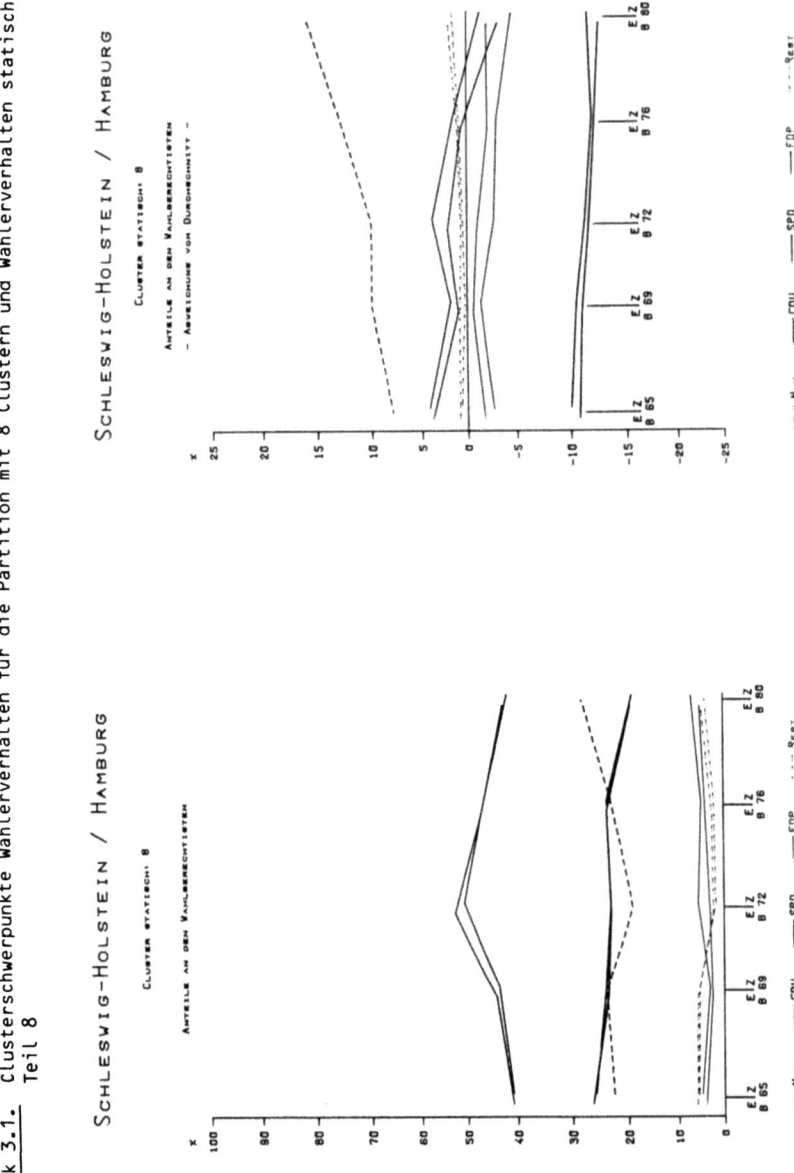

Grafik 3.2. Clusterschwerpunkte Wählerverhalten für die Partition mit 8 Clustern und Wählerverhalten dynamisch
Teil 1

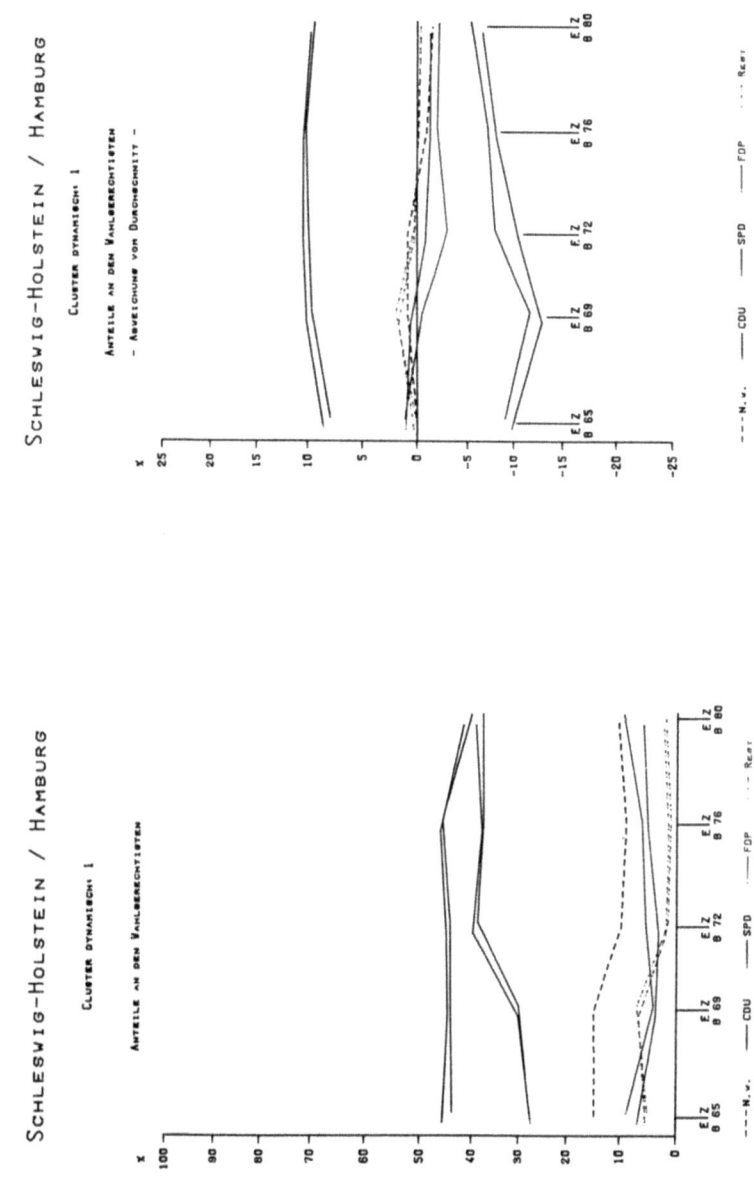

Grafik 3.2. Clusterschwerpunkte Wählerverhalten für die Partition mit 8 Clustern und Wählerverhalten dynamisch Teil 2.

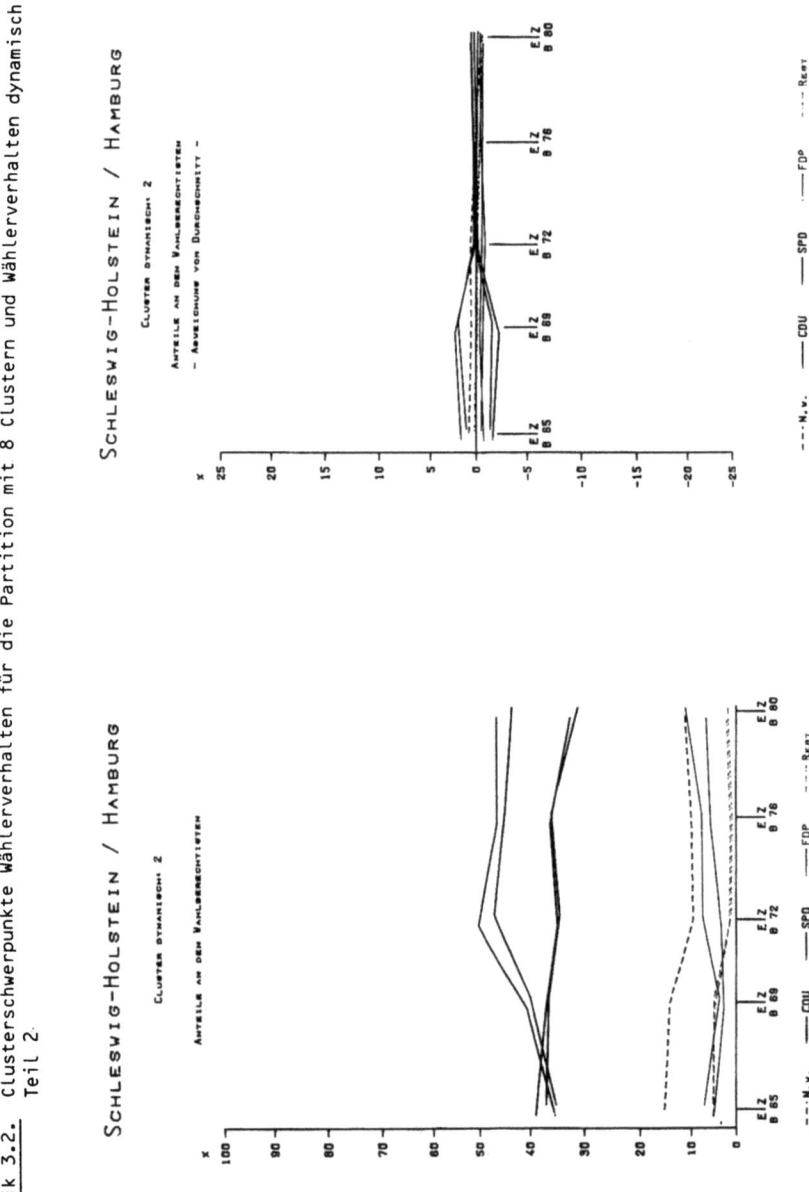

Grafik 3.2. Clusterschwerpunkte Wählerverhalten für die Partition mit 8 Clustern und Wählerverhalten dynamisch Teil 3

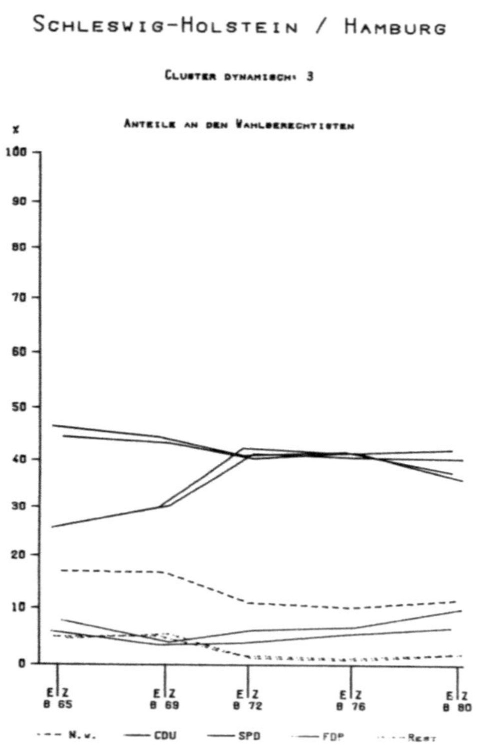
SCHLESWIG-HOLSTEIN / HAMBURG
CLUSTER DYNAMISCH: 3
ANTEILE AN DEN WAHLBERECHTIGTEN
%
100
90
80
70
60
50
40
30
20
10
0
E Z B 65
E Z B 69
E Z B 72
E Z B 76
E Z B 80
N.w.
CDU
SPD
FDP
Rest

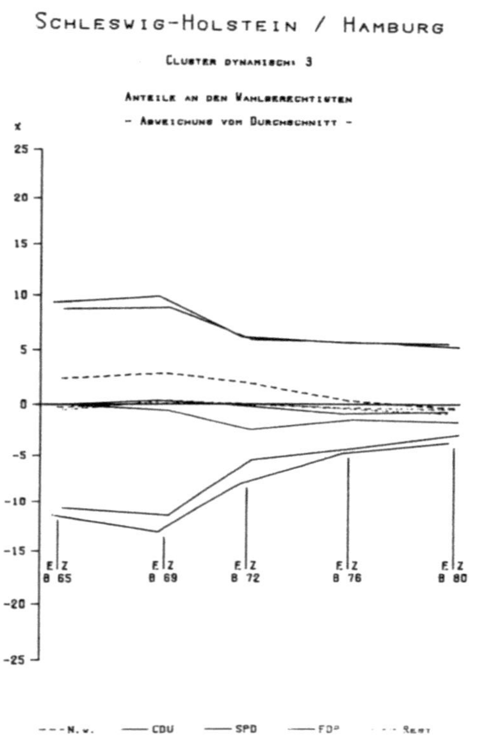
SCHLESWIG-HOLSTEIN / HAMBURG
CLUSTER DYNAMISCH: 3
ANTEILE AN DEN WAHLBERECHTIGTEN
- ABWEICHUNG VOM DURCHSCHNITT -
%
25
20
15
10
5
0
-5
-10
-15
-20
-25
E Z B 65
E Z B 69
E Z B 72
E Z B 76
E Z B 80
N.w.
CDU
SPD
FDP
Rest

Grafik 3.2. Clusterschwerpunkte Wählerverhalten für die Partition mit 8 Clustern und Wählerverhalten dynamisch
Teil 4

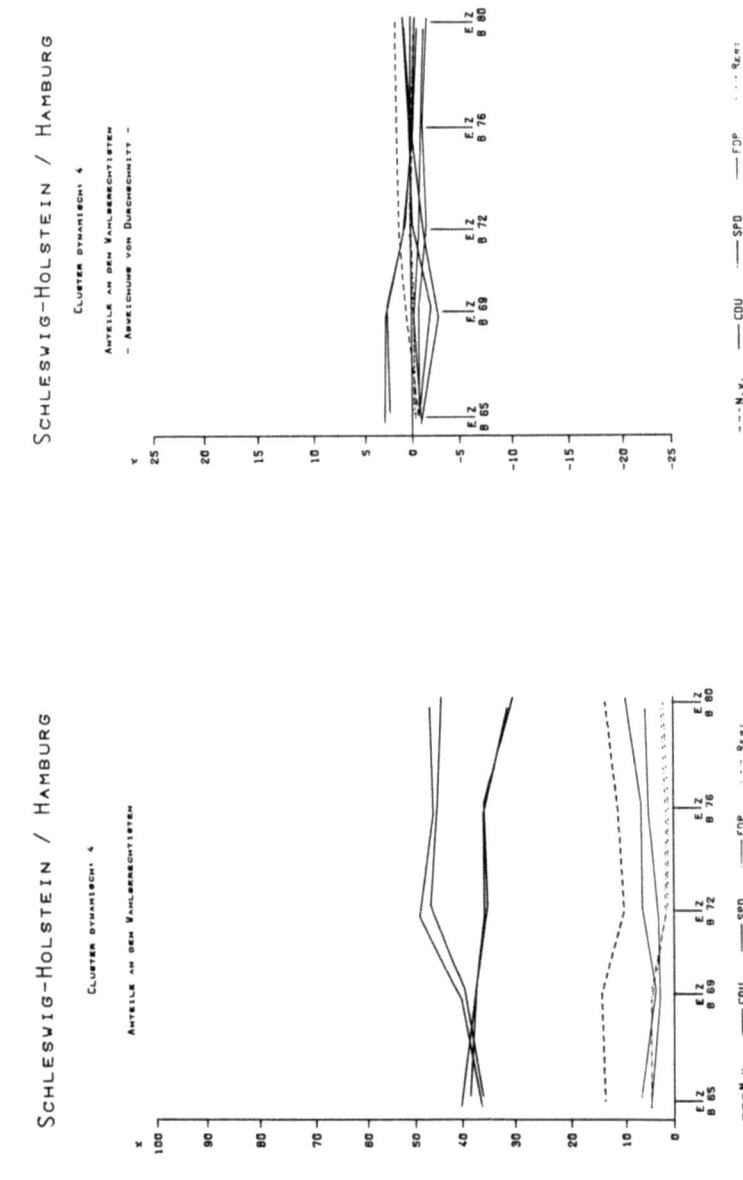

Grafik 3.2. Clusterschwerpunkte Wählerverhalten für die Partition mit 8 Clustern und Wählerverhalten dynamisch
Teil 5

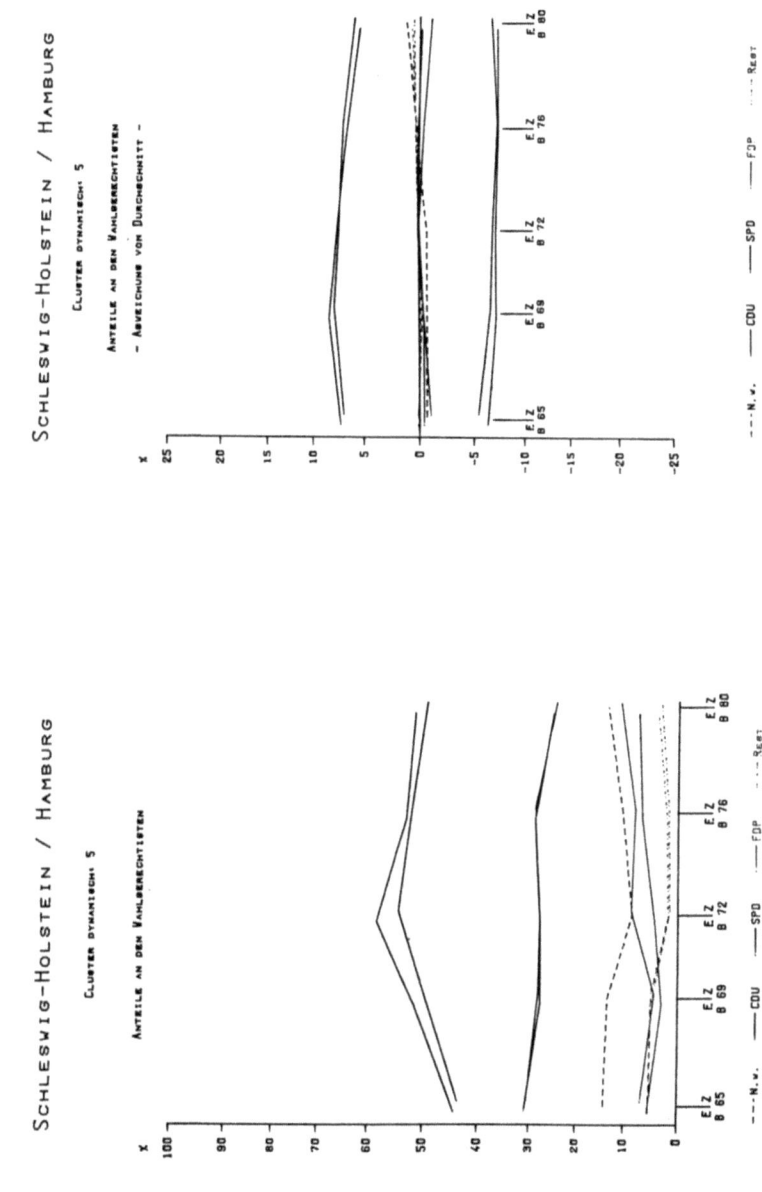

Grafik 3.2. Clusterschwerpunkte Wählerverhalten für die Partition mit 8 Clustern und Wählerverhalten dynamisch
Teil 6

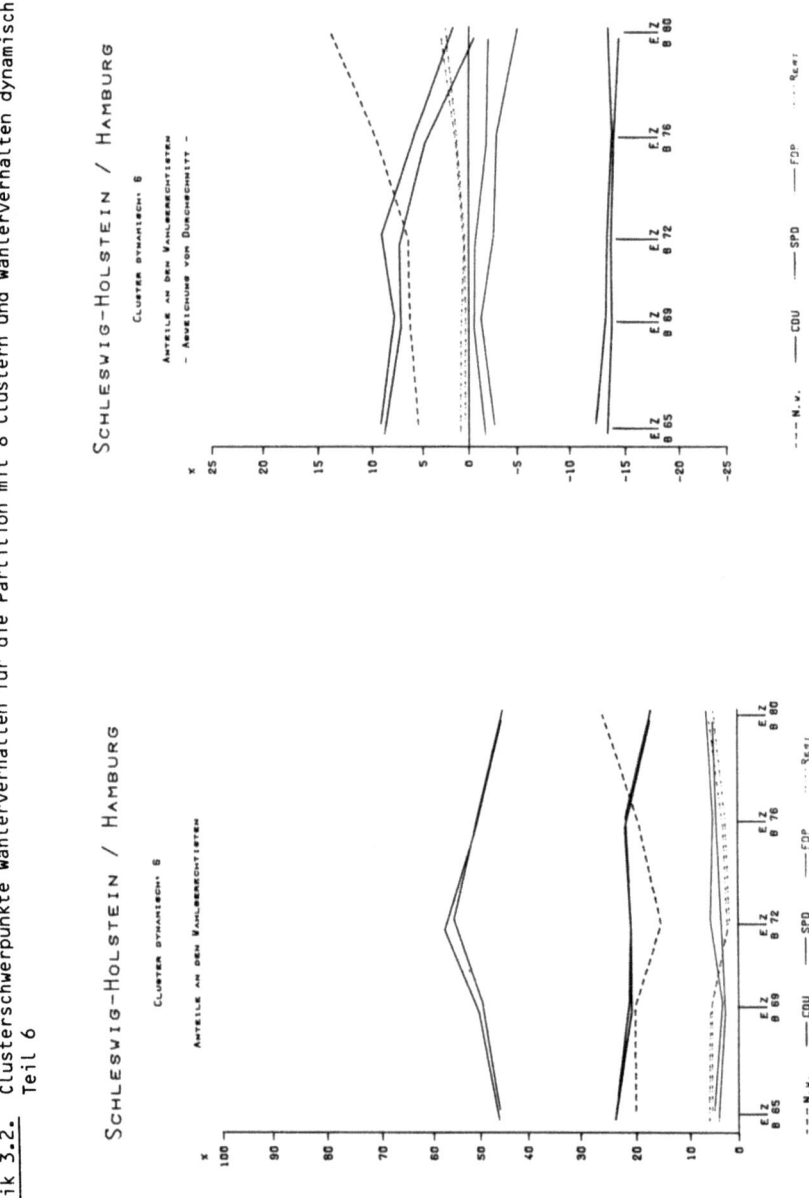

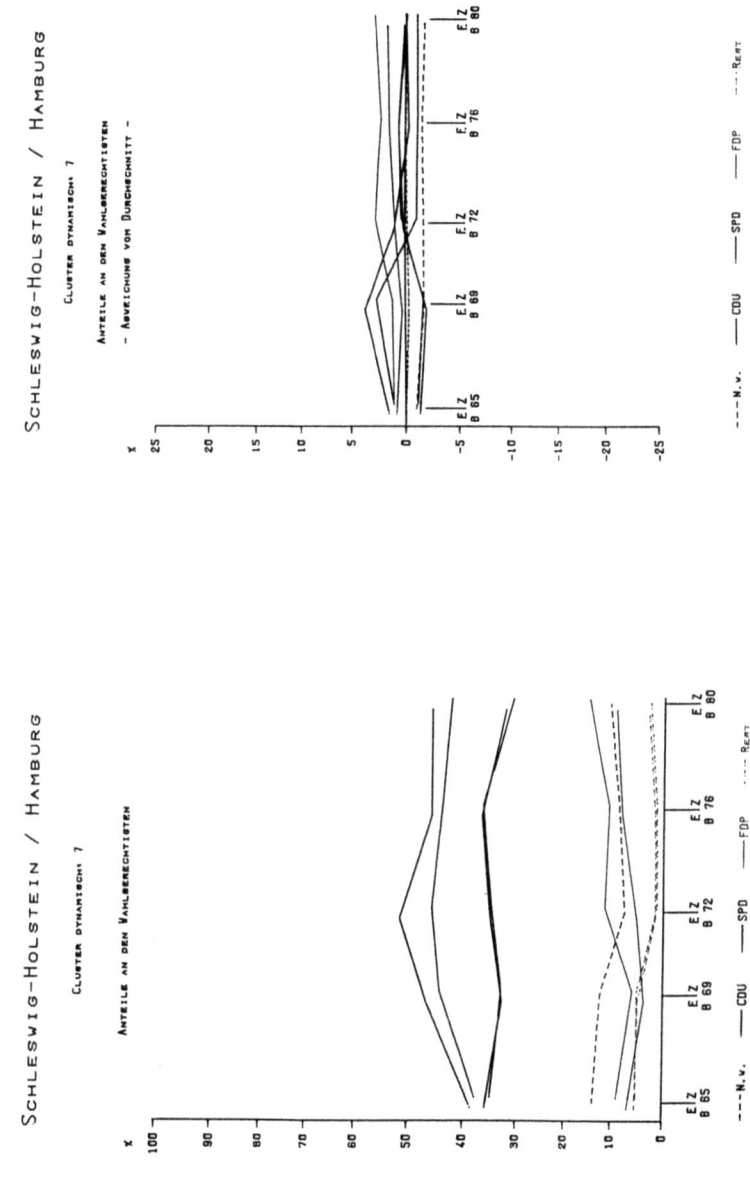

Grafik 3.2. Clusterschwerpunkte Wählerverhalten für die Partition mit 8 Clustern und Wählerverhalten dynamisch Teil 7

Grafik 3.2. Clusterschwerpunkte Wählerverhalten für die Partition mit 8 Clustern und Wählerverhalten dynamisch
Teil 8

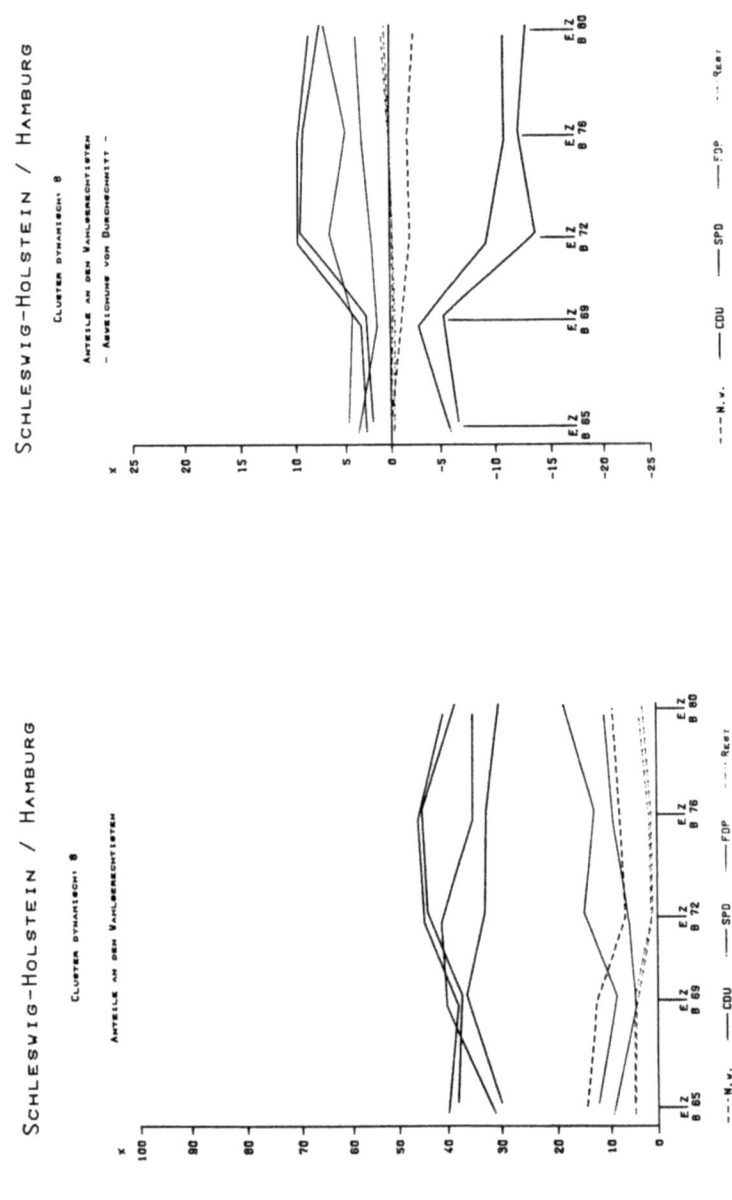

Grafik 3.3. Clusterschwerpunkte Wählerverhalten für die Partition mit 8 Clustern und Sozialstruktur Erwerbstätigkeit
Teil 1

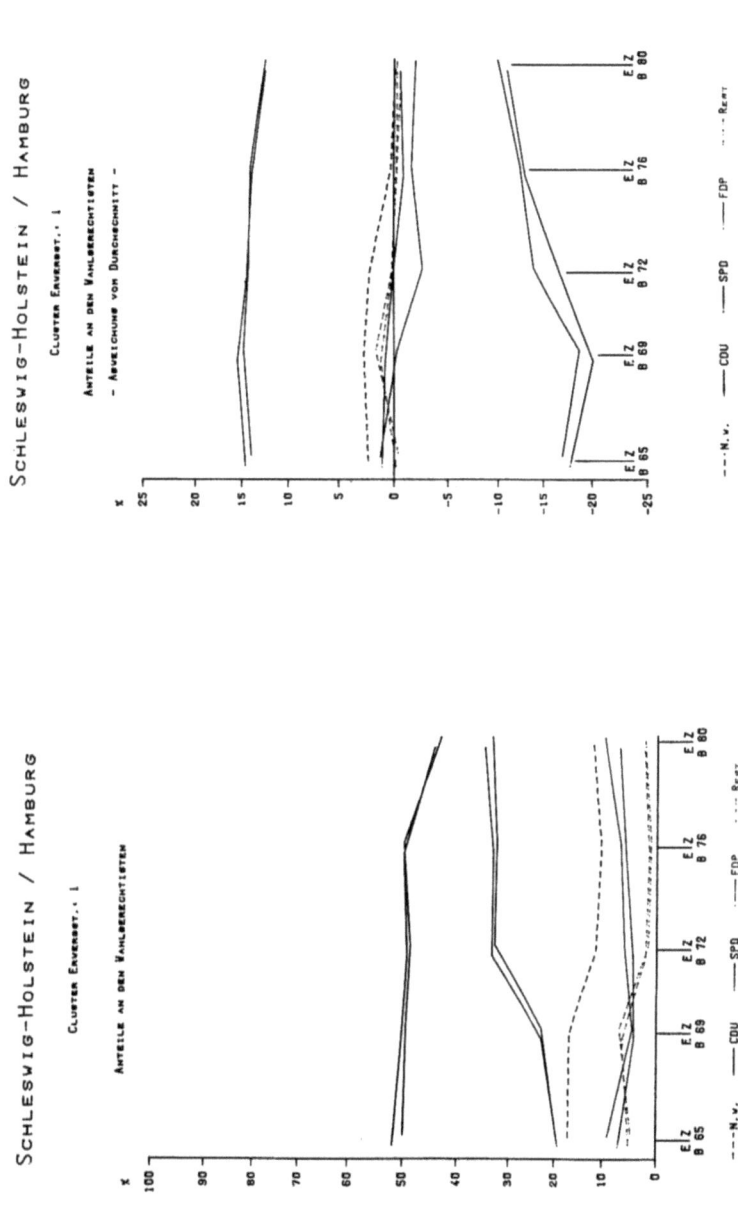

Grafik 3.3. Clusterschwerpunkte Wählerverhalten für die Partition mit 8 Clustern und Sozialstruktur Erwerbstätigkeit
Teil 2

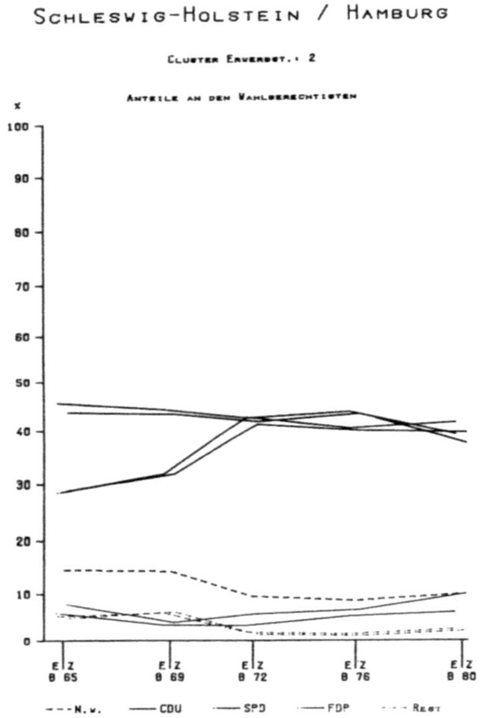

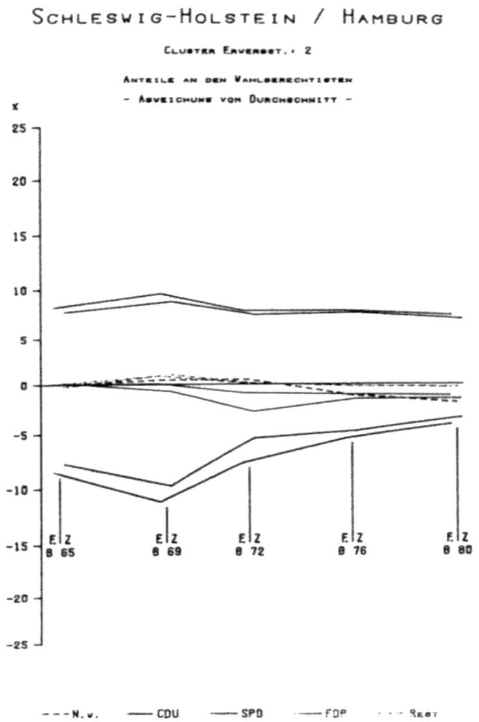

Grafik 3.3. Clusterschwerpunkte Wählerverhalten für die Partition mit 8 Clustern und Sozialstruktur Erwerbstätigkeit
Teil 3

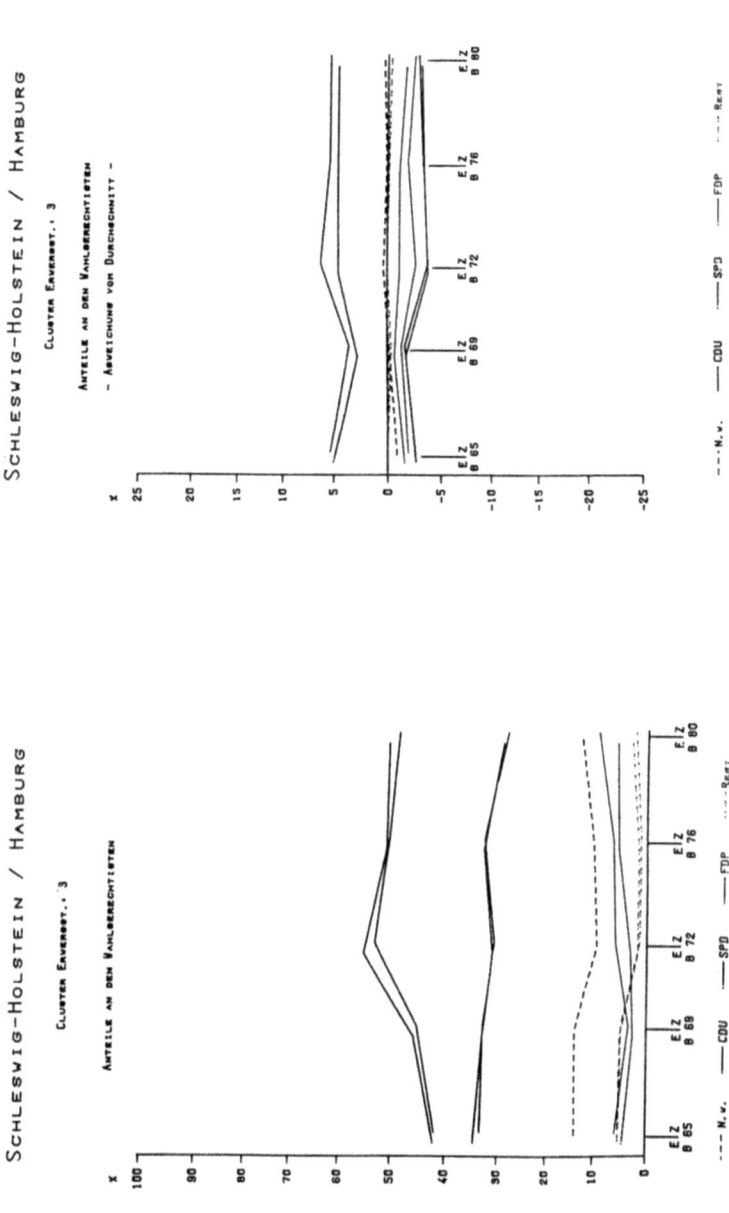

Grafik 3.3. Clusterschwerpunkte Wählerverhalten für die Partition mit 8 Clustern und Sozialstruktur Erwerbstätigkeit
Teil 4

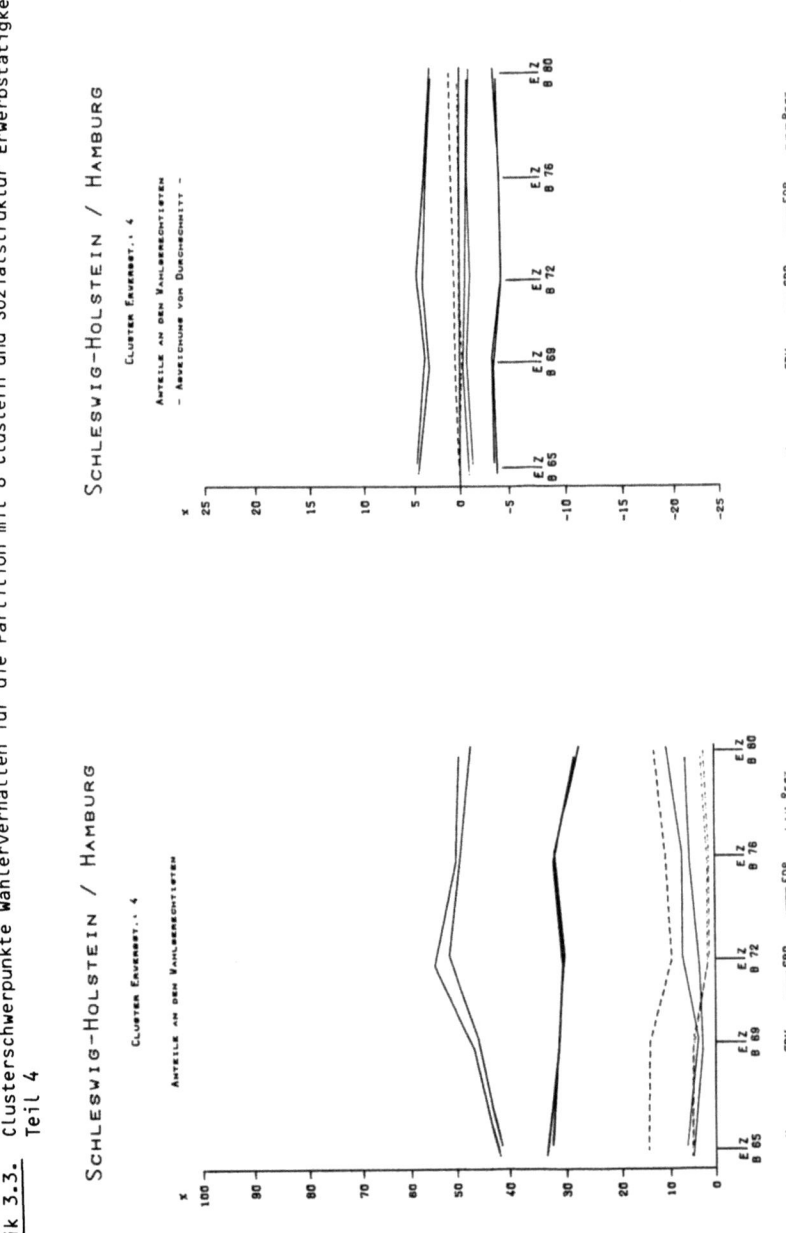

Grafik 3.3. Clusterschwerpunkte Wählerverhalten für die Partition mit 8 Clustern und Sozialstruktur Erwerbstätigkeit
Teil 5

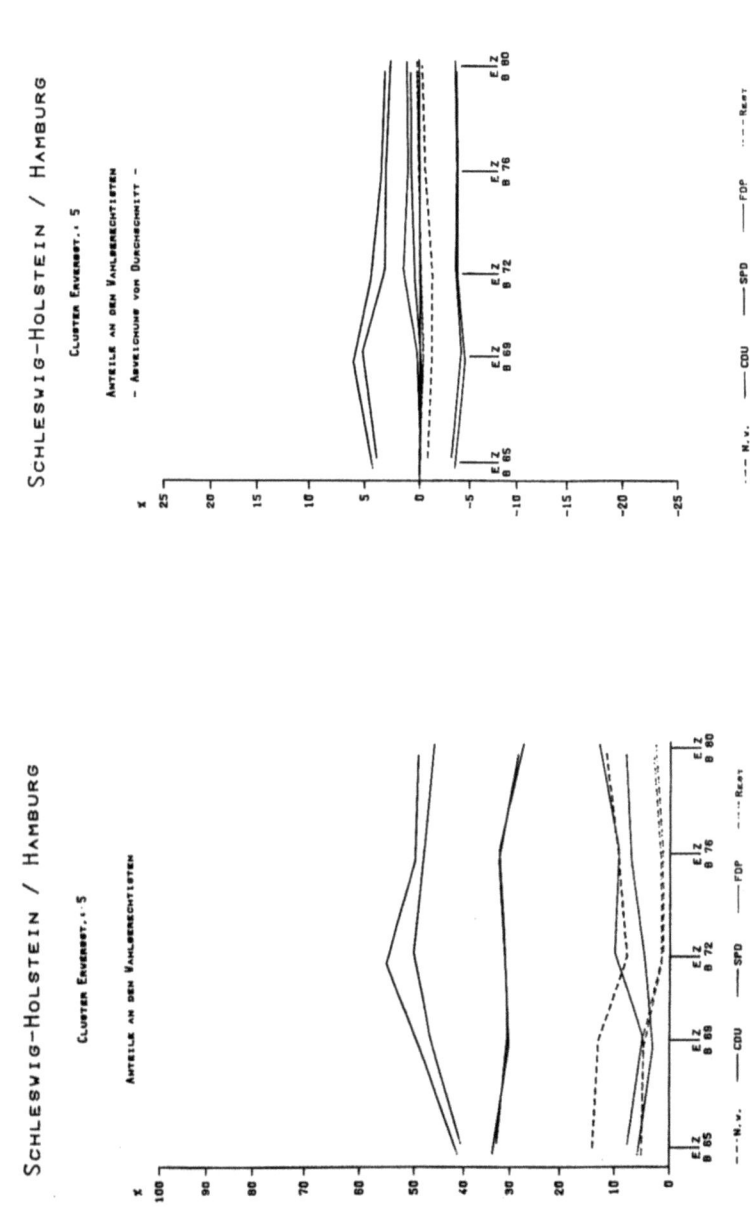

Grafik 3.3. Clusterschwerpunkte Wählerverhalten für die Partition mit 8 Clustern und Sozialstruktur Erwerbstätigkeit
Teil 6

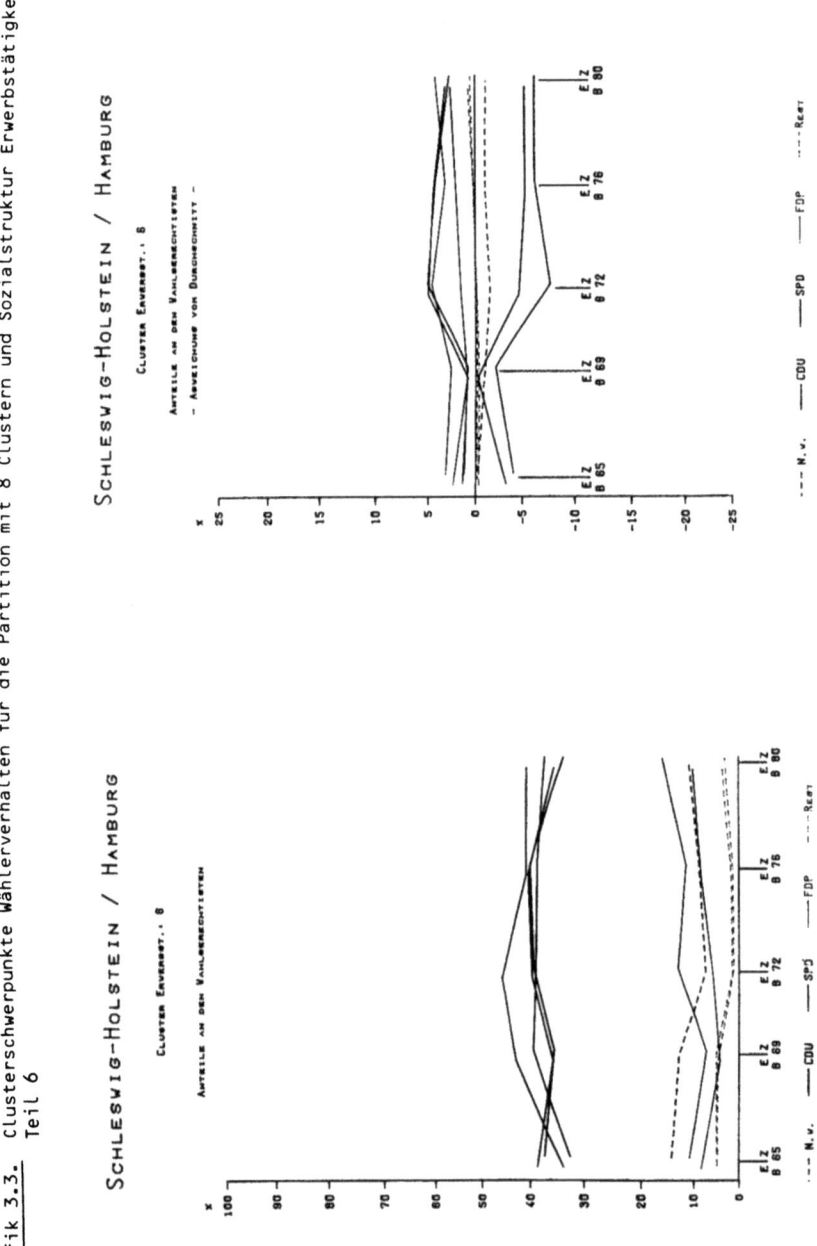

Grafik 3.3. Clusterschwerpunkte Wählerverhalten für die Partition mit 8 Clustern und Sozialstruktur Erwerbstätigkeit
Teil 7

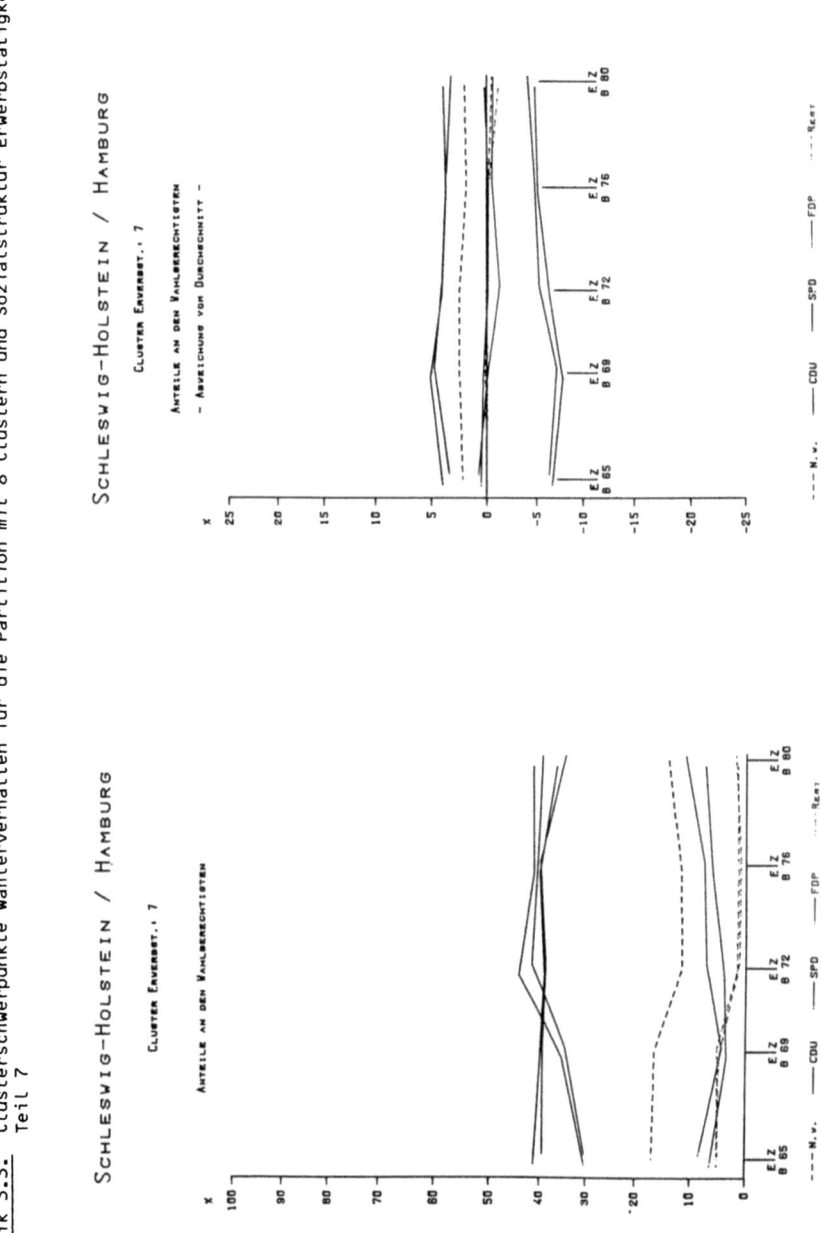

Grafik 3.3. Clusterschwerpunkte Wählerverhalten für die Partition mit 8 Clustern und Sozialstruktur Erwerbstätigkeit
Teil 8

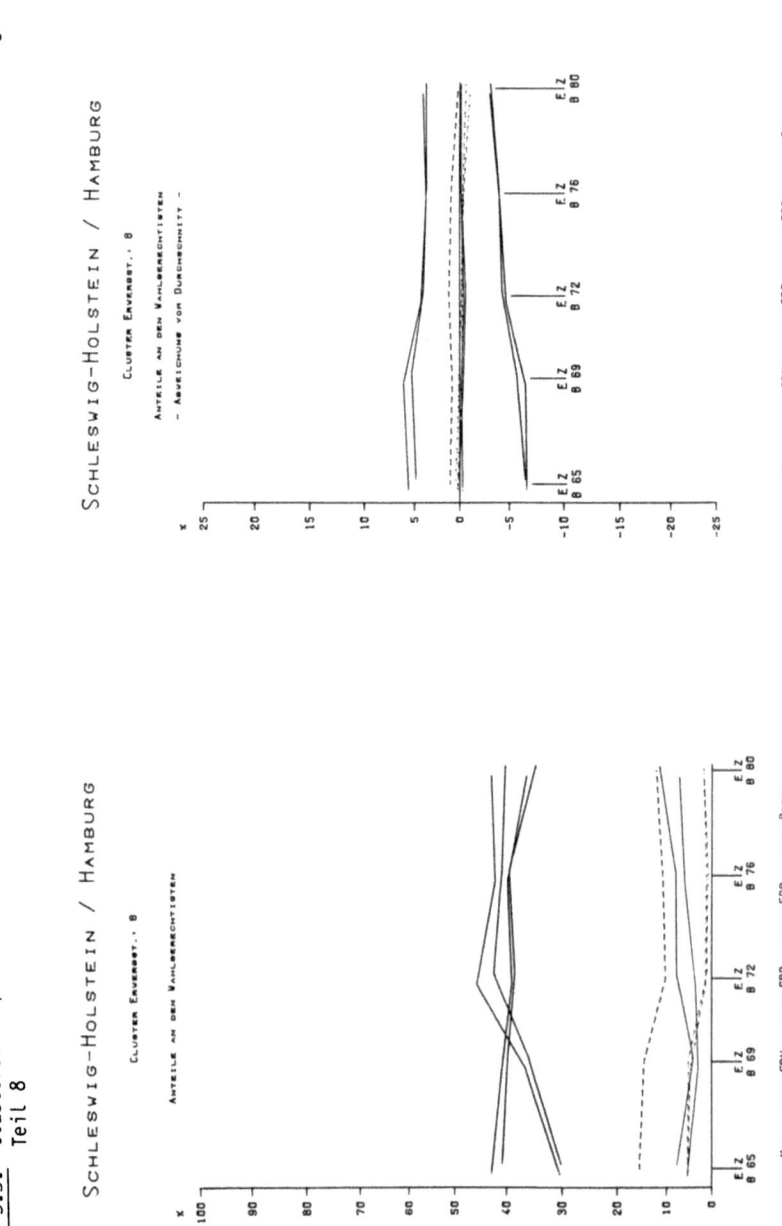

Grafik 3.4. Teilgebiete und Cluster im Faktorenraum für die Partition mit 8 Clustern und Wählerverhalten statisch

SCHLESWIG-HOLSTEIN / HAMBURG

CLUSTER STATISCH: 8   WÄHLERVERHALTEN STATISCH

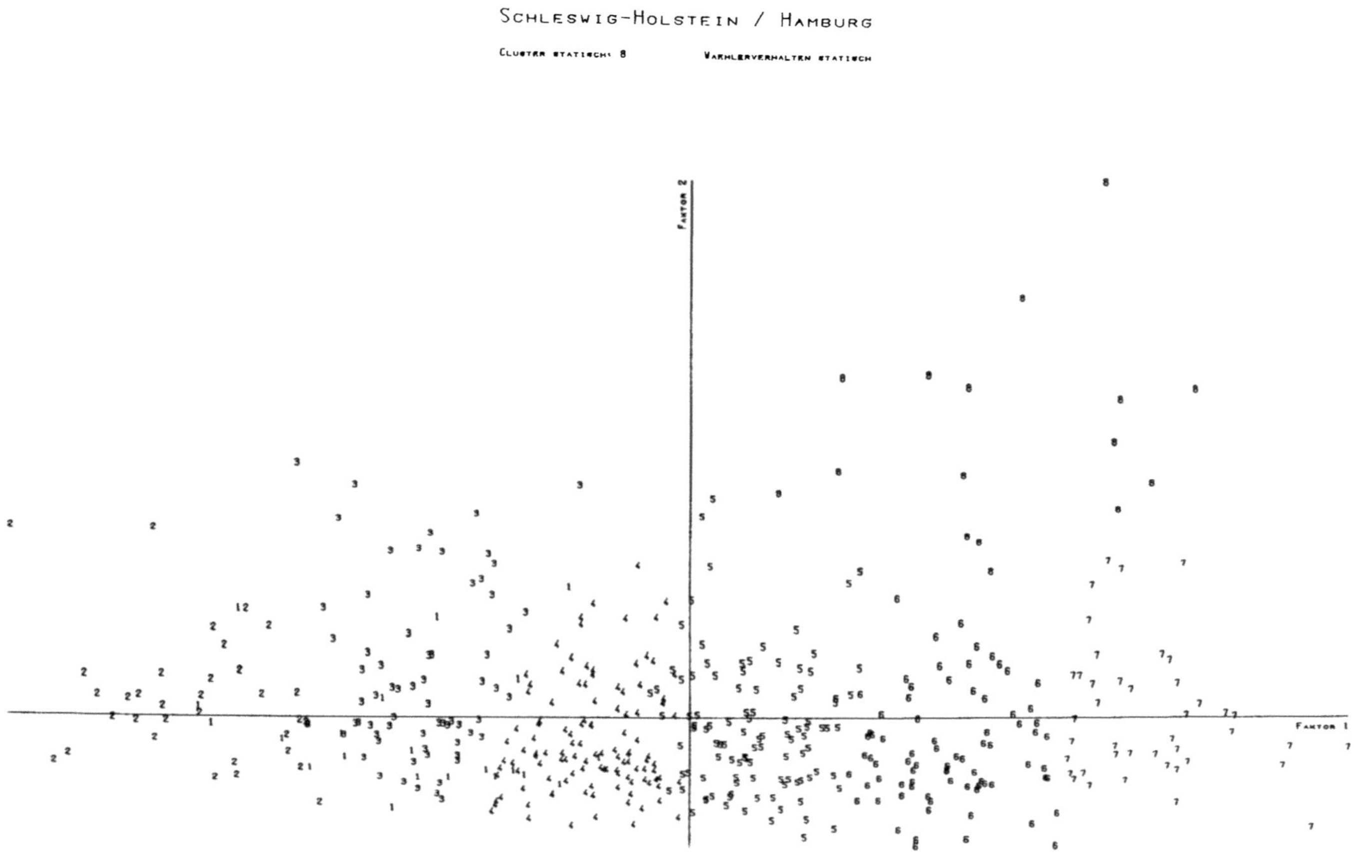

Grafik 3.5. Teilgebiete und Cluster im Faktorenraum für die Partition mit 8 Clustern und Wählerverhalten dynamisch

SCHLESWIG-HOLSTEIN / HAMBURG

CLUSTER DYNAMISCH: 8   WAEHLERVERHALTEN DYNAMISCH

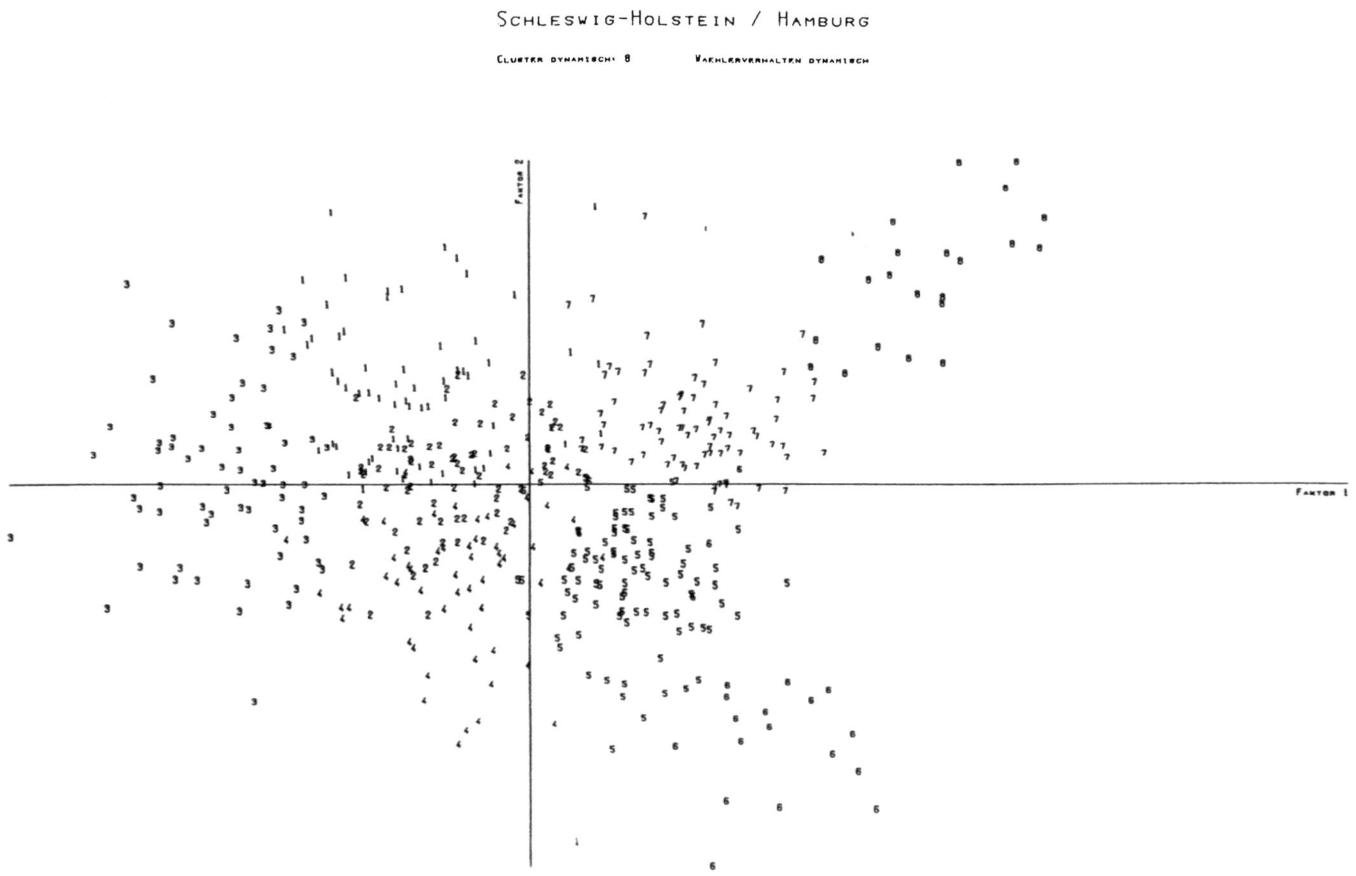

Grafik 3.6. Teilgebiete und Cluster im Faktorenraum für die Partition mit 8 Clustern und Sozialstruktur Erwerbstätigkeit

Schleswig-Holstein / Hamburg

Cluster Favaregt.: 8   Sozialstruktur Favaregt.

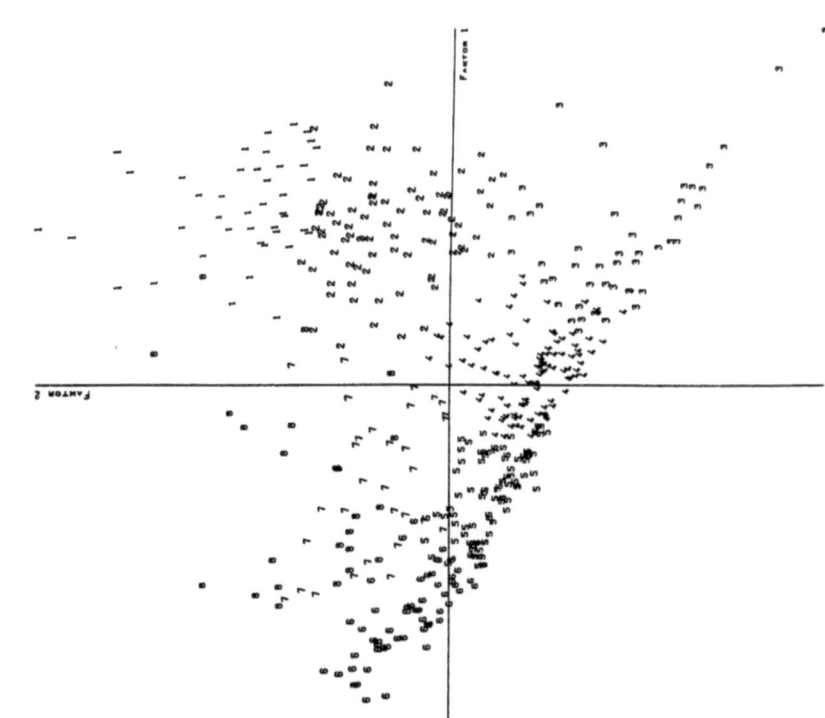

Karte 3.1. Teilgebiete und Cluster im geografischen Raum für die Partition mit 8 Clustern und Wählerverhalten statisch

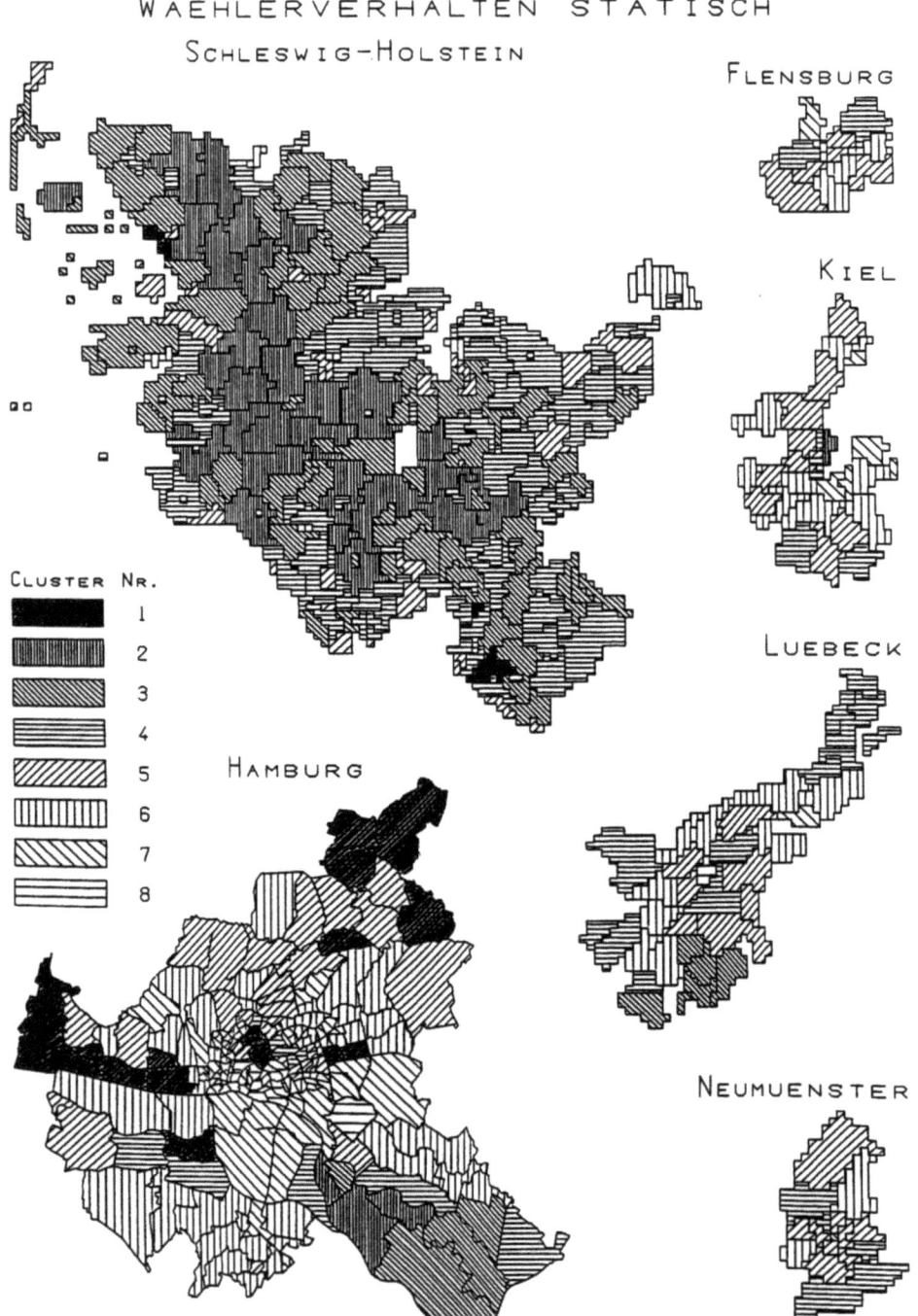

Karte 3.2. Teilgebiete und Cluster im geografischen Raum für die Partition mit 8 Clustern und Wählerverhalten dynamisch

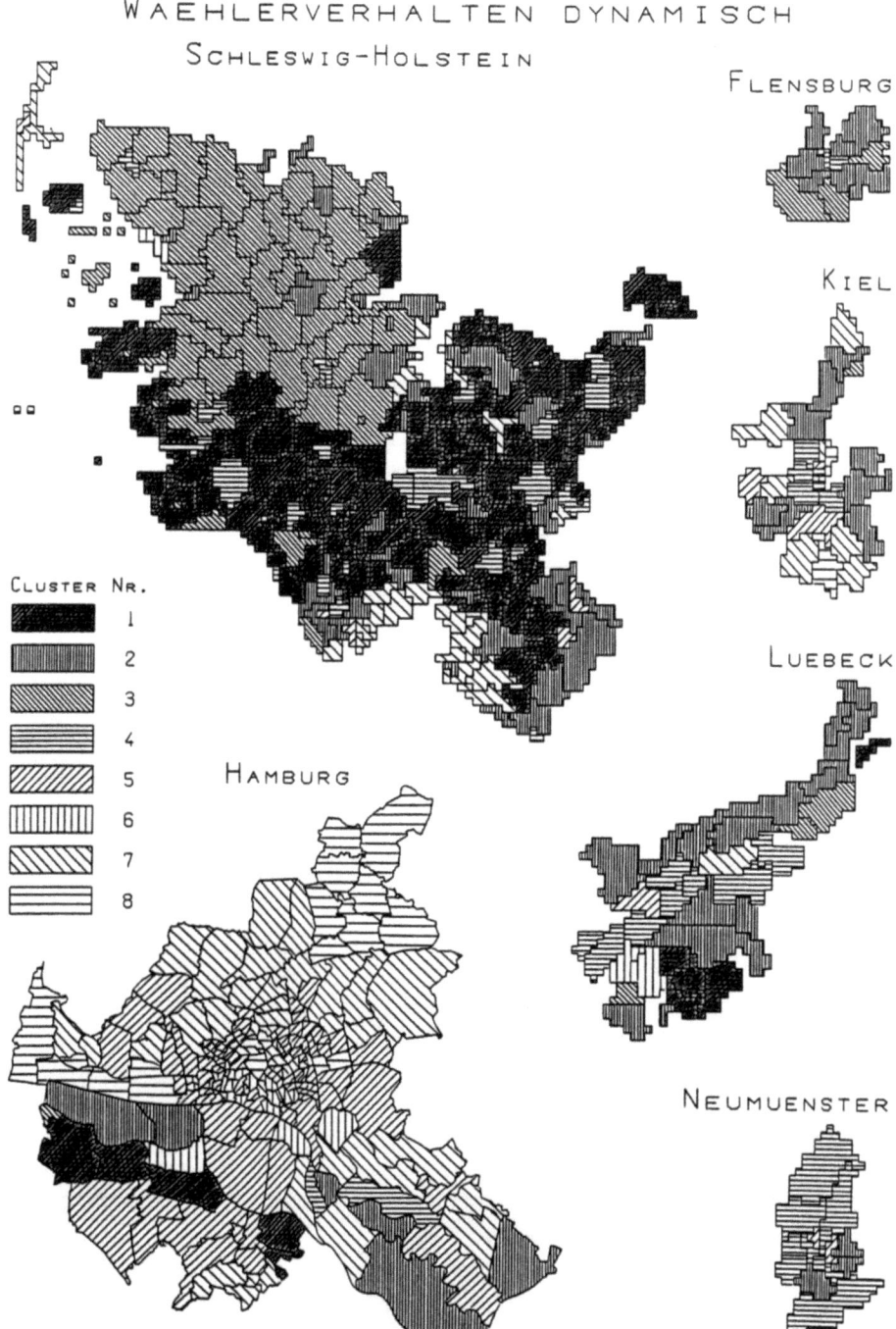

Karte 3.3. Teilgebiete und Cluster im geografischen Raum für die Partition mit 8 Clustern und Sozialstruktur Erwerbstätigkeit

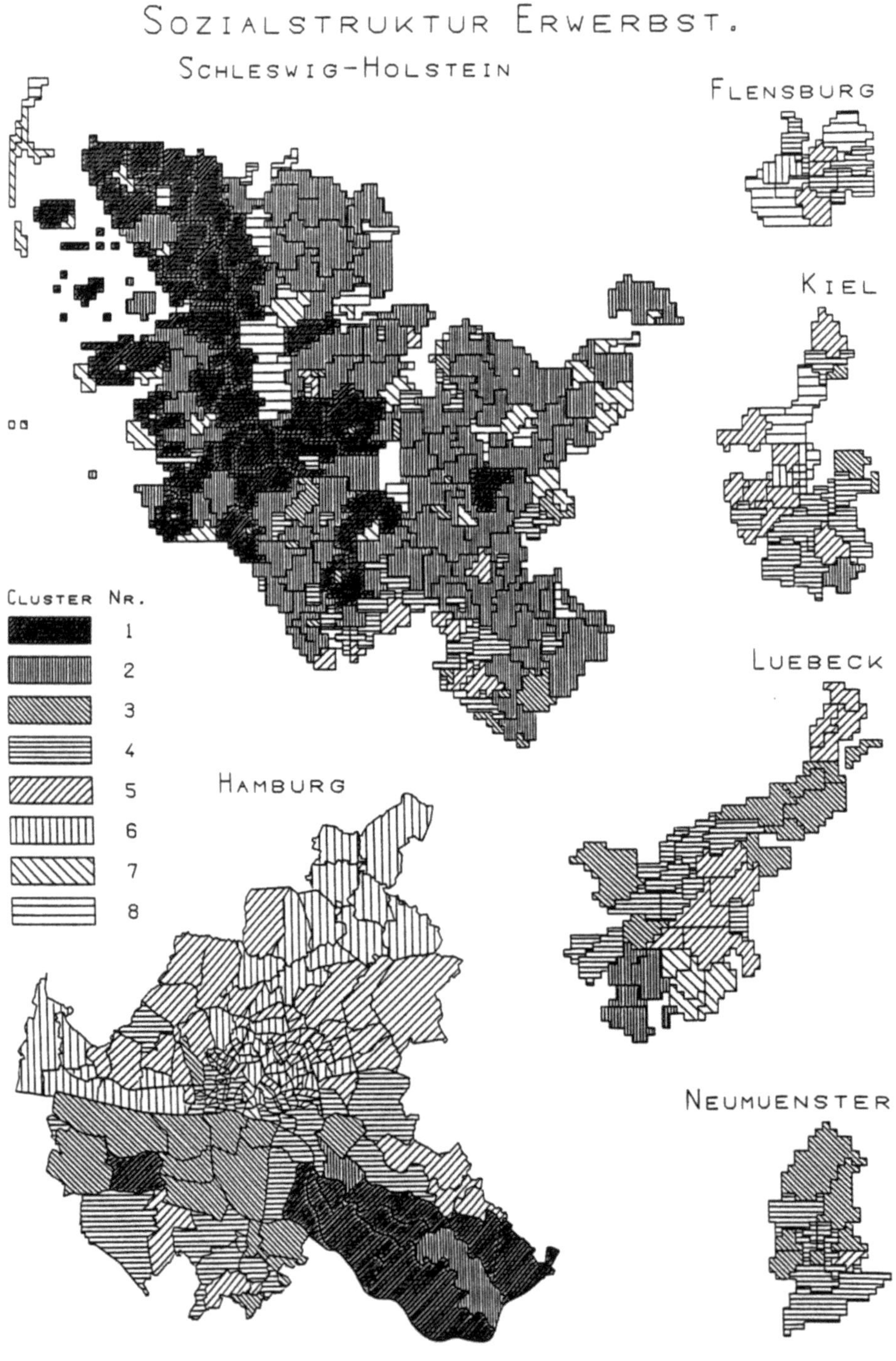

SOZIALSTRUKTUR ERWERBST.
SCHLESWIG-HOLSTEIN

FLENSBURG

KIEL

LUEBECK

HAMBURG

NEUMUENSTER

CLUSTER NR.
1
2
3
4
5
6
7
8

Tabelle 4.1. Gütekriterien für die Partitionskombinationen mit 2-10 Clustern

Cluster-zahl	Anteil der Varianz (abhängige Variable) zwischen den Clustern (Partition unabhängige Variable) an der Varianz (abhängige Variable) zwischen den Clustern (Partition abhängige Variable) für die Modelle					
	1	2	3	4	5	6
2	33,3	33,1	12,4	40,1	39,4	45,1
3	43,6	30,0	47,4	34,9	49,2	40,1
4	49,6	30,5	43,7	33,1	45,6	38,0
5	49,4	31,5	46,6	31,5	45,0	37,8
6	55,7	29,5	50,2	32,3	42,0	43,4
7	56,2	29,5	50,9	34,1	45,3	42,9
8	54,1	53,5	55,1	43,1	48,5	43,5
9	60,9	52,6	64,1	45,5	54,8	43,2
10	58,1	53,7	63,9	44,9	55,0	43,7

Modell	unabhängige Variable	abhängige Variable
1	Wählerverhalten dynamisch	Wählerverhalten statisch
2	Wählerverhalten statisch	Wählerverhalten dynamisch
3	Sozialstruktur Erwerbstätigkeit	Wählerverhalten statisch
4	Wählerverhalten statisch	Sozialstruktur Erwerbstätigkeit
5	Sozialstruktur Erwerbstätigkeit	Wählerverhalten dynamisch
6	Wählerverhalten dynamisch	Sozialstruktur Erwerbstätigkeit

Tabelle 4.2. Clusterbesetzungszahlen für die Partitionskombinationen mit 8 Clustern

		Wählerverhalten statisch Cluster							
		1	2	3	4	5	6	7	8	1-8
	1	-	15	22	23	4	2	-	-	66
Wäh-	2	-	1	11	27	21	11	3	-	74
ler-	3	-	13	22	15	6	7	2	-	65
ver-	4	-	2	6	23	19	5	1	3	59
halten	5	-	-	2	3	22	34	29	4	94
dyna-	6	2	-	-	-	-	2	7	9	20
misch	7	3	1	4	24	28	17	-	-	77
Clu-	8	16	1	-	-	5	-	-	-	22
ster	1-8	21	33	67	115	105	78	42	16	477

		Wählerverhalten statisch Cluster							
		1	2	3	4	5	6	7	8	1-8
So-	1	1	23	12	6	-	-	-	-	42
zial-	2	-	7	30	37	6	2	-	-	82
struk-	3	1	-	2	11	10	13	7	1	45
tur	4	-	-	3	27	22	21	25	11	109
Er-	5	1	-	-	9	27	41	10	1	89
werbs-	6	17	-	-	10	26	-	-	-	53
tätig-	7	-	-	15	7	6	1	-	3	32
keit	8	1	3	5	8	8	-	-	-	25
Clu-ster	1-8	21	33	67	115	105	78	42	16	477

		Wählerverhalten dynamisch Cluster							
		1	2	3	4	5	6	7	8	1-8
So-	1	15	4	17	2	-	1	3	-	42
zial-	2	36	12	26	4	1	1	2	-	82
struk-	3	5	11	7	13	6	2	1	-	45
tur	4	1	21	5	22	31	14	14	1	109
Er-	5	-	6	1	7	43	-	32	-	89
werbs-	6	-	1	-	3	10	-	19	20	53
tätig-	7	9	8	3	5	2	2	3	-	32
keit	8	-	11	6	3	1	-	3	1	25
Clu-ster	1-8	66	74	65	59	94	20	77	22	477

Tabelle 5.1. Gütekriterien für die Faktorenpartitionen mit 1-10 Clustern

Cluster-zahl	Varianzanteile für Wählerverhalten statisch			Varianzanteile für Wählerverhalten dynamisch			Varianzanteile für Sozialstruktur Erwerbstätigkeit		
1	0,0	19,2	80,8	0,0	55,7	44,3	0,0	56,4	43,6
2	3,8	12,8	83,5	4,9	41,9	53,2	24,7	26,8	48,5
3	9,7	9,7	80,6	13,4	36,9	49,7	32,8	20,6	46,6
4	14,4	8,2	77,4	16,9	34,0	49,1	36,6	16,5	46,9
5	12,2	7,6	80,2	16,9	31,5	51,6	32,4	14,5	53,1
6	16,3	6,9	76,7	20,5	30,4	49,1	41,2	13,2	45,7
7	12,8	6,6	80,7	21,5	29,1	49,4	32,2	12,5	55,4
8	16,7	6,2	77,1	21,2	28,0	50,7	44,6	11,7	43,7
9	20,8	6,0	73,2	18,0	27,2	54,8	39,0	11,0	50,0
10	20,2	5,7	74,1	20,2	26,6	53,1	41,9	10,3	47,8

Tabelle 5.2. Faktorenladungen der Attribute der Variable für die Faktorenpartition mit 8 Clustern und Wählerverhalten statisch

Schleswig-Holstein / Hamburg Wahl Cluster statisch		nicht	CDU	mit der Erststimme SPD	F.D.P.	Rest	von den Wahlberechtigten wählten CDU		mit der Zweitstimme SPD	F.D.P.	Rest
1	B 65	-0.0216	-0.2210	0.2482	0.0015	-0.0070	-0.2120		0.2389	-0.0041	-0.0013
	B 69	-0.0160	-0.2337	0.2670	0.0021	-0.0174	-0.2294		0.2510	0.0110	-0.0167
	B 72	-0.0223	-0.2339	0.2462	0.0184	-0.0083	-0.2319		0.2218	0.0476	-0.0042
	B 76	-0.0066	-0.2218	0.2044	0.0257	-0.0017	-0.2235		0.2001	0.0372	-0.0022
	B 80	-0.0170	-0.1896	0.1880	0.0198	-0.0011	-0.1955		0.1761	0.0368	-0.0004
2	B 65	0.0120	0.1466	-0.1908	0.0383	0.0062	0.1184		0.1921	0.0642	0.0026
	B 69	0.0094	0.1685	-0.1936	0.0198	-0.0000	0.1515		0.2065	0.0465	0.0008
	B 72	-0.0018	0.2412	-0.2451	0.0090	-0.0033	0.2317		0.2801	0.0542	0.0041
	B 76	-0.0061	0.2395	-0.2470	0.0168	0.0033	0.2306		0.2667	0.0463	0.0044
	B 80	-0.0169	0.2343	-0.2360	0.0291	0.0094	0.2166		0.2791	0.0750	0.0044
3	B 65	0.0192	0.2045	-0.2208	0.0311	-0.0044	-0.1954		0.2149	-0.0389	0.0002
	B 69	0.0144	0.2129	-0.2338	0.0121	0.0232	-0.2074		0.2292	-0.0106	-0.0255
	B 72	0.0066	0.2435	-0.2424	-0.0029	0.0026	-0.2364		0.2316	0.0011	-0.0022
	B 76	0.0258	0.2411	-0.2297	0.0121	-0.0024	-0.2350		0.2167	0.0091	-0.0040
	B 80	0.0312	0.2099	-0.2099	0.0115	0.0054	-0.2106		0.2004	0.0170	0.0035
4	B 65	0.0075	0.2379	-0.2611	0.0166	0.0030	-0.2211		0.2515	-0.0247	0.0037
	B 69	-0.0190	0.2466	-0.2794	-0.0074	-0.0073	-0.2260		0.2521	-0.0043	-0.0137
	B 72	-0.0166	0.2317	-0.2467	0.0064	0.0004	0.2399		-0.2226	0.0108	0.0022
	B 76	-0.0640	0.2239	-0.2463	-0.0013	0.0015	-0.2163		0.2099	0.0091	0.0043
	B 80	0.0237	0.2119	-0.1998	0.0037	-0.0040	-0.2098		0.2099	-0.0001	0.0018
5			0.1953	0.1629	0.0021	0.0066	-0.1846		0.1675	-0.0101	0.0035
	B 65	0.0334	0.1841	-0.2183	0.0075	0.0002	0.1706		0.2134	0.0729	0.0034
	B 69	0.0317	0.2094	-0.2263	0.0289	-0.0197	0.1989		0.2218	0.0269	0.0270
	B 72	-0.0190	0.2490	-0.2368	0.0064	0.0004	0.2399		0.2281	0.0074	0.0330
	B 76	-0.0480	0.2512	-0.2303	0.0232	0.0019	0.2472		0.2242	0.0232	0.0019
	B 80	-0.0554	0.2301	-0.1981	0.0176	0.0058	0.2141		0.1990	0.0207	0.0035
6	B 65	0.0233	0.1717	-0.2556	0.0690	0.0085	0.1480		0.2548	0.0211	0.0086
	B 69	0.0166	0.1717	-0.2440	0.0706	-0.0149	0.1606		0.2506	0.0711	0.0045
	B 72	0.0097	0.1990	-0.2650	0.0654	0.0004	0.2018		0.2745	0.0742	0.0082
	B 76	-0.0125	0.2641	-0.2336	0.0497	-0.0076	0.2044		-0.2471	0.0655	0.0072
	B 80	-0.0139	0.1211	-0.2128	0.0716	-0.0261	0.1727		0.2250	0.0866	0.0205
7	B 65	-0.0008	0.2512	-0.2500	0.0194	0.0118	0.2317		0.2466	0.0303	0.0066
	B 69	-0.0002	0.2530	-0.2607	0.0129	-0.0053	0.2374		0.2545	0.0121	-0.0047
	B 72	-0.0134	0.2385	-0.2171	0.0078	0.0046	0.2273		0.2035	0.0006	0.0049
	B 76	-0.0614	0.2312	-0.1639	0.0107	-0.0076	0.2307		0.1642	0.0113	-0.0022
	B 80	-0.1011	0.2240	-0.0989	0.0119	-0.0369	0.2132		0.1109	0.0242	-0.0255
8	B 65	0.0037	-0.2399	0.2411	0.0222	0.0134	-0.2259		0.2402	0.0303	0.0141
	B 69	0.0244	-0.2530	0.2323	0.0168	0.0137	-0.2462		0.2134	-0.0134	0.0053
	B 72	0.0574	-0.2385	0.1981	-0.0126	0.0036	-0.2344		0.1877	0.0070	0.0053
	B 76	0.1006	-0.2431	0.1508	-0.0200	0.0117	-0.2454		0.1562	-0.0223	-0.0107
	B 80	0.1345	-0.2270	0.0977	-0.0350	0.0318	-0.2197		0.1029	-0.0330	-0.0153

Tabelle 5.3. Faktorenladungen der Attribute der Variable für die Faktorenpartition mit 8 Clustern und Wählerverhalten dynamisch

Schleswig-Holstein / Hamburg Wahl

Cluster dynamisch		nicht	CDU	mit der Erststimme SPD	Von den Wahlberechtigten waehlten Rest	CDU	mit der Zweitstimme SPD	F.D.P.	Rest
1	B 65	-0.0027	0.2508	-0.2804	0.0039	0.0285	0.2664	-0.2649	0.0206	0.0239
	B 69	-0.0739	0.2684	-0.2499	0.0440	0.0105	0.2554	-0.1922	-0.0026	-0.0134
	B 72	0.0171	-0.0639	0.0007	0.0400	0.0061	-0.0433	0.1008	-0.0723	-0.0074
	B 76	0.0105	-0.1899	0.1635	0.0205	0.0046	-0.1719	0.1929	-0.0208	0.0198
	B 80	0.0489	-0.2207	0.2448	0.0342	-0.0373	-0.2793	0.2847	-0.0271	-0.0272
2	B 65	0.2529	-0.3165	-0.0783	0.1223	0.0197	-0.3194	-0.0295	0.0916	0.0044
	B 69	0.1402	-0.1161	-0.1828	0.0211	0.1376	-0.1771	-0.1093	-0.0114	0.1576
	B 72	-0.0204	0.0479	0.0457	-0.0004	-0.0312	0.0409	0.0666	-0.1111	-0.0250
	B 76	-0.1473	0.2077	0.0484	-0.0483	-0.0604	0.1890	0.0077	-0.0622	-0.0572
	B 80	-0.2752	0.2450	0.1040	0.0148	-0.0887	0.1986	0.1489	-0.0165	-0.0559
3	B 65	-0.0822	0.3308	-0.2455	0.0108	-0.0139	0.3264	-0.2208	0.0127	0.0086
	B 69	-0.0180	0.1742	-0.3110	0.1175	-0.0179	0.2039	-0.2051	0.0050	0.0148
	B 72	0.0206	-0.1511	0.0077	0.0915	0.0232	-0.1448	0.1448	-0.0723	0.0155
	B 76	0.0308	-0.2202	0.1529	0.0341	0.0023	-0.1902	0.1879	0.0302	0.0019
	B 80	0.0414	-0.2227	0.1963	-0.0004	-0.1443	-0.2500	0.2500	-0.1296	-0.0184
4	B 65	-0.0202	-0.1646	0.2481	-0.0723	0.0090	0.0525	0.1857	-0.1201	0.0071
	B 69	-0.1213	-0.1695	0.4200	0.0826	0.0466	-0.0703	0.3016	-0.0352	0.0743
	B 72	0.0777	0.0253	0.0757	-0.0074	0.0160	0.0572	-0.0936	-0.1157	-0.0017
	B 76	0.0545	0.0637	0.2072	0.0733	0.0157	0.0637	0.2257	0.0615	-0.0260
	B 80	0.1647	0.1687	0.3584	0.0332	0.0518	0.1384	0.3663	0.1338	0.0295
5	B 65	0.1142	0.0678	-0.2456	0.0612	0.0025	0.0323	-0.2021	0.0772	0.0217
	B 69	0.1771	0.1553	-0.4366	0.0932	0.0091	0.1053	-0.3196	0.0157	0.0285
	B 72	-0.0142	-0.0253	0.0255	0.0426	0.0224	-0.0298	0.1761	-0.1407	0.0086
	B 76	-0.1209	-0.0596	0.1926	0.0904	0.0244	0.0608	0.2626	0.0647	0.0042
	B 80	-0.1601	-0.0804	0.2531	0.0072	-0.0258	-0.0987	0.3429	0.0921	0.0040
6	B 65	-0.1703	-0.1125	0.2700	0.0195	0.0067	0.0422	0.2569	-0.0145	0.0297
	B 69	-0.1302	-0.1571	0.2684	0.0284	-0.0096	-0.0800	0.2237	0.0271	0.0373
	B 72	-0.0772	0.0459	0.2203	0.2367	-0.0337	0.0697	0.0232	-0.0223	0.0372
	B 76	0.0778	0.0764	0.1804	0.0137	0.0126	0.0810	0.1412	-0.0278	0.0101
	B 80	0.2999	0.0323	0.4169	0.0035	0.0811	0.0866	0.3321	0.1089	0.0546
7	B 65	-0.2415	0.0136	-0.3063	-0.0426	-0.0348	0.0409	-0.2797	-0.0685	-0.0106
	B 69	-0.0304	-0.1521	-0.3085	-0.0280	-0.0490	-0.1827	-0.2240	-0.0354	-0.0373
	B 72	-0.0315	0.0909	0.0174	0.0063	-0.0482	0.1089	-0.1202	0.0013	-0.0385
	B 76	0.1057	0.0093	0.1465	0.0281	0.0035	0.0134	0.1318	0.0160	-0.0032
	B 80	0.2067	0.0264	0.3858	-0.0066	0.1492	0.0616	0.3168	0.0203	0.0689
8	B 65	-0.0246	-0.1172	0.2309	0.0599	-0.0286	-0.0634	0.1975	-0.0781	-0.0314
	B 69	-0.0511	-0.1747	0.2550	0.0121	-0.0422	-0.1345	0.2307	-0.0230	-0.0061
	B 72	-0.0336	-0.0743	0.1221	0.0321	-0.0404	-0.0369	0.0630	0.0503	-0.0376
	B 76	0.0157	0.0771	0.0542	0.0017	0.0082	0.0933	0.0737	0.0144	0.0163
	B 80	0.1259	0.2231	0.3068	0.0349	0.1307	0.2281	0.4627	0.1296	0.1333

Tabelle 5.4.: Faktorenladungen der Attribute der Variable für die Faktorenpartition mit 8 Clustern und Sozialstruktur Erwerbstätigkeit

Schleswig-Holstein / Hamburg Erwerbstätige nach Wirtschaftsbereichen

Cluster Erwerbst.		Selbstaendige	Mithelfende Familienangeh.	Bnamte	Stellung im Beruf Angestellte	Kaufm.,techn.,/ Verw.Lehrlinge	Arbeiter	Gewerbliche Lehrlinge
1	Land-,Forstwirtsch.	-0.4259	-0.5169	-0.0031	-0.0136	-0.0003	-0.0167	0.0273
	Produzier.Gewerbe	-0.0035	-0.0018	-0.0001	0.1630	0.0078	0.7193	0.0165
	Handel,Verkehr	0.0121	-0.0025	0.0216	0.0527	0.0068	0.0071	0.0051
	Dienstleistungen	0.0164	-0.0040	0.0096	0.0142	0.0045	-0.0452	0.0005
2	Land-,Forstwirtsch.	0.3059	0.3248	0.0018	0.0134	0.0004	0.0835	0.0062
	Produzier.Gewerbe	0.0132	0.0034	0.0002	-0.2844	-0.0073	-0.7120	-0.0062
	Handel,Verkehr	-0.0058	-0.0018	-0.0078	-0.1015	-0.0097	-0.0400	0.0029
	Dienstleistungen	-0.0037	0.0024	0.4217	-0.0832	0.0029	0.0788	-0.0021
3	Land-,Forstwirtsch.	0.0329	0.0302	0.0007	0.0027	0.0002	0.0132	0.0023
	Produzier.Gewerbe	-0.0110	-0.0093	0.0002	0.1627	0.0076	-0.4990	-0.0157
	Handel,Verkehr	-0.0255	-0.0120	-0.0050	-0.0784	-0.0073	-0.0749	-0.0031
	Dienstleistungen	0.0077	-0.0002	0.6370	-0.0286	-0.0024	0.0200	0.0106
4	Land-,Forstwirtsch.	-0.0179	-0.0104	-0.0004	-0.0032	-0.0002	-0.0153	-0.0008
	Produzier.Gewerbe	-0.0179	-0.0013	-0.0003	0.0284	0.0006	0.5591	0.0057
	Handel,Verkehr	0.0036	-0.0012	-0.0227	0.0575	0.0026	0.4036	-0.0010
	Dienstleistungen	-0.0317	-0.0094	-0.4429	-0.5401	-0.0165	0.1021	-0.0161
5	Land-,Forstwirtsch.	0.0079	0.0096	0.0	-0.0024	0.0	-0.0051	0.0003
	Produzier.Gewerbe	0.0223	0.0003	-0.0005	-0.1163	0.0039	0.8643	0.0288
	Handel,Verkehr	-0.0681	-0.0106	-0.0373	-0.2316	0.0058	0.1132	0.0111
	Dienstleistungen	-0.0253	-0.0091	-0.1151	0.3853	-0.0051	0.0188	0.0001
6	Land-,Forstwirtsch.	-0.0051	-0.0021	0.0	-0.0027	0.0001	-0.0003	0.0003
	Produzier.Gewerbe	-0.3734	-0.0056	0.0	-0.0413	0.0065	0.7216	0.0334
	Handel,Verkehr	-0.2107	-0.0186	0.0228	0.0014	0.0138	0.3254	0.0151
	Dienstleistungen	-0.2940	-0.0406	0.1537	-0.4319	0.0063	0.1449	-0.0119
7	Land-,Forstwirtsch.	0.0511	0.0744	-0.0002	0.0067	0.0002	0.0653	0.0023
	Produzier.Gewerbe	0.0133	0.0214	-0.0004	0.2203	0.0111	0.6348	0.0376
	Handel,Verkehr	-0.0095	0.0017	0.0017	0.0644	0.0193	0.0858	0.0114
	Dienstleistungen	-0.2964	-0.0802	0.0086	0.4866	0.0050	-0.4356	-0.0274
8	Land-,Forstwirtsch.	0.5139	0.4323	0.0053	0.0395	0.0003	0.3731	0.0233
	Produzier.Gewerbe	0.0133	0.0167	-0.0014	-0.2531	-0.0063	-0.0605	0.0273
	Handel,Verkehr	-0.0448	-0.0054	0.0099	-0.2964	-0.0035	-0.1020	0.0071
	Dienstleistungen	-0.0153	0.0096	-0.2134	-0.4219	0.0024	-0.0800	-0.0016

Tabelle 6.1. Gütekriterien für die kanonischen Partitionen mit 1-10 Clustern

Cluster-zahl	Modell	Varianzanteile für Wählerverhalten statisch				Modell	Varianzanteile für Wählerverhalten dynamisch				Modell	Varianzanteile für Sozialstruktur Erwerbstätigkeit			
1	1	0,0	23,5	42,4	34,1	2	0,0	68,1	17,7	14,2	4	0,0	70,2	11,3	18,4
2		3,2	14,5	33,9	48,4		11,7	47,3	22,3	18,7		29,7	32,9	15,3	22,1
3		17,4	11,2	25,6	45,8		7,4	39,2	20,6	32,8		36,7	23,0	17,1	23,1
4		10,6	9,7	25,9	53,8		17,4	36,3	20,5	25,9		45,0	18,8	17,5	18,7
5		19,4	8,4	21,6	50,7		23,4	34,0	18,1	24,5		41,6	16,8	19,4	22,2
6		10,4	8,2	16,8	64,6		24,0	32,3	13,6	30,1		40,9	15,1	16,3	27,8
7		23,6	7,5	14,6	54,3		23,7	31,0	18,9	26,4		48,6	14,1	13,3	24,0
8		28,9	7,3	15,3	48,5		27,7	30,0	18,0	24,4		41,1	12,6	18,1	28,2
9		13,7	6,9	15,9	63,5		22,0	29,2	17,5	31,3		47,8	12,1	14,1	26,1
10		23,3	6,5	14,8	55,4		36,1	28,3	11,6	24,0		36,2	11,2	18,0	34,6
1	3	0,0	19,7	30,5	49,7	5	0,0	59,4	19,4	21,2	6	0,0	59,7	19,2	21,1
2		3,6	13,1	29,1	54,2		11,2	44,0	19,0	25,8		22,0	29,2	27,8	21,0
3		13,5	10,3	25,6	50,6		8,9	38,9	18,7	33,5		31,1	22,7	21,8	24,4
4		11,5	8,7	29,3	50,4		17,8	35,4	17,2	29,5		19,0	19,1	27,2	34,7
5		13,0	8,1	24,5	54,4		11,0	33,5	20,2	35,3		26,6	16,6	24,6	32,2
6		13,1	7,4	22,6	57,0		18,9	32,1	17,0	32,0		28,9	15,1	22,0	33,9
7		14,9	7,0	20,9	57,2		20,5	30,9	16,4	32,2		27,8	13,8	18,5	39,9
8		15,6	6,8	20,3	57,3		14,3	29,8	20,1	35,8		34,0	13,1	19,0	33,9
9		22,0	6,5	19,7	51,8		19,7	28,8	16,9	34,5		38,6	12,4	16,2	32,8
10		14,8	6,3	16,8	62,2		20,0	28,0	17,3	34,7		49,4	11,3	18,4	20,9
1	2	0,0	23,5	42,4	34,1	1	0,0	68,1	17,7	14,2	3	0,0	70,2	11,3	18,4
2		10,1	24,0	34,6	31,3		9,8	54,9	14,2	21,1		6,3	56,7	12,9	24,1
3		6,1	36,8	21,5	35,7		13,5	46,8	14,3	25,4		7,8	51,9	13,9	26,4
4		9,9	23,1	26,9	40,1		9,7	46,4	13,4	30,5		16,5	48,7	12,9	21,9
5		20,2	19,9	27,3	32,7		15,5	44,9	10,7	28,8		17,8	47,6	11,7	22,8
6		24,0	26,6	21,7	27,7		8,4	43,0	9,6	39,1		15,0	46,5	10,8	27,8
7		13,4	17,2	27,3	42,1		11,2	41,4	9,8	37,6		11,6	44,6	11,7	32,0
8		23,2	16,2	26,7	33,8		13,9	41,5	9,2	35,4		13,9	45,1	11,5	29,5
9		29,9	29,2	17,2	23,6		11,4	39,3	8,0	41,3		12,5	40,9	12,4	34,2
10		20,9	14,1	22,2	42,8		15,8	39,3	7,7	37,3		8,6	44,2	10,2	37,0
1	4	0,0	19,7	30,5	49,7	6	0,0	59,4	19,4	21,2	5	0,0	59,7	19,2	21,1
2		15,1	17,1	27,8	40,0		14,2	58,7	14,9	12,2		2,9	54,3	17,6	25,3
3		19,3	16,6	25,7	38,4		7,9	52,4	18,3	21,4		8,0	48,7	15,5	27,8
4		30,2	16,8	23,4	29,6		9,3	51,4	16,7	22,7		8,0	50,8	12,9	28,3
5		31,3	13,7	23,7	31,3		12,3	49,6	16,2	21,9		10,5	47,3	15,0	27,1
6		22,3	14,1	20,8	42,9		11,6	50,7	14,8	22,9		7,6	43,6	16,6	32,2
7		25,3	14,9	19,8	40,1		8,8	50,0	13,0	28,2		13,6	43,9	14,6	27,9
8		24,5	15,7	20,2	39,5		11,2	47,5	14,7	26,7		13,6	43,8	14,3	28,3
9		23,1	12,7	20,6	43,6		12,8	45,6	13,1	28,5		14,3	43,3	13,2	29,1
10		17,9	15,3	19,9	47,0		25,9	50,9	9,1	14,2		10,6	44,1	13,9	31,4

Modell	unabhängige Variable	abhängige Variable
1	Wählerverhalten dynamisch	Wählerverhalten statisch
2	Wählerverhalten statisch	Wählerverhalten dynamisch
3	Sozialstruktur Erwerbstätigkeit	Wählerverhalten statisch
4	Wählerverhalten statisch	Sozialstruktur Erwerbstätigkeit
5	Sozialstruktur Erwerbstätigkeit	Wählerverhalten dynamisch
6	Wählerverhalten dynamisch	Sozialstruktur Erwerbstätigkeit

Tabelle 6.2. Kanonische Ladungen der Attribute der abhängigen Variable für die kanonische Partition mit 8 Clustern und Wählerverhalten dynamisch -> Wählerverhalten statisch

Schleswig-Holstein / Hamburg Wahl											
Cluster statisch dynamisch		nicht		Von den Wahlberechtigten wählten							
			mit der Erststimme				mit der Zweitstimme				
			CDU	SPD	F.D.P.	Rest	CDU	SPD	F.D.P.	Rest
1	B 65	-0.0579	0.2102	-0.1054	0.0148	0.0016	0.1884	-0.1587	0.0244	0.0035
	B 69	-0.0739	0.2327	-0.1913	0.0035	0.0070	0.2130	-0.1782	0.0270	0.0342
	B 72	-0.0804	0.2253	-0.1509	0.0001	0.0048	0.2356	-0.1357	-0.0029	0.0324
	B 76	-0.1808	0.2567	-0.0760	0.0133	0.0133	0.2554	-0.0772	0.0195	-0.0169
	B 80	-0.2715	0.2861	0.0012	0.0187	0.0345	0.2708	0.0103	0.0400	-0.0289
2	B 65	0.0007	0.0088	-0.1806	0.0713	0.0057	0.0532	0.1474	0.0927	0.0071
	B 69	-0.0110	0.0691	-0.2229	0.0293	0.2009	0.0682	0.1297	0.0735	0.0009
	B 72	-0.0258	0.2253	-0.2223	0.0371	0.0067	0.2251	-0.3079	0.1119	0.0033
	B 76	-0.0124	0.2281	-0.2823	0.0561	0.0005	0.2283	-0.3017	0.0842	0.0016
	B 80	-0.0086	0.2340	-0.3230	0.0713	0.0264	0.2187	-0.3473	0.1112	0.0260
3	B 65	0.1010	0.3027	-0.3008	0.0659	-0.0370	0.2727	-0.2940	-0.0454	-0.0342
	B 69	0.1108	0.2424	-0.3009	0.0556	0.0033	0.2515	-0.2426	-0.1091	-0.0107
	B 72	0.0861	-0.0436	0.0104	-0.0575	0.0046	0.0403	0.1640	-0.2071	0.0007
	B 76	0.0738	-0.0425	-0.0939	-0.1192	-0.0100	-0.0329	0.1244	-0.1537	0.0117
	B 80	0.0192	-0.0532	0.1871	-0.1062	-0.0469	-0.0243	0.2349	-0.2013	-0.0285
4	B 65	0.0088	0.1588	-0.2553	0.0766	0.0089	0.1491	-0.2588	0.1020	0.0010
	B 69	-0.0084	0.1708	-0.2238	0.0533	0.0119	0.1893	-0.2390	0.0615	0.0006
	B 72	-0.0302	0.2209	-0.2498	0.0575	0.0074	0.2324	-0.2691	0.0727	0.0057
	B 76	-0.0728	0.2294	-0.1878	0.0501	0.0174	0.2280	-0.2066	0.0624	0.0180
	B 80	-0.1046	0.2053	-0.1344	0.0733	0.0396	0.1920	-0.1554	0.0939	0.0320
5	B 65	0.0653	0.2345	-0.2991	0.0009	0.0022	0.2128	-0.2825	0.0071	0.0032
	B 69	0.0833	0.2207	-0.2383	0.0111	0.0093	0.2255	-0.3157	0.0085	0.0155
	B 72	0.0665	0.1784	-0.2387	0.0220	0.0045	0.1714	-0.1785	0.0011	0.0011
	B 76	0.0346	0.1653	-0.1747	0.0220	0.0034	0.1642	-0.1609	0.0322	0.0050
	B 80	0.0238	0.1576	-0.1459	0.0229	0.0116	0.1350	-0.1341	0.0063	0.0063
6	B 65	0.0329	0.2654	-0.3051	0.0135	0.0067	0.2464	-0.2922	0.0165	0.0037
	B 69	0.0551	0.2683	-0.3454	0.0074	0.0146	0.2355	-0.3115	0.0097	0.0305
	B 72	0.0513	0.1857	-0.2397	0.0064	0.0091	0.1829	-0.1871	0.0536	0.0065
	B 76	0.0210	0.1524	-0.1524	0.0218	-0.0022	0.1566	-0.1347	0.0409	0.0020
	B 80	0.0402	0.1280	-0.1444	0.0217	0.0020	0.1327	-0.1099	0.0641	0.0010
7	B 65	-0.1246	0.1253	-0.3141	0.0035	0.0006	0.1704	-0.2967	0.0101	0.0084
	B 69	-0.1146	0.2148	-0.3417	0.0148	0.0025	0.2002	-0.3098	0.0042	0.0008
	B 72	-0.0604	0.1706	-0.2378	0.0013	0.0001	0.1674	-0.2002	0.0319	0.0037
	B 76	-0.0370	0.1707	-0.1855	0.0120	0.0087	0.1705	-0.1840	0.0111	0.0104
	B 80	-0.0052	0.1652	-0.1326	0.0009	0.0020	0.1531	-0.1529	0.0050	0.0144
8	B 65	0.0040	0.2286	-0.2471	0.0025	0.0020	0.2137	-0.2365	0.0101	0.0074
	B 69	0.0039	0.2557	-0.2712	0.0107	0.0094	0.2373	-0.2552	0.0072	0.0146
	B 72	0.0033	0.2430	-0.2368	0.0010	0.0014	0.2313	-0.2179	0.0074	0.0027
	B 76	0.0338	-0.2297	0.1877	0.0	0.0082	-0.2250	0.1867	-0.0041	0.0086
	B 80	0.0668	-0.2126	0.1272	0.0027	0.0158	-0.1989	0.1385	-0.0172	0.0135

Tabelle 6.3. Kanonische Ladungen der Attribute der abhängigen Variable für die kanonische Partition mit 8 Clustern und Sozialstruktur Erwerbstätigkeit –> Wählerverhalten statisch

Schleswig-Holstein / Hamburg Wahl

Cluster statisch Erwerbst.		nicht	CDU	mit der Erststimme SPD	F.D.P.	Von den Wahlberechtigten waehlten Rest	CDU	mit der Zweitstimme SPD	F.D.P.	Rest
1	B 65	-0.0175	-0.2258	0.2635	-0.0242	0.0041	-0.2131	0.2568	-0.0289	0.0026
	B 69	-0.0238	-0.2314	0.2742	-0.0119	-0.0071	-0.2140	0.2608	-0.0183	0.0130
	B 72	-0.0208	-0.2187	0.2456	-0.0044	0.0017	-0.2161	0.2300	-0.0101	0.0130
	B 76	0.0038	-0.2117	0.2077	-0.0015	-0.0018	-0.2115	0.2075	-0.0079	0.0018
	B 80	0.0157	-0.1956	0.1794	-0.0045	0.0050	-0.1854	0.1792	-0.0079	0.0016
2	B 65	-0.0164	-0.1550	0.2672	-0.1019	0.0061	-0.1564	0.2629	-0.1003	0.0101
	B 69	-0.0191	-0.1692	0.2663	-0.0959	0.0059	-0.1602	0.2605	-0.0813	0.0061
	B 72	-0.0244	-0.1761	0.2771	-0.0849	-0.0063	-0.1817	0.2596	-0.0727	0.0092
	B 76	0.0070	-0.1890	0.2291	-0.0538	0.0067	-0.1921	0.2428	-0.0674	0.0092
	B 80	0.0090	-0.1712	0.2078	-0.0307	0.0050	-0.1803	0.2098	-0.0788	0.0262
3	B 65	0.1277	0.1048	-0.2595	0.0330	0.0040	0.1145	0.2641	0.0329	0.0110
	B 69	0.1247	0.1175	-0.2723	0.0266	0.0034	0.1145	-0.2680	0.0183	0.0105
	B 72	0.0743	0.1725	-0.2712	0.0250	0.0006	0.1777	-0.2025	0.0113	0.0008
	B 76	0.0562	0.1751	-0.2595	0.0307	-0.0026	0.1777	-0.2576	0.0279	-0.0023
	B 80	0.0550	0.1556	-0.2492	0.0535	-0.0155	0.1423	-0.2394	0.0364	0.0051
4	B 65	0.0088	0.2053	-0.2318	0.0107	0.0069	0.1955	-0.2150	0.0138	0.0031
	B 69	0.0169	0.2470	-0.2299	0.0086	0.0275	0.2337	-0.2690	0.0112	0.0277
	B 72	0.0214	0.2398	-0.2442	0.0233	-0.0062	0.2276	-0.1968	0.0555	0.0033
	B 76	-0.0072	0.2320	-0.1960	0.0267	-0.0020	0.2284	-0.1888	0.0290	-0.0038
	B 80	-0.0186	0.2137	-0.1661	0.0306	0.0015	0.2086	-0.1578	0.0285	-0.0038
5	B 65	-0.0832	0.2383	-0.1601	0.0091	0.0040	0.2205	-0.1532	0.0192	0.0034
	B 69	-0.0880	0.2604	-0.1922	0.0015	0.0213	0.2443	-0.1826	0.0013	0.0273
	B 72	-0.0752	0.2576	-0.1700	0.0118	-0.0006	0.2503	-0.1512	0.0292	0.0051
	B 76	-0.1312	0.2700	-0.1197	0.0038	-0.0124	0.2600	-0.1123	0.0096	-0.0268
	B 80	-0.1827	0.2741	-0.0506	0.0093	-0.0134	0.2612	-0.0123	0.0014	0.0014
6	B 65	0.0845	0.2416	-0.1571	0.0125	0.0126	0.2337	-0.1576	0.0250	0.0166
	B 69	0.1215	0.2366	-0.1092	-0.0014	-0.0046	0.2435	-0.1250	0.0061	-0.0030
	B 72	0.1270	0.2569	-0.1203	0.0113	-0.0109	0.2547	-0.1323	0.0131	-0.0085
	B 76	0.1671	0.2676	-0.0941	0.0088	-0.0151	0.2661	-0.1149	0.0276	-0.0117
	B 80	0.2125	0.2573	-0.0356	0.0181	-0.0274	0.2517	-0.0786	0.0612	-0.0218
7	B 65	0.1240	0.0499	-0.2950	0.1197	0.0015	0.0620	-0.3178	0.1298	0.0020
	B 69	0.0678	0.0449	-0.1515	0.0399	-0.0011	0.0319	-0.2214	0.1070	0.0147
	B 72	0.0231	0.1608	-0.2563	0.0664	0.0080	0.1690	-0.3451	0.1515	0.0014
	B 76	0.0598	0.1029	-0.2602	0.0774	0.0219	0.1038	-0.2710	0.0283	0.0202
	B 80	0.1051	0.0385	-0.2805	0.0480	0.0489	0.0409	-0.2665	0.0805	0.0401
8	B 65	0.0530	0.0797	-0.2102	0.1044	0.0270	0.0278	-0.2405	0.1489	0.0108
	B 69	0.0092	0.0605	-0.1097	0.0317	-0.0307	0.0318	-0.1793	0.1069	0.0076
	B 72	-0.0013	0.2134	-0.2542	0.0503	-0.0081	0.2091	-0.3771	0.1715	-0.0072
	B 76	0.0023	0.1673	-0.2581	0.0657	-0.0044	0.1528	-0.2971	0.1192	-0.0042
	B 80	0.0123	0.1516	-0.2526	0.0986	-0.0097	0.1306	-0.2991	0.1725	0.0162

Tabelle 6.4. Kanonische Ladungen der Attribute der unabhängigen Variable für die kanonische Partition mit 8 Clustern und Wählerverhalten statisch -> Wählerverhalten dynamisch

Schleswig-Holstein / Hamburg Wahl

Cluster dynamisch statisch	Wahl			Von den Wahlberechtigten wählten						
				mit der Erststimme				mit der Zweitstimme		
		nicht	CDU	SPD	F.D.P.	Rest	CDU	SPD	F.D.P.	Rest
1	B 65	0.1115	0.2066	-0.3440	0.0308	-0.0049	0.2009	0.3284	0.0278	-0.0117
	B 69	0.0471	0.2589	-0.3228	0.0046	0.0122	0.2391	-0.2922	-0.0125	-0.0185
	B 72	-0.0143	0.2183	-0.2059	-0.0006	0.0025	0.2113	-0.1671	-0.0286	-0.0012
	B 76	-0.0251	0.1856	-0.1669	0.0065	0.0071	0.1821	-0.1351	-0.0141	-0.0078
	B 80	-0.0607	0.1590	-0.0931	0.0011	0.0064	0.1508	-0.0900	0.0014	0.0012
2	B 65	0.0215	0.2416	-0.3026	0.0343	0.0052	0.2199	-0.2889	0.0433	0.0042
	B 69	0.0375	0.2318	-0.3198	0.0297	0.0208	0.2086	-0.2942	0.0190	0.0291
	B 72	0.0277	0.2031	-0.2476	0.0101	0.0066	0.1961	-0.2076	-0.0198	0.0036
	B 76	0.0040	0.1827	-0.2125	-0.0125	0.0004	0.1900	-0.1778	-0.0149	-0.0013
	B 80	-0.0080	0.1656	-0.1573	0.0028	-0.0030	0.1599	-0.1430	-0.0080	-0.0008
3	B 65	-0.1138	0.2184	-0.1407	0.0575	0.0214	0.2074	-0.1818	0.0779	-0.0097
	B 69	-0.1537	0.2012	-0.0469	0.0163	0.0169	0.1977	-0.0838	0.0463	-0.0065
	B 72	-0.1668	0.2326	-0.0935	0.0378	0.0101	0.2301	-0.1581	0.1006	0.0058
	B 76	-0.2179	0.2131	-0.0423	0.0611	-0.0140	0.2113	-0.0602	0.0811	-0.0143
	B 80	-0.2598	0.2021	-0.0517	0.0732	-0.0272	0.1904	0.0237	0.1118	-0.0267
4	B 65	-0.0039	0.2101	-0.2351	-0.0210	-0.0079	0.1913	-0.2115	-0.0267	0.0025
	B 69	-0.0247	0.2397	-0.3452	0.0133	0.0335	0.2554	-0.2956	-0.0193	-0.0347
	B 72	-0.0441	0.2419	-0.2598	0.0353	0.0090	0.2175	-0.1710	0.0785	0.0043
	B 76	-0.0064	0.2149	-0.1718	0.0462	0.0052	0.2058	-0.1442	0.0618	0.0043
	B 80	-0.0046	0.1821	-0.1292	0.0586	-0.0011	0.1814	-0.1079	0.0697	0.0084
5	B 65	-0.0128	0.3015	-0.3101	0.0105	0.0117	0.2767	-0.3007	-0.0248	0.0135
	B 69	-0.0214	0.2813	-0.2964	0.0051	0.0114	0.2603	-0.2813	-0.0017	0.0021
	B 72	-0.0122	0.1767	-0.2110	0.0072	0.0051	0.1882	-0.1992	-0.0050	0.0062
	B 76	0.0167	0.1698	-0.1485	-0.0096	0.0142	0.1678	-0.1611	-0.0247	0.0146
	B 80	0.0812	0.1466	-0.0221	0.0158	0.0590	0.1304	0.0555	0.0535	0.0472
6	B 65	0.0679	0.2175	-0.2203	0.0121	0.0072	0.1990	-0.2778	0.0178	-0.0060
	B 69	0.0961	0.2433	-0.3309	0.0121	0.0006	0.2131	-0.3149	0.0019	-0.0075
	B 72	0.0547	0.1718	-0.2251	0.0050	0.0036	0.1857	-0.1935	0.0411	0.0002
	B 76	0.0313	0.1692	-0.1973	0.0009	0.0025	0.1682	-0.1690	0.0265	0.0042
	B 80	0.0179	0.1503	-0.1601	0.0027	0.0111	0.1410	-0.1204	0.0362	-0.0024
7	B 65	0.0476	0.2545	-0.2432	0.0453	-0.0090	0.2414	-0.2368	0.0430	-0.0001
	B 69	0.0917	0.2258	-0.2113	0.0190	0.0085	0.2326	-0.1545	0.0303	-0.0165
	B 72	0.0922	0.2230	-0.2260	0.0057	0.0123	0.2714	-0.2418	0.0025	-0.0056
	B 76	0.0726	0.2432	-0.1826	0.0070	0.0069	0.2527	-0.2056	0.0198	-0.0075
	B 80	0.0379	0.1900	-0.1451	0.0078	0.0052	0.1856	-0.1603	0.0213	-0.0113
8	B 65	-0.0005	0.0065	0.1012	0.1038	0.0047	0.0129	0.1219	-0.1306	0.0044
	B 69	-0.0114	-0.0114	-0.0397	-0.0470	0.0095	-0.0000	0.0968	-0.1039	-0.0011
	B 72	0.0133	-0.2237	0.2220	0.0590	0.0068	-0.2161	0.3196	-0.1610	0.0035
	B 76	0.0432	-0.2724	0.2724	-0.0840	-0.0020	-0.2056	0.3004	-0.1234	-0.0044
	B 80	0.0617	-0.2319	0.2940	-0.0988	-0.0250	-0.2041	0.3366	-0.1727	-0.0215

Tabelle 6.5. Kanonische Ladungen der Attribute der unabhängigen Variable für die kanonische Partition mit 8 Clustern und Wählerverhalten statisch -> Sozialstruktur Erwerbstätigkeit

Schleswig-Holstein / Jahrturg Wahl

Cluster Erwerbst. statisch		nicht	CDU	mit der Erststimme SPD	F.D.P.	Von den Wahlberechtigten waehlten Rest	CDU	Rest	mit der Zweitstimme SPD	F.D.P.	Rest
1	B 65	0.0013	0.2589	-0.2314	0.0088	-0.0200	0.2468	-0.0027	-0.2291	-0.0164
	B 69	-0.0327	0.2751	-0.2305	-0.0110	-0.0009	0.2515	-0.0078	-0.2210	0.0100
	B 72	-0.0301	0.2479	-0.1863	-0.0230	0.0065	0.2439	-0.0344	-0.1744	-0.0050
	B 76	-0.0790	0.2527	-0.1558	-0.0048	-0.0131	0.2519	-0.0100	-0.1519	-0.0110
	B 80	-0.1001	0.2305	-0.0868	-0.0227	-0.0209	0.2282	-0.0076	-0.1031	-0.0174
2	B 65	-0.0067	-0.2285	0.2309	-0.0139	0.0182	-0.1895	-0.0568	0.2409	0.0081
	B 69	-0.0303	-0.2029	0.2475	-0.0124	-0.0018	-0.1896	-0.0235	0.2499	0.0063
	B 72	-0.0156	-0.2488	0.2600	0.0017	0.0027	-0.2346	-0.0285	0.2738	-0.0048
	B 76	-0.0054	-0.2157	0.2016	0.0087	0.0107	-0.2114	-0.0163	0.2214	0.0117
	B 80	-0.1007	-0.2097	0.1887	-0.0014	0.0215	-0.1927	-0.0455	0.1974	0.0196
3	B 65	0.0010	0.2471	-0.2480	0.0374	0.0131	-0.2219	-0.0342	-0.2465	0.0086
	B 69	0.0038	0.1577	-0.2228	0.2186	-0.0103	-0.2093	-0.0200	-0.2270	0.0007
	B 72	-0.0144	-0.2300	-0.2672	-0.0099	-0.0128	-0.2364	-0.0094	-0.2680	-0.0078
	B 76	-0.0061	-0.2058	-0.2210	0.0073	-0.0018	-0.2152	-0.0152	-0.2417	-0.0052
	B 80	-0.0203	-0.1583	-0.2065	-0.0064	0.0215	-0.1647	-0.0117	-0.2110	-0.0144
4	B 65	-0.0606	0.2508	-0.1992	0.0181	0.0091	0.2310	0.0304	-0.1950	0.0058
	B 69	-0.0008	0.2717	-0.2220	0.0000	0.0051	0.2109	-0.0045	-0.2109	0.0105
	B 72	-0.0356	0.2514	-0.1920	-0.0010	-0.0028	0.2424	-0.2012	-0.1813	-0.0043
	B 76	-0.1005	0.2482	-0.1492	0.0068	-0.0142	0.2465	-0.0134	-0.1440	-0.0153
	B 80	-0.1435	0.2446	-0.0825	0.0037	-0.0243	0.2341	-0.0316	-0.1002	-0.0220
5	B 65	-0.1226	-0.0698	0.2855	0.0078	0.0254	-0.0831	-0.0668	0.2849	-0.0125
	B 69	-0.1413	-0.0638	0.2718	-0.0582	-0.0065	-0.0590	-0.0045	0.2626	-0.0087
	B 72	-0.1206	-0.0990	0.2707	0.1409	-0.0041	-0.1031	-0.0151	0.2428	-0.0040
	B 76	-0.0891	-0.1367	0.2647	0.0374	-0.0210	-0.1445	-0.0223	0.2626	-0.0036
	B 80	-0.1263	-0.1081	0.2922	0.0748	0.0169	-0.0996	-0.0212	0.2539	-0.0107
6	B 65	-0.0550	-0.2394	0.2636	0.0421	0.0107	-0.2093	0.0330	0.2849	0.0040
	B 69	-0.0702	-0.3349	0.3340	0.0061	-0.0024	-0.2475	0.0401	0.2763	0.0013
	B 72	-0.0017	-0.1839	0.2186	0.0438	0.0033	-0.1646	0.0898	0.1518	0.0047
	B 76	-0.0448	-0.1924	0.1699	0.0462	0.0210	-0.1895	0.0392	0.1736	0.0215
	B 80	-0.0009	-0.2197	0.1266	0.0206	0.0514	-0.2027	0.0209	0.1514	0.0393
7	B 65	-0.0077	-0.0544	0.1833	0.0833	0.0022	-0.0864	-0.1031	0.1971	0.0001
	B 69	0.0259	-0.0947	0.1002	0.0344	0.0031	-0.0860	-0.0051	0.1439	-0.0036
	B 72	0.0503	-0.2351	0.2298	0.0509	0.0059	-0.2322	0.1412	0.3184	-0.0047
	B 76	0.0383	-0.2286	0.2627	0.0690	-0.0035	0.2198	0.1067	0.2924	-0.0043
	B 80	0.0499	-0.2053	0.2638	0.0499	-0.0185	-0.1851	0.1454	0.2986	-0.0180
8	B 65	-0.0317	-0.1753	0.2600	0.0409	-0.0001	-0.2057	-0.0379	0.2639	0.0113
	B 69	-0.0359	-0.1869	0.2548	0.0383	0.0063	-0.1934	-0.0279	0.2565	0.0006
	B 72	-0.0245	-0.2048	0.2251	0.0246	0.0028	-0.2141	-0.2404	0.2404	0.0014
	B 76	-0.0003	-0.2120	0.2251	0.0134	0.0008	-0.2145	-0.0060	0.2280	0.0043
	B 80	-0.0076	-0.1782	0.2120	0.0348	0.0086	-0.1802	0.0196	0.2075	0.0020

Tabelle 6.6. Kanonische Ladungen der Attribute der abhängigen Variable für die kanonische Partition mit 8 Clustern und Wählerverhalten statisch -> Wählerverhalten dynamisch

Schleswig-Holstein / Hamburg

Cluster dynamisch statisch		kahl nicht	CDU	mit der Erststimme SPD	F.D.P	Von den Wahlberechtigten wählten Rest	CDU	mit der Zweitstimme SPD	F.D.P.	Rest
1	B 65	0.2770	-0.0045	-0.3624	0.1256	0.0356	-0.0138	-0.3107	0.1171	-0.0696
	B 69	0.0628	0.1334	0.2525	0.0474	0.0088	0.0740	0.1529	-0.0260	0.0422
	B 72	-0.0629	-0.0859	-0.0036	-0.0433	0.0229	0.0718	0.0889	-0.1044	0.0056
	B 76	-0.0010	-0.0023	0.1799	0.0752	0.0014	-0.0100	0.1677	0.0596	0.0030
	B 80	-0.1768	-0.1553	0.3306	0.0025	-0.0010	-0.1793	0.3150	0.0139	0.0252
2	B 65	-0.0011	0.1852	-0.2869	0.1522	-0.0493	0.0211	-0.2198	0.2129	-0.0130
	B 69	-0.0859	0.1165	0.3604	0.0628	0.0953	0.0387	0.2300	0.0234	0.1594
	B 72	0.0824	0.0370	-0.0788	0.0371	-0.0035	0.0054	0.0939	0.1690	-0.0126
	B 76	-0.0770	0.0235	0.1667	-0.0798	-0.0334	0.0081	0.2039	-0.0962	-0.0388
	B 80	-0.0901	-0.1380	0.3049	0.0083	-0.0686	-0.2203	0.4065	-0.0608	-0.0354
3	B 65	0.2377	0.0138	-0.1975	-0.0246	-0.0294	-0.0320	-0.2676	0.0541	0.0078
	B 69	0.1168	0.0074	0.0971	0.1707	-0.0058	-0.0583	-0.0286	-0.0652	0.0353
	B 72	0.0765	0.0742	0.0825	0.1116	0.0234	0.0816	-0.3125	0.1101	0.0364
	B 76	-0.0949	0.0276	0.0843	0.0222	0.0052	0.0176	0.0167	0.0531	0.0075
	B 80	-0.3360	-0.0301	0.3973	0.0139	-0.0451	-0.0770	0.2932	0.1550	-0.0352
4	B 65	0.0409	0.0282	-0.1191	-0.1835	-0.0047	-0.1203	-0.0336	0.2367	0.0237
	B 69	-0.0303	-0.1836	-0.4558	-0.1342	-0.0907	-0.1076	-0.2954	0.2353	0.1022
	B 72	-0.0826	-0.1104	0.1865	0.0448	-0.0097	-0.0281	-0.1211	0.2353	-0.0034
	B 76	-0.0414	-0.0256	-0.0196	0.0162	0.0391	0.0160	-0.1942	0.0943	-0.0425
	B 80	-0.0508	0.0284	0.2881	0.0829	0.0262	0.1422	-0.3703	0.1164	-0.0615
5	B 65	0.0582	-0.2544	-0.3015	-0.0046	0.0157	-0.1658	-0.2628	0.0625	0.0237
	B 69	-0.0961	0.1206	0.2507	0.0901	0.0140	0.1052	0.2079	0.0479	0.0546
	B 72	0.1017	0.0515	0.0174	0.0567	-0.0239	0.0281	0.0266	0.0492	-0.0166
	B 76	-0.0513	0.0756	-0.0180	0.0328	-0.0162	0.0841	-0.1175	-0.0393	-0.0194
	B 80	0.2026	0.1592	0.4240	0.0227	0.0395	-0.2400	-0.2940	0.1432	-0.0054
6	B 65	0.0404	0.1111	-0.1969	-0.0628	-0.0174	-0.0262	-0.1419	0.0977	-0.0224
	B 69	0.1516	0.2062	0.4337	0.0673	0.0087	0.0723	0.2847	0.0185	0.0462
	B 72	0.0339	0.0386	0.1224	0.0272	0.0227	0.0180	0.1110	0.1637	0.0007
	B 76	-0.0963	-0.0476	0.1305	0.0133	0.0091	-0.0446	0.2214	0.0734	0.0071
	B 80	-0.1297	-0.1671	0.2978	0.0341	-0.0351	-0.2131	0.4231	-0.0838	-0.0035
7	B 65	0.0417	0.0907	-0.2550	-0.1918	-0.0684	-0.0106	-0.2260	0.1736	0.0210
	B 69	-0.1353	0.0674	0.2942	-0.0132	-0.0784	-0.0155	0.2147	0.0519	-0.1156
	B 72	-0.1408	0.1255	0.1831	0.1847	-0.0535	0.2398	0.2819	0.1257	0.0190
	B 76	-0.0459	-0.0754	0.2206	0.0704	0.0202	0.1313	-0.0856	0.0199	0.0202
	B 80	-0.0076	-0.2754	0.2786	0.0404	0.0507	-0.2897	0.2044	-0.0170	0.0780
8	B 65	0.0755	0.2633	-0.2084	0.0016	0.0191	0.3120	-0.1705	-0.0875	0.0215
	B 69	-0.0356	-0.2358	-0.3359	-0.1304	0.0100	0.2669	0.2252	0.0519	-0.0066
	B 72	-0.0284	-0.2284	0.0482	0.1260	0.0258	-0.1984	0.2407	0.0891	0.0185
	B 76	-0.0303	-0.2039	0.1100	0.0537	0.0005	-0.1659	-0.2407	0.0244	-0.0244
	B 80	0.0550	-0.1760	0.1225	0.0149	0.0465	0.0976	0.2169	0.1353	0.0390

Tabelle 6.7. Kanonische Ladungen der Attribute der abhängigen Variable für die kanonische Partition mit 8 Clustern und Sozialstruktur Erwerbstätigkeit -> Wählerverhalten dynamisch

Schleswig-Holstein / Hamburg kahl
dynamisch Erwerbnt.

Cluster		nicht		mit der Erststimme SPD	CDU	F.D.P.	Von den Wahlberechtigten waehlten Rest	CDU	mit der Zweitstimme SPD	F.D.P.	Rest
1	B 65	-0.2202	0.3511	0.0669	-0.1738	-0.0160	0.3189	-0.0199	-0.0917	0.0209
	B 69	-0.0952	0.0951	0.2230	-0.0567	-0.1662	0.1555	0.1203	0.1634	0.1941
	B 72	-0.0303	-0.0648	0.0673	-0.0096	0.0494	-0.0547	0.0994	0.1634	0.0136
	B 76	0.1239	-0.1788	0.0029	0.0107	0.0614	-0.1769	-0.0800	0.0753	0.0290
	B 80	0.2378	-0.2398	0.0828	-0.0011	0.0859	-0.1256	-0.1902	0.0701	0.0657
2	B 65	0.1061	-0.1176	-0.0820	0.0245	0.1180	-0.1894	0.0183	-0.0411	0.1059
	B 69	0.0622	-0.0248	-0.2314	0.1061	0.1224	-0.0052	-0.1352	-0.0099	0.0500
	B 72	0.2133	-0.1628	-0.2628	-0.2263	-0.0387	-0.1972	-0.1373	-0.1763	0.0270
	B 76	-0.1459	0.0494	0.2040	-0.2520	-0.0281	0.2531	-0.0468	0.2120	-0.0640
	B 80	-0.2357	0.2693	0.2154	0.0545	-0.1955	0.2833	-0.0706	0.2120	-0.1591
3	B 65	0.2036	0.0371	0.2567	0.0084	0.0076	-0.0178	-0.2331	-0.0435	-0.0023
	B 69	0.1768	0.1029	-0.2810	-0.0124	0.0137	-0.0432	-0.2361	-0.0283	0.0444
	B 72	0.0522	-0.0056	0.0591	-0.2216	0.0341	-0.0131	-0.0060	-0.0597	0.0266
	B 76	-0.1358	-0.0114	0.1761	-0.0214	0.0075	-0.0142	0.1582	-0.0017	-0.0065
	B 80	-0.2967	-0.0334	0.3935	0.0157	-0.0790	-0.0879	0.3442	0.0716	0.0312
4	B 65	0.0025	0.0601	0.0996	0.1923	0.0300	0.1717	0.0357	-0.2641	0.0542
	B 69	-0.0957	-0.0803	0.3109	-0.0985	-0.0964	0.0072	0.2577	-0.0315	0.1377
	B 72	-0.1107	-0.1385	0.1923	-0.0690	0.0121	0.0567	0.0235	0.1579	-0.0141
	B 76	0.0617	-0.1132	-0.1070	0.1210	0.0375	-0.0840	-0.0957	0.0854	-0.0327
	B 80	0.1122	0.0977	0.3952	0.1113	0.0040	0.1300	0.3819	0.0417	0.0619
5	B 65	0.1465	-0.0790	-0.0137	-0.0643	-0.0105	-0.0267	-0.0079	-0.0504	0.0097
	B 69	-0.0374	0.2593	0.5107	0.1868	-0.0272	0.2390	0.3507	-0.0638	-0.0104
	B 72	-0.1409	0.1104	0.1171	0.2582	0.0284	0.1227	0.2221	-0.2137	-0.0169
	B 76	0.0071	0.1088	-0.0623	0.0608	0.0128	0.0878	-0.1713	0.2595	-0.0168
	B 80	0.0247	0.1025	-0.1758	0.0345	0.0141	0.0118	-0.2541	0.1173	0.0404
6	B 65	0.0730	0.0780	-0.1027	0.1282	0.0702	0.1061	0.0178	0.0504	0.0085
	B 69	0.0447	0.2464	0.4465	0.1950	0.0448	0.2990	0.2575	-0.0638	-0.0104
	B 72	0.1613	0.1097	0.1711	0.0737	0.0436	0.1081	0.1432	-0.2137	0.0173
	B 76	-0.0110	0.0863	0.1205	0.0608	0.0128	-0.0606	0.1130	-0.0346	-0.0168
	B 80	-0.0320	-0.2121	0.3482	-0.0223	-0.0817	0.1517	0.2706	-0.0303	0.0566
7	B 65	0.0347	0.2570	0.2377	0.0085	0.0068	0.2829	0.1926	-0.0573	0.0017
	B 69	-0.0014	0.2261	0.3632	0.1310	0.0075	0.2366	0.2421	0.0093	0.0024
	B 72	0.0437	-0.2096	0.3655	0.1089	0.2205	-0.1949	0.2559	-0.1182	-0.0135
	B 76	-0.0648	-0.1897	0.1378	0.0508	-0.0001	0.1619	0.1979	-0.0286	-0.0026
	B 80	-0.0029	-0.1503	0.1596	0.0163	-0.0228	-0.0984	0.1266	0.0220	-0.0220
8	B 65	0.0549	0.2697	0.2206	0.0690	0.0631	0.2023	-0.1843	0.0820	0.0451
	B 69	-0.0233	0.2360	0.3727	0.1028	0.0572	0.1616	-0.2457	0.0314	0.0760
	B 72	0.0762	-0.0723	0.2447	0.0197	0.0003	-0.0702	0.1192	-0.1343	0.0090
	B 76	-0.0129	-0.1778	0.1544	0.0102	0.0003	-0.1691	0.2243	-0.0574	-0.0108
	B 80	-0.0109	-0.1351	0.2641	0.0331	-0.0250	-0.1961	0.3405	-0.1193	0.0182

Tabelle 6.8. Kanonische Ladungen der Attribute der unabhängigen Variable für die kanonische Partition mit 8 Clustern und Wählerverhalten dynamisch –> Wählerverhalten statisch

Schleswig-Holstein / Landtagswahl

Cluster statisch dynamisch		nicht	CDU	mit der Erststimme SPD	F.D.P.	Von den Wahlberechtigten wählten Rest	CDU	mit der Zweitstimme SPD	F.D.P.	Rest
1.	B 65	0.2284	-0.0651	-0.1664	0.0095	-0.0064	-0.1328	-0.1525	0.0508	0.0061
	B 69	0.1613	-0.0084	-0.2021	0.0031	0.0824	-0.0636	-0.1796	-0.0353	0.1173
	B 72	0.1209	0.0093	-0.1041	0.0563	0.0222	-0.0186	0.0772	-0.0539	-0.0158
	B 76	-0.1412	0.0528	0.1124	0.0011	-0.0229	0.0501	0.1112	0.0156	-0.0357
	B 80	-0.3774	0.1126	0.3452	0.0219	0.1030	0.0638	0.3075	0.0819	-0.0758
2.	B 65	0.0450	0.2472	0.2349	0.0093	-0.0235	-0.2816	-0.1250	0.0647	-0.0232
	B 69	0.0082	0.3637	0.3637	-0.1249	-0.0176	-0.2499	-0.2245	-0.0025	-0.0007
	B 72	-0.0440	0.1999	-0.0186	-0.1082	-0.0191	-0.1773	0.2245	0.0981	-0.0100
	B 76	-0.0030	0.1908	-0.1402	-0.0489	0.0013	-0.1622	-0.1872	-0.0248	-0.0033
	B 80	-0.0062	0.1682	-0.2056	0.0032	0.0468	-0.1196	-0.2653	0.1077	0.0440
3.	B 65	0.0214	0.2622	0.3118	0.0595	0.0311	0.2194	-0.3008	0.0754	-0.0154
	B 69	0.0043	0.1786	-0.3213	0.0760	0.0264	0.1888	-0.2504	0.0075	0.0138
	B 72	0.0076	-0.1407	0.0435	0.0621	0.0256	-0.1376	0.2299	0.1219	-0.0200
	B 76	-0.0071	-0.1517	0.1566	-0.0064	0.0087	-0.1378	0.1882	-0.0486	-0.0053
	B 80	-0.0642	-0.1576	0.2564	0.0013	-0.0359	-0.1234	0.3008	-0.1048	-0.0174
4.	B 65	0.1672	0.2136	-0.1043	0.1205	0.0202	0.2483	-0.1202	0.1592	0.0431
	B 69	0.1267	0.0694	-0.0203	0.0535	0.0240	0.1590	-0.2500	-0.0240	0.0623
	B 72	0.0948	0.1785	-0.1785	0.1010	0.0203	0.1799	-0.2926	-0.0105	-0.0371
	B 76	-0.1471	0.1363	0.1067	0.1575	0.0116	0.0649	-0.2005	-0.0258	-0.0073
	B 80	-0.2416	0.0116	0.3689	0.0341	-0.1018	0.0491	-0.2652	-0.1115	-0.0935
5.	B 65	0.0402	0.1355	-0.2411	0.0717	0.0063	0.0491	-0.1772	0.0967	0.0087
	B 69	0.1181	0.2069	-0.4600	0.1094	0.0335	0.1124	-0.3161	0.0328	0.0525
	B 72	0.0358	0.0296	-0.0679	0.0194	0.0222	0.0533	-0.1767	-0.1666	0.0074
	B 76	-0.0849	-0.0506	0.1941	-0.0186	0.0114	-0.0773	0.2376	-0.0572	-0.0163
	B 80	-0.1072	-0.1179	0.2945	0.0191	0.0403	-0.1932	0.3395	-0.0630	-0.0241
6.	B 65	-0.0202	0.0269	-0.2643	0.1194	0.0418	0.1404	0.2262	0.1323	-0.0267
	B 69	0.0474	0.1959	-0.3702	0.0915	0.0357	0.1049	0.2664	0.0332	0.0808
	B 72	0.0363	-0.0169	-0.0731	0.0229	0.0208	-0.0129	0.1039	-0.1329	0.0057
	B 76	-0.0718	0.0597	0.2245	0.0289	-0.0240	-0.0868	0.2634	-0.0844	-0.0203
	B 80	0.0004	-0.2305	0.2541	0.0121	-0.0199	-0.2009	0.3543	-0.1514	-0.0104
7.	B 65	-0.1378	-0.0375	0.2540	-0.0418	0.0170	0.0457	0.1970	-0.0906	-0.0057
	B 69	-0.1769	-0.1439	0.3954	0.0670	0.0076	0.0849	0.2865	-0.0008	-0.0239
	B 72	0.0031	-0.0055	-0.0286	0.0092	0.0354	-0.0046	-0.1358	0.0455	-0.0172
	B 76	0.1195	-0.0068	-0.1650	0.0604	0.0069	0.0118	-0.3607	0.0116	-0.0043
	B 80	0.2121	0.0571	-0.3331	0.0494	0.0732	0.1422	0.3607	0.1077	0.0037
8.	B 65	0.0645	-0.0278	-0.1908	0.0018	0.0143	0.0457	0.1296	0.1554	-0.0048
	B 69	-0.0812	-0.1573	0.3112	0.0018	0.0745	0.0953	0.2255	-0.0186	-0.1066
	B 72	-0.1393	-0.1025	0.1654	0.1904	0.0025	-0.0298	0.0656	0.0032	-0.0172
	B 76	0.0524	-0.1015	0.1015	0.0477	0.0269	0.0556	-0.1156	0.1002	-0.0344
	B 80	0.2336	0.1075	0.4682	0.0571	0.0700	0.1946	-0.4028	-0.0853	0.0000

Tabelle 6.9. Kanonische Ladungen der Attribute der unabhängigen Variable für die kanonische Partition mit 8 Clustern und Wählerverhalten dynamisch -> Sozialstruktur Erwerbstätigkeit

Schleswig-Holstein / Hamburg Wahl

Cluster Erwerbst. dynamisch	Wahl	nicht	CDU	mit der Erstaltimme SPD	Von den Wahlberechtigten wählten F.D.P.	Rest	CDU	mit der Zweitstimme SPD	F.D.P.	Rest
1	B 65	0.2473	-0.2524	-0.1008	0.0301	0.0757	-0.3150	-0.0672	0.0176	0.1172
	B 69	0.1393	-0.1547	0.0830	0.0023	0.0148	-0.1940	0.1064	-0.0000	0.0343
	B 72	0.0190	-0.0388	0.1066	0.0735	0.0133	-0.0805	0.1141	0.0008	0.0083
	B 76	-0.2047	0.3038	-0.0867	0.0096	-0.0225	0.2702	-0.0968	0.0261	-0.0148
	B 80	-0.2009	0.2492	-0.0101	0.0081	-0.1263	0.1922	-0.0430	0.1250	-0.0734
2	B 65	-0.1624	-0.0254	0.2138	0.0026	-0.0286	-0.0126	0.1729	0.0056	-0.0269
	B 69	-0.1810	-0.1725	0.3754	0.0942	-0.0261	-0.0453	0.2617	0.0083	-0.1280
	B 72	0.0073	0.1233	0.1478	0.1283	-0.0078	0.1825	0.2603	0.0163	0.0587
	B 76	0.0960	0.0587	0.0568	-0.0943	0.0304	0.0660	0.1265	-0.0193	-0.0055
	B 80	0.1771	-0.1364	-0.0448	-0.0976	-0.0634	-0.0634	-0.3976	0.2463	0.0226
3	B 65	-0.1871	0.0244	0.2484	-0.0357	-0.0012	0.0516	0.2270	-0.0765	-0.0100
	B 69	-0.1063	-0.1541	0.2878	0.0103	-0.0377	0.0539	0.2249	0.0171	-0.0033
	B 72	-0.0846	-0.0269	0.0850	0.0474	0.0208	0.0103	0.0476	0.0328	-0.0262
	B 76	0.1037	0.0191	-0.1564	0.0135	0.0201	0.0194	-0.1372	0.0002	0.0139
	B 80	0.2743	0.0496	-0.4420	-0.0229	0.0952	-0.1095	-0.3801	0.0541	0.0506
4	B 65	-0.0073	-0.0258	0.1307	-0.1381	0.0405	0.0733	-0.0666	-0.1692	0.0346
	B 69	-0.1159	-0.1204	0.4831	0.1379	0.0248	0.0248	0.3413	-0.0513	-0.1493
	B 72	-0.0766	-0.0416	0.1400	0.0168	0.0050	-0.0028	0.1292	0.2060	0.0027
	B 76	0.0825	-0.0022	-0.1547	0.0305	0.0440	0.0087	0.2331	0.0944	0.0475
	B 80	0.1173	0.0578	-0.2671	0.0483	0.0438	0.0759	0.3776	0.1342	0.0502
5	B 65	-0.0342	0.0001	-0.0678	0.0708	0.0311	0.1180	0.0346	0.1100	0.0167
	B 69	0.0871	0.1996	-0.5541	0.1577	0.1136	0.1147	0.3332	0.0441	0.0313
	B 72	0.1429	-0.0722	-0.1051	0.0097	0.1248	0.1305	0.2122	0.2246	0.0061
	B 76	-0.0493	-0.0286	0.1545	-0.0330	-0.0666	-0.0321	0.1903	-0.0501	0.0587
	B 80	-0.1465	0.0510	0.2489	0.0654	0.0880	0.0231	0.1238	0.0103	0.0901
6	B 65	0.1134	0.0835	-0.2676	0.0290	0.0417	0.0020	0.1957	0.0778	0.0025
	B 69	0.0428	0.2231	-0.3284	0.0289	0.0536	0.1015	0.1916	-0.0231	0.0704
	B 72	0.1295	0.0146	-0.1185	0.0669	0.0410	0.0492	0.0129	-0.1356	-0.0422
	B 76	-0.0614	0.0403	0.1205	0.0033	-0.0666	-0.0674	0.1429	-0.0019	-0.0122
	B 80	-0.2246	-0.0789	0.4370	0.0055	0.1279	-0.1689	0.3885	0.1026	0.0977
7	B 65	0.1210	-0.2161	0.1344	0.0221	-0.0171	0.2496	0.0919	0.0447	-0.0078
	B 69	0.0149	-0.2220	0.4092	0.1801	-0.0219	0.2544	0.2588	0.0204	-0.0032
	B 72	-0.0562	0.2058	0.0077	0.1287	-0.0287	0.1941	-0.2779	0.0000	-0.0244
	B 76	-0.0231	0.1751	-0.1025	-0.0702	0.0006	0.1670	-0.2195	0.1605	0.0033
	B 80	-0.0566	0.1199	-0.1010	-0.0101	0.0478	0.0563	-0.2201	0.1751	0.0453
8	B 65	0.1562	0.0476	-0.1652	-0.0005	-0.0380	-0.0400	0.0982	0.0312	-0.0412
	B 69	0.0604	0.1488	-0.3717	0.0361	0.1264	0.0359	0.2795	0.0269	0.1563
	B 72	0.1018	-0.0368	-0.0518	-0.0113	-0.0019	-0.0793	-0.0423	-0.0038	0.0012
	B 76	0.0185	0.0717	0.0827	0.0181	-0.0476	-0.1204	0.1527	0.0106	0.0546
	B 80	-0.1369	0.0675	0.4260	-0.1315	-0.0251	0.0565	0.2865	0.0694	-0.0755

Tabelle 6.10. Kanonische Ladungen der Attribute der abhängigen Variable für die kanonische Partition mit 8 Clustern und Wählerverhalten statisch -> Sozialstruktur Erwerbstätigkeit

Schleswig-Holstein / Hamburg Erwerbstaetige nach Wirtschaftsbereichen

Cluster Erwerbst. statisch	Selbstaendige	Mithelfende Familienangeh.	Beamte	Stellung im Beruf Angestellte	Kaufm.,techn., Verw.Lehrlinge	Arbeiter	Gewerbliche Lehrlinge
1 Land-,Forstwirtsch.	0.4158	0.4857	0.0025	0.0108	0.0001	0.0824	0.0134
Produzier.Gewerbe	-0.0055	0.0035	0.0004	-0.1063	-0.0058	0.2076	0.0109
Handel,Verkehr	-0.0712	-0.0124	-0.0428	-0.2881	-0.0076	0.2420	-0.0046
Dienstleistungen	-0.0742	-0.0107	0.5110	-0.2908	0.0025	-0.1719	0.0025
2 Land-,Forstwirtsch.	-0.0206	-0.0164	-0.0006	-0.0020	0.0	-0.0233	-0.0004
Produzier.Gewerbe	-0.0311	-0.0017	-0.0003	0.2024	0.0046	0.4765	0.0248
Handel,Verkehr	-0.0323	-0.0001	0.2212	0.2191	0.0096	0.3100	0.0115
Dienstleistungen	-0.1127	-0.0229	-0.4620	-0.5785	-0.0101	0.0410	-0.0256
3 Land-,Forstwirtsch.	-0.3312	-0.7666	0.0046	0.0418	-0.0019	0.4414	-0.0008
Produzier.Gewerbe	-0.0553	-0.0203	-0.0039	-0.0482	-0.0040	0.1163	0.0627
Handel,Verkehr	-0.0420	-0.0185	0.0021	-0.0065	0.0191	0.0520	0.0378
Dienstleistungen	0.0402	0.0282	0.0543	0.1516	0.0018	0.2171	0.0259
4 Land-,Forstwirtsch.	0.3977	0.3772	0.0046	0.0360	0.0016	0.2065	0.0204
Produzier.Gewerbe	0.0654	0.0275	0.0007	-0.0595	0.0118	0.1887	0.0604
Handel,Verkehr	-0.3270	0.0048	-0.0074	-0.2177	0.0090	-0.5501	0.0168
Dienstleistungen	-0.0375	0.0017	0.1172	-0.2680	0.0063	-0.3160	0.0090
5 Land-,Forstwirtsch.	-0.0776	-0.0475	-0.0022	-0.0139	0.0001	-0.0249	-0.0048
Produzier.Gewerbe	-0.0520	-0.0136	0.0001	0.2744	0.0115	0.3859	0.0176
Handel,Verkehr	-0.0733	-0.0330	0.0717	0.1743	0.0272	0.1964	0.0063
Dienstleistungen	-0.4054	-0.1119	0.2424	-0.3454	-0.0012	-0.3621	-0.0391
6 Land-,Forstwirtsch.	-0.0900	-0.0548	-0.0014	-0.0079	-0.0005	-0.0301	-0.0032
Produzier.Gewerbe	-0.0263	-0.0158	-0.0005	0.3092	0.0034	0.0726	-0.0104
Handel,Verkehr	0.0071	-0.0039	0.0358	0.3596	0.0052	0.1351	0.0115
Dienstleistungen	-0.0306	-0.0147	0.8171	0.2568	0.0093	-0.0795	0.0147
7 Land-,Forstwirtsch.	-0.0086	-0.0049	-0.0002	-0.0059	-0.0001	-0.0152	-0.0006
Produzier.Gewerbe	-0.0597	-0.0075	-0.0002	-0.0425	0.0063	0.8613	0.0289
Handel,Verkehr	0.1597	0.0203	-0.0042	-0.1636	0.0114	0.1554	0.0107
Dienstleistungen	0.1675	0.0245	-0.0098	-0.3691	0.0008	0.0643	-0.0020
8 Land-,Forstwirtsch.	0.5471	0.5714	0.0057	-0.0315	-0.0012	0.1261	0.0319
Produzier.Gewerbe	0.0342	0.0151	0.0005	0.2134	0.0074	0.4539	0.0021
Handel,Verkehr	0.0133	-0.0002	0.0438	0.2135	0.0185	0.1167	0.0003
Dienstleistungen	-0.0118	-0.0143	0.0094	0.1736	0.0001	0.0351	0.0003

Tabelle 6.11. Kanonische Ladungen der Attribute der abhängigen Variable für die kanonische Partition mit 8 Clustern und Wählerverhalten dynamisch -> Sozialstruktur Erwerbstätigkeit

Schleswig-Holstein / Hamburg Erwerbstaetige nach Wirtschaftsbereichen, Erwerbst. dynamisch

Cluster		Selbstaendige	Mithelfende Familienangeh.	Stellung im Beruf				
				Beamte	Angestellte	Kaufm.,techn., Verw.,Lehrlinge	Arbeiter	Gewerbliche Lehrlinge
1	Land-,Forstwirtsch.	0.0004	-0.0037	0.0008	0.0016	0.0004	0.0112	0.0
	Produzier.Gewerbe	-0.0081	-0.0078	0.0003	-0.0807	-0.0014	0.2381	-0.0036
	Handel,Verkehr	-0.0144	-0.0093	-0.0412	-0.2318	-0.0077	-0.0981	-0.0113
	Dienstleistungen	0.0323	0.0002	0.8770	-0.2498	-0.0014	0.0536	0.0115
2	Land-,Forstwirtsch.	0.1432	0.5765	-0.0110	0.0529	0.0049	0.2217	0.1404
	Produzier.Gewerbe	-0.1258	-0.0727	-0.0027	0.0223	0.0080	-0.4771	-0.1271
	Handel,Verkehr	0.2056	-0.0047	0.0335	0.1316	-0.0291	0.1893	-0.0314
	Dienstleistungen	-0.0646	0.0651	-0.0761	-0.0795	-0.0535	-0.4070	0.0031
3	Land-,Forstwirtsch.	-0.3601	-0.3877	-0.0031	-0.0148	-0.0006	0.0812	-0.0117
	Produzier.Gewerbe	0.0451	-0.0259	-0.0010	0.1433	0.0002	0.4004	-0.0477
	Handel,Verkehr	0.0145	-0.0039	-0.0040	0.2265	-0.0112	0.4018	-0.0139
	Dienstleistungen	0.0509	-0.0008	0.3115	0.1715	-0.0184	0.1406	-0.0085
4	Land-,Forstwirtsch.	-0.4618	-0.3252	-0.0029	-0.0705	-0.0022	-0.1310	-0.0177
	Produzier.Gewerbe	-0.0278	0.0198	-0.0023	0.4274	-0.0001	0.0994	-0.0508
	Handel,Verkehr	0.0306	0.0002	0.0284	0.3844	0.0058	0.0834	-0.0192
	Dienstleistungen	0.0273	-0.0059	0.0476	0.3663	-0.0044	0.0090	-0.0096
5	Land-,Forstwirtsch.	0.2582	0.2425	0.0026	0.0239	0.0011	0.1473	0.0130
	Produzier.Gewerbe	0.0645	0.0252	0.0002	0.2678	0.0065	0.5655	0.0542
	Handel,Verkehr	-0.0271	0.0069	-0.0317	0.4226	0.0097	0.0692	0.0204
	Dienstleistungen	-0.0255	0.0096	-0.0419	0.5153	0.0038	-0.0349	0.0086
6	Land-,Forstwirtsch.	0.1063	0.1019	0.0011	0.0142	0.0040	0.0660	0.0064
	Produzier.Gewerbe	0.0156	0.0095	0.0008	0.2348	0.0012	0.1688	0.0191
	Handel,Verkehr	-0.0216	0.0015	0.0212	0.3343	0.0083	-0.2602	0.0108
	Dienstleistungen	0.0046	0.0055	0.8164	0.2050	-0.0026	0.0041	0.0075
7	Land-,Forstwirtsch.	-0.0032	-0.0051	-0.0002	0.0023	-0.0001	0.0030	-0.0008
	Produzier.Gewerbe	0.0422	0.0051	0.0001	0.0909	0.0095	0.8573	0.0432
	Handel,Verkehr	0.1362	0.0109	0.0002	0.2017	-0.0146	0.0746	-0.0153
	Dienstleistungen	0.1521	0.0171	0.0552	0.3955	0.0028	0.0685	-0.0008
8	Land-,Forstwirtsch.	0.4138	0.3607	0.0055	0.0266	0.0014	0.2439	0.0201
	Produzier.Gewerbe	0.0183	0.0281	-0.0340	-0.0340	0.0056	0.3324	0.0556
	Handel,Verkehr	-0.0866	-0.0109	0.0038	-0.2334	0.0098	-0.1029	0.0193
	Dienstleistungen	-0.1974	-0.0535	0.0368	-0.2525	0.0145	-0.3150	-0.0056

Tabelle 6.12. Kanonische Ladungen der Attribute der unabhängigen Variable für die kanonische Partition mit 8 Clustern und Sozialstruktur Erwerbstätigkeit -> Wählerverhalten statisch

Schleswig-Holstein / Hamburg Erwerbstaetige nach Wirtschaftsbereichen, statisch Erwerbst.

Cluster	Wirtschaftsbereich	Selbstaendige	Mithelfende Familienangeh.	Beamte	Angestellte	Kaufm.,techn., Verw.Lehrlinge	Arbeiter	Gewerbliche Lehrlinge
1	Land.,Forstwirtsch.	-0.4989	-0.5647	-0.0043	-0.0259	-0.0014	-0.1342	-0.0211
	Produzier.Gewerbe	-0.0640	-0.0028	-0.0717	0.2619	-0.0011	-0.3791	-0.0252
	Handel,Verkehr	-0.0143	-0.0123	0.0525	0.2832	0.0076	0.2690	-0.0028
	Dienstleistungen	-0.0259	-0.0171	-0.0305	0.1816	-0.0006	0.0296	-0.0029
2	Land.,Forstwirtsch.	-0.4027	-0.2195	-0.0059	-0.0334	0.0002	-0.1214	-0.0579
	Produzier.Gewerbe	-0.0461	-0.0193	0.0003	0.1942	0.0023	0.7135	0.0016
	Handel,Verkehr	-0.0434	-0.7217	0.0241	0.2046	0.0020	0.3286	0.0072
	Dienstleistungen	-0.1136	-0.0341	-0.0960	-0.2089	-0.0046	-0.0177	-0.0322
3	Land.,Forstwirtsch.	0.3733	0.3247	0.0047	0.0134	0.0010	0.0911	0.0120
	Produzier.Gewerbe	0.0318	0.0085	-0.0094	-0.2492	-0.0159	-0.7901	-0.0213
	Handel,Verkehr	0.0063	0.0066	-0.0253	-0.0830	-0.0159	-0.0539	-0.0011
	Dienstleistungen	0.1314	0.0370	0.0229	0.0869	0.0038	0.1447	0.0018
4	Land.,Forstwirtsch.	0.4224	0.4914	0.0023	0.0290	0.0016	0.1555	0.0187
	Produzier.Gewerbe	0.0530	0.0256	0.0002	0.3308	0.0010	0.1588	0.0371
	Handel,Verkehr	-0.0033	0.0106	0.0654	-0.4272	0.0008	-0.1410	0.0142
	Dienstleistungen	-0.0037	0.0127	0.0341	-0.4453	-0.0060	-0.0425	0.0095
5	Land.,Forstwirtsch.	0.4380	0.4510	0.0039	0.1477	0.0014	0.2720	0.0208
	Produzier.Gewerbe	0.0340	0.0154	0.0	0.1131	0.0046	0.0443	0.0670
	Handel,Verkehr	-0.0542	0.0	-0.0144	-0.3311	0.0094	0.4497	0.0244
	Dienstleistungen	-0.0368	0.0101	0.1178	-0.2920	0.0100	-0.3009	0.0177
6	Land.,Forstwirtsch.	0.3536	0.4515	0.0037	0.0276	0.0	0.1610	0.0177
	Produzier.Gewerbe	0.0440	0.0233	0.0008	0.0481	0.0050	0.4639	0.0298
	Handel,Verkehr	0.0106	0.0041	0.0249	-0.1208	0.0123	-0.4193	0.0126
	Dienstleistungen	0.0611	0.0043	0.3080	0.1405	0.0133	-0.3361	0.0154
7	Land.,Forstwirtsch.	0.0622	-0.0824	0.0	-0.0064	-0.0002	-0.0222	-0.0031
	Produzier.Gewerbe	0.0342	-0.0028	-0.0004	0.0215	0.0076	0.6989	0.0563
	Handel,Verkehr	0.1800	0.0198	-0.0530	0.2741	-0.0186	-0.1598	-0.0205
	Dienstleistungen	0.2544	0.0295	-0.0288	0.5355	-0.0074	-0.0718	-0.0036
8	Land.,Forstwirtsch.	-0.1822	-0.1725	-0.0019	-0.0187	-0.0003	-0.1865	-0.0095
	Produzier.Gewerbe	-0.0466	-0.0020	-0.0005	0.1385	-0.0074	-0.6687	-0.0223
	Handel,Verkehr	0.1608	0.0068	-0.0108	0.1794	-0.0291	-0.1185	-0.0011
	Dienstleistungen	0.2204	0.0257	0.2080	0.0094	0.0032	0.0512	0.0005

Stellung im Beruf

Tabelle 6.13. Kanonische Ladungen der Attribute der unabhängigen Variable für die kanonische Partition mit 8 Clustern und Sozialstruktur Erwerbstätigkeit -> Wählerverhalten dynamisch

Schleswig-Holstein / Hamburg Erwerbstaetige nach dynamisch Erwerbst.

Cluster	Wirtschafts- bereiche	Selbstaendige	Mithelfende Familienangeh.	Beamte	Stellung im Beruf Angestellte	Kaufm.,techn., Verw.,Lehrlinge	Arbeiter	Gewerbliche Lehrlinge
1	Land-,Forstwirtsch.	-0.5271	-0.4816	-0.0050	-0.0330	-0.0013	-0.2498	-0.0252
	Produzier.Gewerbe	-0.0288	-0.0162	0.0005	0.2248	-0.0013	0.0293	-0.0458
	Handel,Verkehr	-0.0166	0.0027	0.0628	0.3093	-0.0015	0.1258	-0.0141
	Dienstleistungen	-0.0391	-0.0166	0.2140	0.4530	-0.0008	0.0489	-0.0011
2	Land-,Forstwirtsch.	0.1215	0.2068	0.0050	0.0171	0.0001	0.0855	0.0085
	Produzier.Gewerbe	0.0221	0.0099	0.0	-0.1779	0.0114	0.4375	0.0694
	Handel,Verkehr	-0.0040	-0.0065	0.0439	-0.3540	0.0166	-0.1728	0.0166
	Dienstleistungen	-0.0235	0.0169	-0.3080	-0.4819	-0.0023	0.0947	0.0340
3	Land-,Forstwirtsch.	0.4773	0.4520	0.0060	0.0299	0.0022	0.1701	0.0192
	Produzier.Gewerbe	0.0002	0.0267	0.0006	-0.1604	0.0041	-0.4124	0.0550
	Handel,Verkehr	-0.0301	0.0023	0.0121	-0.2553	0.0137	-0.4183	0.0193
	Dienstleistungen	-0.0371	0.0066	0.2161	-0.1308	0.0128	-0.1376	0.0130
4	Land-,Forstwirtsch.	-0.4446	-0.5293	-0.0023	-0.0202	-0.0009	-0.1294	-0.0130
	Produzier.Gewerbe	-0.0700	-0.0339	0.0	0.2678	-0.0039	-0.0854	-0.0436
	Handel,Verkehr	-0.0135	-0.0188	0.0500	0.4240	0.0013	0.2645	-0.0083
	Dienstleistungen	-0.0074	-0.0154	-0.0697	0.3764	-0.0024	0.1349	-0.0044
5	Land-,Forstwirtsch.	-0.0349	-0.0122	-0.0009	-0.0013	-0.0904	0.0544	0.0031
	Produzier.Gewerbe	0.0076	-0.0112	-0.0001	0.2223	-0.0058	-0.7589	-0.0405
	Handel,Verkehr	0.0331	-0.0033	0.0267	0.3458	0.0088	0.0081	0.0242
	Dienstleistungen	0.0201	-0.0027	-0.0639	0.3950	0.0060	-0.0504	-0.0127
6	Land-,Forstwirtsch.	0.2979	0.3650	0.0016	0.0311	0.0010	0.1170	0.0193
	Produzier.Gewerbe	0.0071	0.0167	-0.0001	-0.2047	0.0046	0.4667	0.0452
	Handel,Verkehr	-0.0980	0.0104	0.0042	-0.3869	0.0090	0.0124	0.0119
	Dienstleistungen	-0.1513	-0.0075	-0.0375	-0.5618	0.0058	0.0118	0.0077
7	Land-,Forstwirtsch.	0.1167	0.1112	0.0011	0.0063	0.0009	0.0368	0.0046
	Produzier.Gewerbe	0.0473	0.0080	0.0001	0.2288	0.0060	0.7380	0.0576
	Handel,Verkehr	0.1627	0.0133	0.0033	0.2514	0.0151	0.0833	0.0239
	Dienstleistungen	0.1042	0.0184	0.0342	0.4706	0.0021	0.1246	0.0028
8	Land-,Forstwirtsch.	0.4662	0.4787	0.0051	0.0181	0.0017	0.1068	0.0186
	Produzier.Gewerbe	0.0147	0.0326	0.0030	-0.3158	0.0019	0.2697	0.0508
	Handel,Verkehr	-0.0748	0.0	-0.0246	-0.2178	0.0115	-0.1217	0.0135
	Dienstleistungen	-0.0953	0.0004	-0.0833	-0.4531	0.0187	-0.0400	-0.0050

Tabelle 7.1. Landtagswahlkreise und Landtagswahlkreiseinteilungen in den politischen Kreisen Schleswig-Holsteins

Politischer Kreis	Landtagswahlkreise	Landtagswahlkreiseinteilungen
Flensburg	. ⎫ 5	62 851
Schleswig-Flensburg	3 ⎭	
Nordfriesland	3	38
Dithmarschen	2	35
Steinburg	2	24
Pinneberg	4	21
Segeberg	4	15
Rendsburg-Eckernförde	4	1 880
Kiel	4	355
Neumünster	. ⎫ 3	2 995
Plön	2 ⎭	
Ostholstein	3	52
Stormarn	3	8
Herzogtum Lauenburg	3	41
Lübeck	4	414

Tabelle 7.2. Index (CDU-SPD)/(CDU+SPD) der Europa-, Bundestags- und Landtagswahlen von 1965 bis 1980 in den Landtagswahlkreisen Schleswig-Holsteins

Index (CDU-SPD)/(CDU+SPD) - Abweichung vom Durchschnitt in % - zur Landtagswahlkreis

Nr.	Name	B 65/E	B 69/E	B 72/E	B 76/E	B 80/E	L 65/Z	B 69/Z	L 72/Z	B 76/Z	B 80/Z	L 67	L 71	L 75	L 79	E 79
1	Flensburg-Ost	7.7	-11.6	-11.1	-11.5	-9.9	-7.6	-11.9	-10.2	-12.3	-10.3	3.2	-6.9	-6.5	-4.8	-11.5
2	Flensburg-West	-23.4	-23.2	-25.9	-26.4	-25.3	-22.2	-23.7	-20.7	-27.3	-25.8	-8.7	-20.4	-20.1	-19.7	-28.1
3	Schleswig-Nord	18.0	13.8	5.4	-1.5	7.0	5.3	12.5	4.6	-4.5	-2.8	20.4	13.9	6.8	10.4	9.7
4	Schleswig-Ost	5.2	8.0	-1.6	-1.6	-0.3	4.5	3.7	1.3	6.3	4.2	9.4	4.3	20.1	2.2	1.1
5	Schleswig-Sued	40.5	41.3	29.4	24.0	24.5	40.0	38.1	28.6	24.6	24.2	41.8	34.2	28.0	26.6	26.9
6	Nordfriesland-Nord	24.5	16.7	18.2	18.0	21.1	21.3	24.1	17.7	19.1	17.9	25.7	22.7	21.8	21.0	20.9
7	Nordfriesland-West	20.6	24.1	18.5	13.6	8.7	4.1	2.4	2.7	2.5	1.7	27.0	17.3	11.8	12.2	11.4
8	Nordfriesland-Sued	24.5	1.9	22.1	13.8	-2.5	22.3	23.3	18.4	17.9	7.9	17.0	1.2	0.0	1.8	-1.6
9	Dithmarschen-Nord	24.5	26.2	22.1	19.0	18.3	17.3	22.9	20.3	17.7	16.8	17.0	20.3	17.8	15.9	19.5
10	Dithmarschen-Sued	16.7	12.1	23.2	19.0	14.8	22.3	22.9	18.4	17.7	14.1	13.3	6.5	3.6	1.7	3.1
11	Steinburg-Nord	-4.5	22.1	-4.4	-3.0	-10.3	-2.8	-3.5	-2.8	-4.4	-8.7	5.7	19.4	16.6	13.6	16.5
12	Steinburg-Sued	-2.1	-4.4	-2.0	-3.0	7.1	-7.7	-6.8	-3.9	-6.3	-7.5	-14.7	-5.7	-5.4	-8.5	-5.9
13	Pinneberg-West	-8.7	-8.5	-4.4	-6.6	-2.5	-6.7	-8.8	-4.4	-4.8	-7.5	-14.7	-7.3	-4.3	-5.8	-4.5
14	Pinneberg-Sued	10.5	12.3	13.7	17.0	12.1	11.4	11.8	-1.2	14.8	12.9	14.7	13.7	13.2	14.3	11.0
15	Pinneberg-Nord	-5.6	-6.4	-3.2	-0.1	-1.6	-4.8	-7.8	-1.0	0.1	0.8	1.1	-6.1	-6.0	-12.0	-4.6
16	Pinneberg-Ost	7.7	-17.1	6.2	3.5	-6.6	-10.7	-16.1	-7.7	-1.5	-1.5	17.3	13.0	-6.1	-4.1	-7.1
17	Norderstedt	14.2	29.7	10.3	8.7	6.6	14.1	11.9	7.7	9.7	6.5	18.7	14.3	8.6	7.8	6.4
18	Segeberg-Sued	26.4	12.1	10.3	23.2	21.9	40.7	29.2	15.3	22.6	20.6	25.7	27.5	22.8	9.9	20.9
19	Segeberg-West	-0.2	-5.3	10.3	13.0	14.5	10.2	13.2	20.2	12.0	10.6	11.8	14.0	11.6	-10.9	11.7
20	Segeberg-Ost	28.6	31.5	22.8	19.5	17.1	26.2	29.1	20.7	13.8	12.2	27.1	25.6	22.0	20.3	19.6
21	Rendsburg-Nord	9.1	10.1	10.9	17.2	17.1	8.3	10.5	11.3	8.4	18.2	9.8	10.9	8.4	8.9	10.2
22	Rendsburg-West	-11.5	-14.2	-9.3	-11.8	-1.2	-11.4	-14.1	-2.6	-3.5	-1.2	8.5	12.8	10.6	6.9	4.3
23	Rendsburg-Ost	-23.3	-13.8	-14.0	-18.8	-10.8	-25.8	-20.5	-16.6	-17.1	-6.2	-12.1	-8.9	-10.8	-9.5	-14.3
24	Eckernfoerde	-37.5	-22.9	-31.8	-22.4	-19.1	-35.8	-32.4	-33.1	-34.0	-31.6	-34.3	-20.9	-20.8	-25.9	-19.6
25	Kiel-West	11.1	-10.3	-34.9	-34.1	-23.1	-10.3	-8.0	-9.7	-10.2	-9.1	-14.1	-36.9	-35.2	-20.1	-34.0
26	Kiel-Ost	-10.7	-5.4	10.3	9.3	11.1	5.8	8.8	7.0	6.3	9.1	-3.8	8.8	10.1	-14.2	-12.8
27	Kiel-Nord	2.7	-12.1	8.8	5.4	9.4	-10.7	-8.8	5.5	5.3	-5.8	10.5	8.1	7.3	6.3	4.9
28	Kiel-Sued	8.7	9.4	10.7	9.6	9.7	-0.3	-2.4	2.7	7.9	8.9	6.5	9.4	-2.8	4.6	-3.2
29	Neumuenster	6.7	1.8	7.1	4.1	4.0	0.9	2.4	2.7	3.2	3.8	1.0	9.4	8.4	6.8	8.3
30	Ploen-Sued	4.6	6.1	4.4	4.1	5.4	1.1	1.2	4.0	4.6	5.4	1.0	5.6	1.4	2.5	2.4
31	Ploen-Nord	2.4	-0.5	4.8	0.0	5.4	5.0	1.4	8.8	10.2	5.4	0.8	2.7	4.8	4.4	5.1
32	Ostholstein-Nord	7.5	5.9	-3.9	-0.0	1.7	-8.0	-10.4	-2.2	-2.0	-1.8	6.2	6.5	7.7	8.0	6.8
33	Ostholstein-Sued	3.0	7.2	-9.2	10.6	12.5	-7.8	-5.0	10.8	-8.7	-10.2	1.7	9.3	-1.5	-3.6	-4.9
34	Ostholstein-West	6.6	17.0	10.2	11.2	14.4	7.8	3.2	8.9	-8.8	13.3	10.6	9.3	9.5	9.5	10.1
35	Stormarn-Nord	8.0	11.3	10.2	11.1	14.4	6.2	8.4	9.1	10.6	13.3	5.6	10.8	10.5	11.4	11.6
36	Stormarn-Ost	7.3	-14.0	-4.5	-12.3	-14.4	-8.7	-10.2	-10.8	-8.2	-10.3	4.1	14.1	14.4	-10.5	-10.7
37	Stormarn-Sued	-8.3	-21.8	-14.2	-12.0	-22.5	-20.2	-19.3	-15.1	-13.4	-20.8	-19.2	-22.0	-14.4	-23.8	-15.2
38	Lauenburg-West	-12.4	-21.8	-14.2	-13.0	-21.5	-20.2	-19.3	-15.1	-13.4	-20.8	-19.2	-22.0	-14.4	-23.8	-15.2
39	Lauenburg-Ost															
40	Lauenburg-Nord															
41	Luebeck-Sued															
42	Luebeck-West															
43	Luebeck-Nord															
44	Luebeck-Ost															

Tabelle 7.3. Wohnbevölkerung von 1970 bis 1982 in den Landtagswahlkreisen Schleswig-Holsteins

Landtagswahlkreis — Wohnbevoelkerung - Abweichung vom Durchschnitt in % - am

Nr.	Name	27.5.70	1.1.71	1.1.72	1.1.73	1.1.74	1.1.75	1.1.76	1.1.77	1.1.78	1.1.79	1.1.80	1.1.81	1.1.82
1	Flensburg-Ost	-17.9	.	-4.7	-5.0	-5.0	-3.5	-2.6	-1.7	-0.7	.	-16.6	-18.3	-19.0
2	Flensburg-West	-18.1	-5.3	-4.0	-6.0	-4.0	-6.0	-2.1	.	.	-0.3	-19.4	-19.4	-19.2
3	Schleswig-Nord	5.4	-11.4	-11.3	-3.1	-2.4	.	-10.6	1.3	0.2	8.2	0.3	-0.5	-0.5
4	Schleswig-Sued	-10.2	-17.8	-17.5	-7.6	-11.8	-17.2	-17.4	-6.1	-6.6	-17.0	-7.5	-7.1	-6.9
5	Nordfriesland-Nord	-18.0	-17.5	-17.9	-16.1	-18.2	-15.2	-17.4	-17.3	-17.1	-17.0	-17.0	-16.8	-16.7
6	Nordfriesland-West	-17.0	-1.2	-1.8	-10.1	-10.7	-17.7	-2.3	-0.1	-2.0	3.0	1.7	1.3	-6.9
7	Nordfriesland-Sued	7.0	6.3	5.7	5.1	5.3	3.3	2.3	2.4	2.5	2.4	1.7	1.6	-3.2
8	Dithmarschen-Nord	29.0	28.4	25.7	24.4	22.8	21.4	20.4	19.6	18.8	19.0	18.7	18.3	18.6
9	Dithmarschen-Sued	4.6	3.3	3.9	5.1	3.7	1.1	1.0	0.7	1.8	0.8	0.5	0.1	16.0
10	Steinburg-Nord	27.5	27.5	25.7	25.5	23.7	22.4	20.4	20.3	19.4	18.6	17.7	17.4	16.4
11	Steinburg-Sued	4.4	4.2	3.0	3.0	3.2	3.2	2.6	3.2	3.7	3.9	3.6	3.1	2.6
12	Pinneberg-West	3.6	2.8	2.6	2.6	3.2	2.2	2.8	1.5	2.5	2.7	2.1	2.9	3.1
13	Pinneberg-Nord	6.7	7.7	4.1	11.3	13.2	14.2	15.2	15.6	16.7	17.9	18.6	18.4	18.4
14	Pinneberg-Ost	5.1	6.1	10.3	12.0	13.4	11.8	11.7	11.6	12.8	13.1	14.1	14.0	14.0
15	Norderstedt	45.2	-2.2	-1.6	-2.0	-1.8	-11.5	-4.4	4.5	5.8	-6.7	10.1	10.0	14.0
16	Segeberg-Nord	35.6	-43.3	-30.0	-33.6	-30.3	-27.1	-24.4	-21.8	-19.4	-17.4	-14.4	-14.7	-13.6
17	Segeberg-West	24.6	-35.1	-23.7	-32.5	-31.1	-29.3	-28.5	-25.6	-25.6	-24.8	-24.2	-23.7	-23.8
18	Segeberg-Ost	6.4	4.4	5.4	4.5	4.4	4.3	4.3	4.2	4.0	4.1	4.0	4.1	4.0
19	Rendsburg-Nord	5.0	6.1	-3.9	3.4	4.7	3.3	5.3	3.2	4.5	4.1	4.0	4.0	-1.6
20	Rendsburg-West	-14.2	-13.1	-4.1	-16.2	-11.1	-11.3	-3.3	-1.0	-4.0	-4.1	-0.5	8.5	-1.7
21	Rendsburg-Ost	-14.2	-4.4	-4.3	-1.7	-1.1	-3.2	-1.6	-3.7	-5.3	-1.5	0.7	0.5	-0.7
22	Eckernfoerde	6.3	6.3	-1.5	3.4	2.2	-1.7	-0.6	-3.0	-4.2	-2.6	-0.5	0.4	10.7
23	Kiel-Nord	24.5	23.2	19.5	16.2	12.6	10.5	10.4	10.5	5.5	5.6	3.8	4.0	10.0
24	Kiel-West	13.4	13.4	12.9	20.0	15.5	15.2	14.5	14.7	14.7	14.5	14.5	14.5	14.5
25	Kiel-Sued	33.2	32.1	29.5	28.0	25.0	22.7	20.5	17.8	16.9	15.1	14.0	13.9	13.7
26	Kiel-Ost	35.2	33.8	30.9	30.2	28.8	27.1	25.5	24.2	21.9	19.1	16.0	16.0	13.7
27	Neumuenster	2.8	3.2	4.4	3.8	3.8	3.8	2.4	4.5	4.5	3.8	3.1	3.6	3.6
28	Ploen-Sued	2.1	2.7	2.4	5.2	4.6	4.4	4.8	4.2	10.3	11.3	11.6	11.6	11.5
29	Ploen-Nord	14.6	14.3	3.6	14.0	12.9	7.3	7.8	8.4	10.3	9.6	9.6	9.6	9.5
30	Ostholstein-Nord	15.0	14.6	-2.7	1.5	10.3	10.2	11.2	10.9	10.5	1.5	2.4	10.1	4.3
31	Ostholstein-Sued	1.5	1.8	2.0	4.1	4.5	5.2	0.5	1.0	1.8	4.5	3.3	3.3	3.3
32	Ostholstein-West	1.5	4.5	2.1	4.1	8.5	5.2	1.4	0.9	7.3	10.8	2.4	3.3	10.7
33	Stormarn-Nord	1.5	4.5	2.0	6.7	6.7	10.3	11.4	12.4	13.9	14.6	15.6	16.9	17.4
34	Stormarn-Ost	2.3	2.5	2.3	-23.2	-21.5	-2.0	17.9	4.5	5.2	10.8	7.1	8.4	-4.3
35	Stormarn-Sued	29.6	-28.1	-24.7	-23.2	-21.5	-22.0	-17.9	-15.7	-13.2	-10.9	-10.8	-10.8	-10.8
36	Lauenburg-West	-17.2	-15.5	-14.7	-19.3	-17.5	-10.7	-10.4	-20.2	-20.5	-20.4	-20.4	-19.9	-19.9
37	Lauenburg-Sued	-12.0	-20.6	-20.4	-19.3	-19.5	-12.2	-20.3	-20.2	-20.1	-19.9	-11.4	-12.6	-13.4
38	Lauenburg-Nord	-12.8	-12.9	-12.2	-13.7	-15.7	-12.2	-12.0	-4.8	-8.4	-4.9	-14.4	-14.9	-15.7
39	Luebeck-Sued	17.5	.	.	.	-11.8	-3.4	-4.5	-10.4	-12.0	-12.7	-13.6	-13.4	-15.7
40	Luebeck-Nord	20.6	.	.	.	10.1	7.5	6.3	5.2	3.4	1.8	0.4	-0.7	-1.7

Karte 7.1. Schleswig-Holstein: Landtagswahlkreise

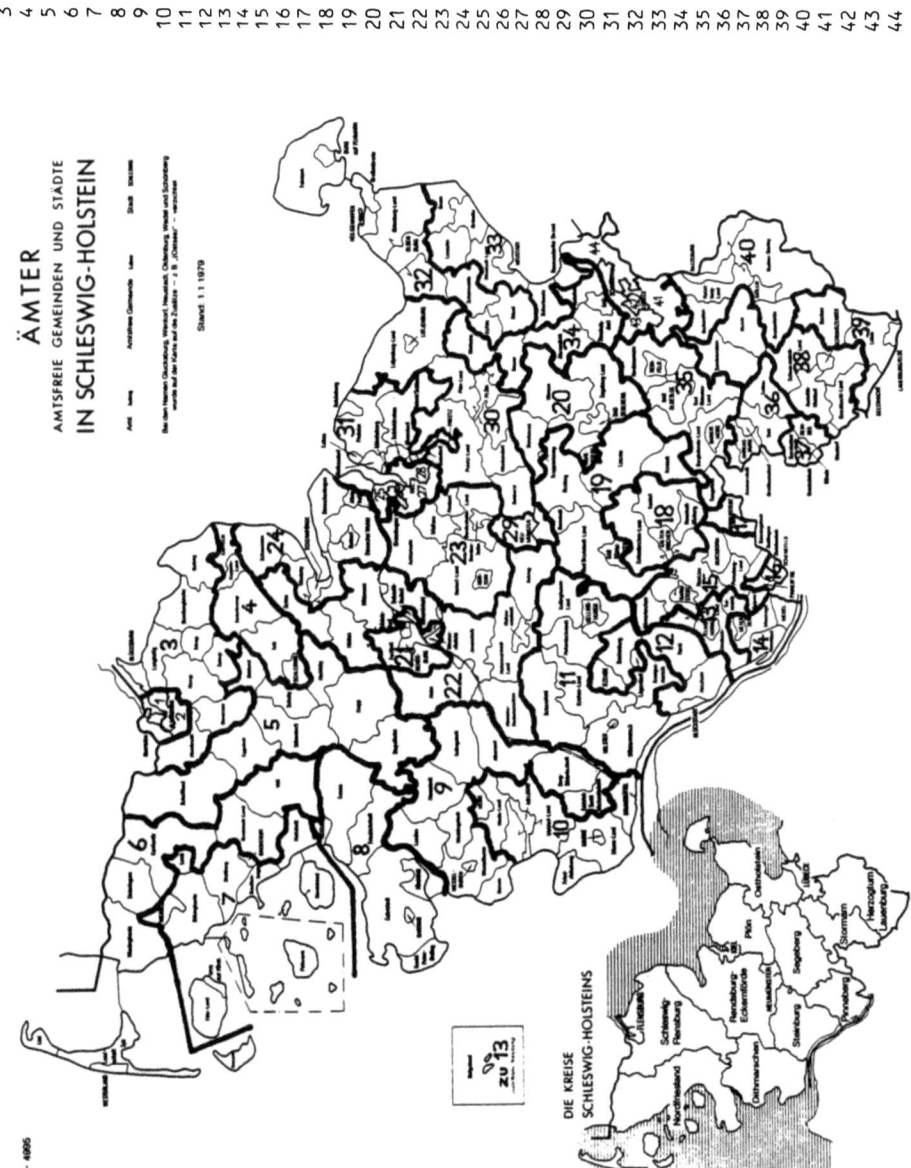

1 Flensburg-Ost
2 Flensburg-West
3 Schleswig-Nord
4 Schleswig-Ost
5 Schleswig-Süd
6 Nordfriesland-Nord
7 Nordfriesland-West
8 Nordfriesland-Süd
9 Dithmarschen-Nord
10 Dithmarschen-Süd
11 Steinburg-Nord
12 Steinburg-Süd
13 Pinneberg-West
14 Pinneberg-Süd
15 Pinneberg-Nord
16 Pinneberg-Ost
17 Norderstedt
18 Segeberg-Süd
19 Segeberg-West
20 Segeberg-Ost
21 Rendsburg-Nord
22 Rendsburg-West
23 Rendsburg-Ost
24 Eckernförde
25 Kiel-Nord
26 Kiel-West
27 Kiel-Süd
28 Kiel-Ost
29 Neumünster
30 Plön-Süd
31 Plön-Nord
32 Ostholstein-Nord
33 Ostholstein-Süd
34 Ostholstein-West
35 Stormarn-Nord
36 Stormarn-Ost
37 Stormarn-Süd
38 Lauenburg-West
39 Lauenburg-Süd
40 Lauenburg-Ost
41 Lübeck-Süd
42 Lübeck-West
43 Lübeck-Nord
44 Lübeck-Ost

Karte 7.2. Schleswig-Holstein kreisfreie Städte: Landtagswahlkreise

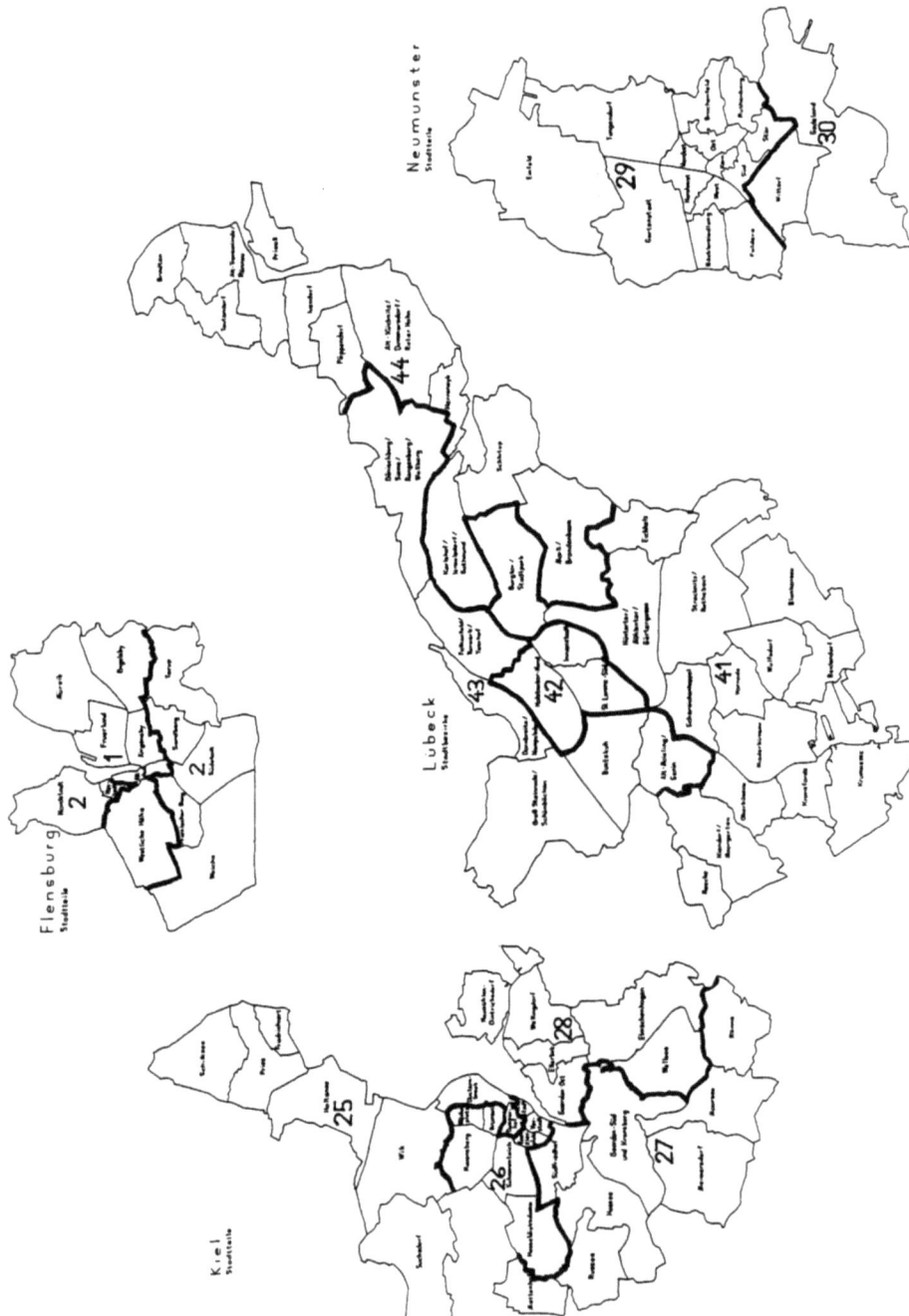

Karte 7.3. Schleswig-Holstein: Bundestagswahlkreise

1 Flensburg-Schleswig
2 Nordfriesland
3 Dithmarschen-Steinburg
4 Pinneberg
5 Segeberg
6 Rendsburg-Eckernförde
7 Kiel
8 Neumünster-Plön
9 Ostholstein-Stormarn
10 Herzogtum Lauenburg
11 Lübeck

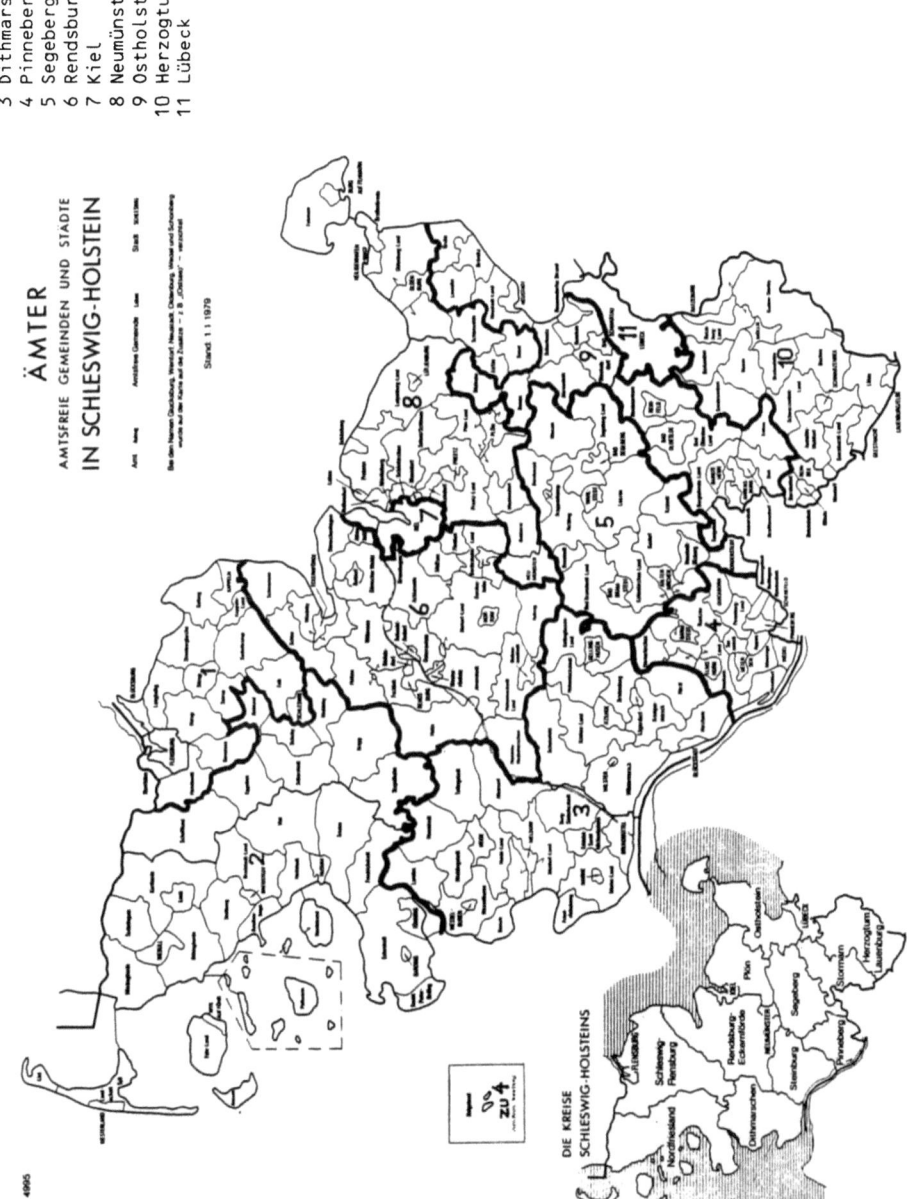

Karte 7.4. Hamburg: Bundestagswahlkreise

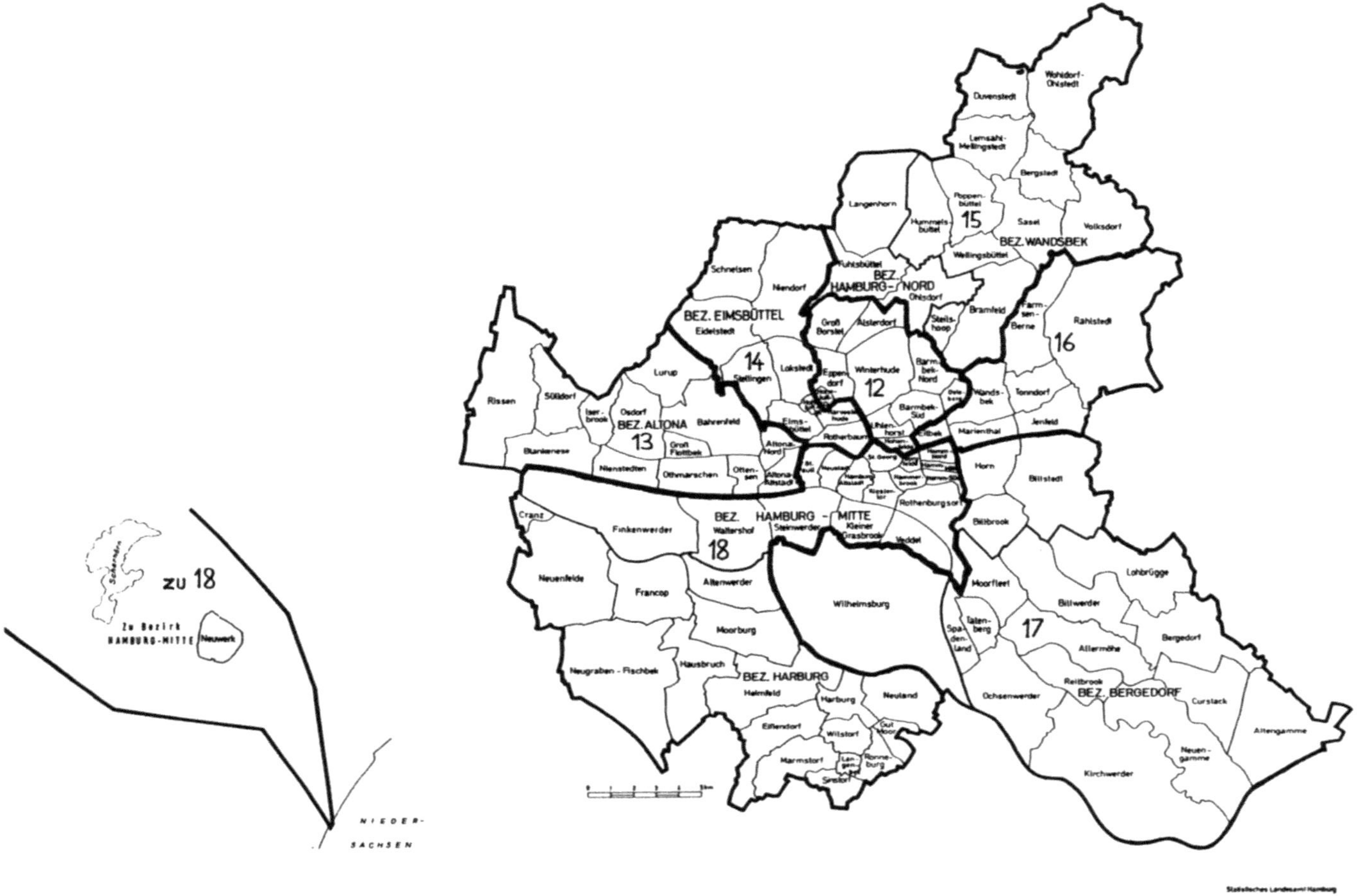

Literaturverzeichnis

BICK, Wolfgang: Mehrheitsbildende Wahlsysteme und Wahlkreiseinteilung. Zur Möglichkeit einer Korrektur des Bias, Meisenheim am Glan 1975

BOCK, Hans Hermann: Automatische Klassifikation. Theoretische und praktische Methoden zur Gruppierung und Strukturierung von Daten (Cluster-Analyse), Göttingen 1974

BRAUN, Peter: Die sozialräumliche Gliederung Hamburgs, Hamburg 1968

FISCHER, Manfred M.: Eine Methodologie der Regionaltaxonomie: Probleme und Verfahren der Klassifikation und Regionalisierung in der Geographie und Regionalforschung, Bremen 1982

HEBERLE, Rudolf: Landbevölkerung und Nationalsozialismus. Eine soziologische Untersuchung der politischen Willensbildung in Schleswig-Holstein 1918 bis 1932, Stuttgart 1963

ISBARY, Gerhard: Problemgebiete im Spiegel politischer Wahlen am Beispiel Schleswigs, Bad Godesberg 1960

MANHART, Michael: Die Abgrenzung homogener städtischer Teilgebiete. Eine Clusteranalyse der Baublöcke Hamburgs, Hamburg 1977

OPP, Karl-Dieter: Methodologie der Sozialwissenschaften. Einführung in Probleme ihrer Theorienbildung, Reinbek bei Hamburg 1970

SAHNER, Heinz: Politische Tradition, Sozialstruktur und Parteiensystem in Schleswig-Holstein. Ein Beitrag zur Replikation von Rudolf Heberles: Landbevölkerung und Nationalsozialismus, Meisenheim am Glan 1972

TROITZSCH, Klaus G.: Sozialstruktur und Wählerverhalten. Möglichkeiten und Grenzen ökologischer Wahlanalyse, dargestellt am Beispiel der Wahlen in Hamburg von 1949 bis 1974, Meisenheim am Glan 1976

ZIMMERMANN, Hansjörg: Wählerverhalten und Sozialstruktur im Kreis Herzogtum Lauenburg 1918 bis 1933. Ein Kreis zwischen Obrigkeitsstaat und Demokratie, Neumünster 1978

FORSCHUNGSGRUPPE WAHLEN Mannheim / Berichte:
Landtagswahlen in Schleswig-Holstein 1975, 1979, 1983
Bürgerschaftswahlen in Hamburg 1974, 1978, Juni 1982, Dezember 1982

INSTITUT FÜR ANGEWANDTE SOZIALWISSENSCHAFT Bonn-Bad Godesberg / Politogramme:
Wählerstimmen und Mandate. Ergebnisse einer Wahlrechtsstudie 1968a
Wählerstimmen und Mandate: Dreier- und Viererwahlkreise. Ergebnisse einer Wahlrechtsstudie 1968b
Landtagswahlen in Schleswig-Holstein 1975, 1979, 1983
Bürgerschaftswahlen in Hamburg 1978, Juni 1982, Dezember 1982

STATISTISCHES LANDESAMT DER FREIEN UND HANSESTADT HAMBURG:
Wahlatlanten 1969, 1970, 1978
Vorläufige Ergebnisse Bürgerschafts- und Bezirksversammlungswahlen Juni 1982
Vorläufige Ergebnisse Bürgerschafts- und Bezirksversammlungswahlen Dezember 1982
Vorläufige Ergebnisse Bundestagswahl 1983

MIX
Papier aus verantwortungsvollen Quellen
Paper from responsible sources
FSC® C105338

If you have any concerns about our products,
you can contact us on
ProductSafety@springernature.com

In case Publisher is established outside the EU,
the EU authorized representative is:
**Springer Nature Customer Service Center GmbH
Europaplatz 3, 69115 Heidelberg, Germany**

Printed by Libri Plureos GmbH
in Hamburg, Germany